あの空は青いか？

――私と芝居の雑文クロニクル

福田善之
編集・解説：佐々木治己

三一書房

もくじ

解説

このエッセイ集は、福田善之が二つの雑誌に書いた連載を収録している。一つ目の連載は『調査情報』（TBSメディア総合研究所）に、全11回（一九九一年五月号から九二年三月号）連載した「私と芝居の道中双六」。この連載は自伝的演劇論という依頼があったようだが、演劇論の土台となる体験や経験が主に語られ、連載も第一章を終えたところで連載自体も終わってしまった。二つ目の連載は、『悲劇喜劇』（早川書房）に全50回（二〇〇六年七月号から一〇年十月号）連載をした「みんな、素敵な人だった」となる。自伝としては「私と芝居の道中双六」の続編としても読める連載ではあるが、書かれた時代や雑誌が違うため重複する部分も多々ある。

この二つの連載エッセイを一冊の本にするにあたり、「私と芝居の道中双六」はほぼ全文を収録し、「みんな、素敵な人だった」は半分とまではいかないが大幅にカットし、順序等も含めて読みやすくするために編集した。編集の方針としては、一人の劇作家、演出家の軌跡が辿れるように心がけたが、福田さんの独特の語り口を切り刻んでしまったことに後ろめたさを感じている。とはいえ、そのまま全文収録してしまえば上下巻の本になってしまうことから、一冊の本にまとめるために、泣く泣くカットせざるを得なかった。連載時に名前が挙がっていた「素敵な人」たちに対する福田さんの言葉を削るのは、悪者になったような気がして、損な役を引き受けたものだと思った。悪役には好人物が多いと書いた福田さんの言葉に縋ろう。

福田さんの出自や生い立ちは、「私の下町」三部作の中でも書かれており、また数々のインタビューなどで知ることができる。経歴に関しては『劇の向こうの空』（読売新聞社、一九九五年）に収録されている菅孝行氏の解説に詳しい。そのためこの自伝的エッセイを読むことではじめて知るような事実はあまりない。しかし、日本橋にある旅館を家業とする家に生まれて、麻布から東大という一見、恵まれたエリートのような経歴の中で、階級意識を持ち続け、それがどのような批判的精神を培っていったのかということを考えると、このエッセイ集はとても興味深い。

現在では、「階級意識」という言葉はどこか遠い昔の言葉のようになってしまった。しかし福田さんにとって「階級意識」は、戦時中の「天皇」と並び重要な言葉になっている。「あの監督は階級融和的だ」と批判的に書いている文章を前にしたとき、それが何を意味しているのか現在の私たちが読み解くのは困難になりつつあるが、それがどのような批判なのか少し考えてみよう。

福田さんは、婚外子、私生児であり、父親がいない子供だった。また戦後には新円切り替えなどの影響も受け、母親が生活保護を受けるほどに困窮していた。このような貧しさは当時、珍しくなかったとエッセイ中に書かれていたとしても、麻布から東大に入学した福田さんの周囲からすれば相対的に見て貧しい環境であっただろう。とはいえ、麻布東大のエリートである事実もまた変わらない。大学進学率が今よりも低い時代に、経歴としてはもっとも恵まれた人たちと同様の経歴になる。このことが福田さんの階級意識を複雑なものにしたようにも思える。

階級意識による批判相手は友人たちでありながら、階級的な連帯相手からは批判される存在となった。

この複雑さは、戦中戦後体験に根があるように思える。アメリカとの戦争が始まったときには反戦的な言動をしても、その後は、軍国、愛国少年としての振る舞い、天皇が神であることを疑うこともしなかったこと、そして戦後には、マッカーサー元帥が帰国する際に土下座するお婆さんを見ながら、自身を投影したことなどがそれだ。

階級意識を持たない者、希薄な者が、天皇制やファシズム、全体主義を批判することは容易である。しかし、全ての者が天皇の赤子であるという平等性や、富の平等を標榜するファシズムや全体主義が、下層階級の者にとってユートピアのように思えることが批判を困難にしていることに気がつかないのであれば、天皇制ファシズム批判は階級意識を欠いた、他人事に対する批判でしかない。階級意識やユートピアを希求する切実さが欠如しているがために、階級意識を一過性の格差問題として融和的に扱う者がリベラルとされていることに対し、福田さんの戯曲やエッセイは突き刺さるような批判を繰り返している。

福田さんがファシストであると言っているのではない。ただ、天皇制ファシズムですら、建前でしかないかもしれないが、ユートピアへの指向があったということを忘れてはならないということが示唆されているのである。そして、ファシズムへの安易な批判で事足れりとするのではなく、階級意識を前提としながら、ファシズムや全体主義にはならない思想、世界を思い描こうとすることが、福田戯曲においても、エッセイにおいても何度も書かれているのではないだろうか。ファシズムや国家主義にも階級意識を元にしたユートピアへの指向があり、反ファシズムの中にも階級的な抑圧が生まれてくる。そういった状況を、安易な答えを疑い、あれかこれかと考え、行動し、ときにぐずぐずとしてしまう。それが福田戯曲の特徴でもある。

このエッセイ集にいくつか補足が必要とも思えるので、蛇足という福田さんが好きな言葉に甘えて書き足させていただく。

福田さんの学生時代に、スタニスラフスキー・システムが流行した（スタ旋風）。演劇思想としてスタニスラフスキー・システムを捉えると、それまでの農奴劇場などで行なわれていた演劇等に特徴的だった形（役の形式、様式など）による演技から脱却するものとして現れたのがスタニスラフスキーの演劇であり、自らが考え、発言し、行動することが近代的主体の条件であるとしたなら、スタニスラフスキーが行なった演劇改革は、演劇の近代化とも言えるだろう。農奴劇場においてもシェープキンなど、スタニスラフスキーの先駆をなした俳優もいるが、その辺に興味がある方は『評伝・シェープキン』（V・I・イワシネフ著、森光以訳、而立書房）などを参照されたい。福田さんの時代においてスタニスラフスキーはリアリズム的な演劇の方法論として主に用いられた（後のモスクワ芸術劇場の来日公演を見た当時の日本の演劇人は、その非リアリズム的な演技に驚いたと言う）。福田さん自身は、教条化した和製スタニスラフスキーから離れ、スタニスラフスキーとは違ったアプローチによって演劇の近代化を成し遂げたブレヒトの影響を受け、以前から培ってきた歌舞伎や大衆演劇によって演劇の可能性を広げていくことになる。

蛇足をもう一席。「遠くまで行くんだ」に関して、当初は『祖国に反逆する』の脚色をするつもりだったが、これを原作とするには他の資料も含め引用、参照した文献も多いことから、参考資料の一つとした。このことは福田善之作品集『真田風雲録』（三一書房）に収録されている「遠くまで行くんだ」の末尾にも記されている。しかし、「遠くまで行くんだ」の原作問題をややこしくしてしまったのは、岸田戯曲賞での同作の扱いというのは、文中を読んでいただければ分かっていただけるだろう。ちなみに、文中でH氏とされているのは、劇作家久板栄二郎である。

また、三一書房から出版された『祖国に反逆する』は、モリアンヌ著、淡徳次郎編訳である。原題で「脱走兵」にあたる部分がモリアンヌ、長い解説部分は淡氏によることから、この文中では、淡徳次郎編著とも書かれている。モリアンヌの表記も、モーリエンヌとしているのは、戯曲「遠くまで行くんだ」においても同様である。フランス語の綴りを見れば、カタカナ表記としてモーリエンヌとすることのほうが一般的でもあることや当時の福田さんや仲間たちもモーリエンヌと呼んでいただろうと推測できるため、三一書房から刊行された著者名とのブレが生じてしまうけれども、文中ではそのままとした。

「遠くまで行くんだ」の原作とされた『祖国に反逆する』を読んでいただければ、この本で福田さんが書いているように、岸田戯曲賞の審査において事実誤認があったことは明白である。

審査員の事実誤認は現在でもよくあるが、なんともやりきれない話だ。事実誤認、あるいは党派的な決定に責任を感じ、岸田戯曲賞の審査員から身を引いただけでも、久板さんは素敵な人ということになるのかもしれない。

このエッセイ集には、自伝部分や、劇作の経緯、興味深い人たちの話が散りばめられている。また、漱石や宣長などから演劇論を紡いでいることも、注目に値する。福田さんの師匠の一人である岡倉士朗の話などは岡倉士朗再評価のきっかけになるのではないかと思った。もう一人の師匠である木下順二に対する言及が意外にも少ないのは、劇作において常に応答していたからかもしれない。木下さんと福田さんの奇妙な師弟関係に口元が緩んでしまったが、福田さんと私の師弟関係においても、同じようなことが起こっているなあ、と少し愚痴って終わりにしたい。

私と芝居の道中双六

「私と芝居の道中双六」
(『調査報道』TBS メディア総合研究所、1991 年 5 月〜 92 年 3 月)

「忠臣蔵」「デッド・エンド」

要は人間についての知識だ

開演中の舞台の裏を、草履でひたひたと歩くのが、私は好きだった。張物という舞台装置のすぐ向こうでは、俳優たちが光を浴びて舞台をつとめている。そのまた向こうには、大勢の——ときには少数だが、それだけ熱心な——見物たちが、舞台を見守っている。舞台袖には、出を待つ俳優たちや、自分の仕事のキッカケを待ち受ける裏方仲間が、息を殺している……。

わずかな廻り道を経て、私はこの世界に入ったのだが、しばらく舞台監督助手や演出助手の仕事をしていた。もの書きのはしくれと認められるようになるまでには、だいぶ時間がかかった。——が、その頃の仕事を、私は気に入っていた。その直前に、食うや食わずの暮らしをしていたので、なおのことだったが、ガチ袋といって金槌にカスガイ、釘などなどを入れた袋を腰に下げ、走りまわることが嬉しかった。今日は舞台稽古の日というと、子どもが遠足に行くように興奮した習慣が、今も私には幾分残っている。

たぶん、どこから書きはじめてもいいのだろう。——当『調査情報』誌のEさんが、こんな意味のことを言った——戦後のある時期、新劇というものが青年にある象徴的な意味を持った時代があるでしょう、その時期内部にいたあなたの自分史と重ねて演劇の、また戦後史のある側面を書くことはできないか——結局Eさんの要請に応じて、今この文章を綴りはじめているわけである。

だが、私にはいくつかの引っ掛かりがあった。一つには、Eさん、あるいは戦後の青年たちのある部分にとって、かつて新劇がどのようなものであったにせよ、私と演劇との関わりは、やや異なった方面から始まっていたように思われるし、また、いわゆる新劇の中に身をおいていると自分も思い込んでいた時期でさえ、私のいたところはいつも主流ではなく、新劇史上の大事件と言われるものがいろいろあったとすれば、そのどの事件の内実をも知りうる立場に私はいなかった。「今だから話そう」式の秘話の類は、私にはあまり縁がない。

その上記憶力もいたってよろしくない。資料をひっくり返して丹念に歴史をあとづける趣味も興味もない。つまりどう考えても、適任ではない。しかし、にもかかわらず引き受けたのは――よくわからない。

私も六十という歳に近づきつつあるので、その影響もあるか。しかし、かの大南北が「東海道四谷怪談」をものしたのは七十一歳である。近松の例を見ても、日本の芝居書きが少しはましな作を書きうるのは、相当の年齢に達してからで、そこにはそれ相応の理由があることだろう。脚本とか演出とかいうものは、要するに人間についての知識である、という側面があることは確かなのだから。

つまりなにが「つまり」なんだか、よくわからないが、私は生来の怠けものだから、こういう機会がないと、一生自分史の類になどは手をそめないかもしれない。その辺が一番確かな理由かもしれない。とにかく引き受けてしまったのである。――読者の方には大変迷惑な結果になりかねない。あらかじめお詫びを申し上げておく。

　さて、今回が皮きりだから、多少余談めいても――そんなことを言うと、この文章すべてが余談のようなものなのだがまあ、勘弁していただけるだろうと勝手にきめこんで、私と芝居との最初の関わり――と言えるかどうかも、よくわからないような話なのだが――小学校五年のときに「忠臣蔵」の脚色上演を企てた、という伝説から、まず。

父の名は福田利三郎

　私の生まれた家は、東京日本橋の小網町二丁目で「立矢（たちや）旅館」という小さな宿屋だった。客用の部屋は階下に二室、二階に六室だったと思う。客が立て込むと、私たち家族のものも日頃の居室を明渡すのだが、家族用の部屋といっても二室しかない。八畳と六畳に、父の生きているうちは父と、宿屋の経営者である母、一二歳年上の姉、それに私、さらに時には親戚のものも一緒に暮らしていた。もう一人姉がいたが、早くに死んで、私にはほとんど記憶がない。上の姉は今も健在である。

　父、福田利三郎は昭和一三年に、数えの六十一歳で死んだ。彼の記憶も、私には異常にすくない。家にあまり居なかったからかもしれない、と気付いたのはずっと後、近年のことである。父は群馬の館林の在の出身で、農家の跡取りだったようだ。東京で株屋の――証券会社の番頭をつとめているうち、母と知り合ったらしい。恐らく関東大震災の後で、当時まだ母には夫がいた。伊藤という人で、仙台から駆け落ちしてきた仲らしい――どうも「らしい」ばかりで、うんざりなのだが、本当にたしかでないことばかりなのだ。

私も人並みに父のことを知りたいと思う気持ちがあり、誰か教えてくれる方が現れないものかと、いつも思っている。が、今はこの話題に深入りすることは適当でないだろう。私は父、福田利三郎と、母鴻巣以知(こうのすいち)の間に生まれた。戸籍名は鴻巣泰三。学生時代に筆名が必要になって、母に、福田を名乗ろうと思う、と言ったら大変に喜んだ。善之は母が字画から選んでくれた。だから私にとって福田善之は、親のくれた名であって、単なる筆名ではない。まあ、これも余談だが。

さて、小さいとは言え旅館のうちで、わが立矢旅館も旅館組合に属していた。その関係で何故か、月に一度、歌舞伎座の三階席の招待券が貰えたもののようだ。そこで私は幼いころは母の膝に抱かれて、三階から歌舞伎を見た。やがて膝に乗るには無理なほど大きくなると、私は客席の階段に腰を下ろして舞台を見た。充分顔見知りになっていた案内嬢たちは、早く言えば只見をしている私を、とがめ立てするようなことはなかった。

だから、私は私の年齢にしては、かなり昔の名優たちの舞台を見ている。が、かの耳の大きな橘屋、十六世羽左衛門の弁天小僧も切られ与三も、私のイメージは皆はるかの高みから見下ろす角度のものだ。——私は羽左衛門が好きだった。

母は「口跡(こうせき)がいいから」と幸四郎(先々代)の贔屓(ひいき)。むろん六代目菊五郎の人気が周囲では高かったが、当時の私は声の小さい彼が苦手だった。大きく明快な台詞まわしだと、子どもには難解なセリフでも、何となく理解できるような気がするものなのだ。得意になって橘屋の台詞まわしを真似て、つまり声色を、姉に聞かせたことがある。誰だかわからない？　と訊くと、全然わからないわよ、と言われた。以来、声色は大学時代まで、人前でやったことがない。

町内で、子どもの新年会があった。会場は風呂屋で、洗い場が客席、浴槽に蓋をしてモウセンを敷いて舞台にした。私は落語の「道具屋」を出したが、まるで受けなかった。どうも可笑しいところに来ると自分で笑ってしまう癖が私にはあって、たとえば与太郎が客と古びた短刀の鞘を抜こうと力をこめて引っ張りっこをするあたり――「抜けねえな」「抜けませんね」「錆ついてんだな」「サビちゃいません」「どうして」「木刀ですから」――では、どうしてもつい顔がゆるんでしまう。最前列の子どもたちはシーンとしている。

このあと小学校の教室で「浮世根問（うきよねどい）」をやったときも、失敗だった。見物に笑ってもらうには自分は笑ってはいけない、と痛切な理解には達したのだか、以来、落語には望みを絶った。

テレビの仕事をするようになって、麻布中学の先輩、北杜夫さんの『楡家の人々』を脚本化したときのこと、精神病院の演芸会という場面で、落語好きの患者が舞台（高座）に上がり「いいかい、これは面白い話なんだよ、うふッ」てんで、話そうとするのだが自分で吹き出してしまうので一言も先へ進めない、という光景を書き、常田（ときた）富士男氏が演じた。演出は大山勝美氏で、幸い好評だったが、私のアイデアが幼年時代の経験に基いていたことは言うまでもない。

わが家は、兜町のすぐ近く、東京証券取引所から鎧橋（よろいばし）を渡って、水天宮の方に向かってすぐの左側の一筋裏。今もあるウナギ屋「喜代川」と裏口を接する位置にあった。場所柄、長逗留の客が多く、たとえば越中富山から小金を持って株を張りに兜町へ来た、という類の人たちだった。ラジオが普及すると富山からはるばる出てこなくとも株式市況は掴めるので、母も一時は真剣に転業を考えたようだが、実際はラジオ時代になっても、この種の客が絶えはしなかったようである。

兜町がひけると——つまりその日の取引がすべて終わると、客たちはすることがない。寄席へでも行こう、ということになる。小さいながら私が案内役をつとめて、よく人形町の末広へ行った。後に彦六になられた正蔵さんが、蝶花楼馬楽（ちょうかろうばらく）を襲名したときの「こんにゃく問答」などをよく覚えている。円生さんは、よく「かっぽれ」などを踊っていた。当時さん馬といった人（のち桂文治〔先代〕）がバレ咄——今日の言葉では艶笑落語——が得意で、これが始まると私は、いつも下を向いて煙草盆を見つめていた。全体として私はオクテのほうだったが、そこはやはり下町の子だから——しかし、子どもが艶っぽい話にゲタゲタ笑っている如き図を、概して大人たちは好まないものだ。

そこで、やっと忠臣蔵だが、小学校五年のときに、ごく近所の子どもたちを集めて子ども芝居をやろう、と計画を立てた。といっても、大人たちが面倒を見てくれるわけではなかったから、衣装もカツラもすべてある「つもり」、刀だけは玩具の日本刀をあちこちから掻きあつめたが、要するにお芝居ごっこに過ぎない。

それにしても演目が忠臣蔵とは、と大人は驚いた。当然ながら「もっとやさしいものをやればいいのに」と声があがる。「あんたがたは、力がないんだから」。僕が答える。「そうさ、だから忠臣蔵がいいのさ」「どうして？」

そこで私は、確実にこういう意味のことを答えた——僕たちは子どもだから、どんな芝居だってちゃんとやる力がない。つまり、どんな芝居だって僕たちには難しい、でも忠臣蔵なら、みんな筋はよく知ってるんだから、見るほうが僕たちの力不足のところを捕って見てくれるでしょ?

私はその頃まったく口達者で小生意気で、いつもお前は屁理屈ばかり言う、と母に叱られてばかりいた。それに対して、僕のは屁理屈じゃない理屈なんだ、とまた言い返して母を怒らせたものだが、この事件のときの「理屈」には、なかなか穿ったところがあると今も思う。

だがまあ、大人たちの意見を部分的に採用して、小さい子――今で言う低学年の子ども用に「兎と亀」を併演することにした。さて本編のほうは、体は大きいがおとなしい六年生に大石内蔵助を振り、自分は討ち入りの場面にだけ出て、清水一角（一学）をやることにした。最後は斬られてしまうにせよ、二刀の立ち回りをしたかったのだろう。

大人たちは「おかる勘平なんかやるの?」と言ってわーっと笑ったりしていたが、むろんそんな部分に興味はない。松の廊下の刃傷（内匠頭は同じ町内の、大きな宿屋の息子だったような記憶がある）と赤穂城中の会議をやったら、堀部安兵衛と赤垣源蔵（友達の主だったところを配役した）の場ぐらいで、すぐ討ち入りのつもりだったと思う。

台本はどうしたか。むろんそんなもの、あるわけがない。私が講談本を持って、いきなり立ち稽古をしながら、台詞をつける。本の中の会話というものが、そのままでは到底私たちの語りうる台詞にならないことも、そのとき知ったわけだ。ともかく即席で適当にアレンジしながら「大石はこう言って!」と、指定して行く。――大人たちにしたって、初期の映画の撮影風景は似たようなものだったらしい、と知ったのは、むろんずっと後のことだ。

そんな風にして、稽古は「兎と亀」と、それから刃傷と大会議を、ともかく一、二回やったかな。あとはすぐ討ち入りの稽古という名目のチャンバラごっこになった。わが家の奥の八畳と六畳の襖を外して稽古場にしていたが、これが急に使えないことになり、とにかく延期、結局そのまま中止になってしまった。皆も、そして私も、すぐに忘れた。——延期がほとんど中止を意味するのは、今日の映画界でも常識らしいが。

映画の恨みをはらすとき

兜町は、大阪の北浜、アメリカのウォール街と並び称される経済の中心地だが、私の子ども時代には、合百(ごうひゃく)という存在があって——合百とは、実株を売買するのでなく、株の上がり下がりに賭ける賭博のことで、昔米一合につき銭百文を賭けたるよりいう、と辞書にはある——この合百師たちの群れる雰囲気は、そう、今日の場外馬券売場周辺に醸し出されるものと似ていなくはない。だが、場外馬券はそれ自体合法だが、これは賭博だから非合法である。道に警官の姿が見えると、さっと右手にマルをつくって額に当てる合図を交わし、道に群れていた人々が、一瞬に姿を消してしまう。

合百師たちは無論取引所には出入りを許されない。橋一つ隔てた、小網町のわが家の周辺にしばしば群れる。小網町はおかしなところで、一丁目と三丁目は問屋など比較的裕福な家が多く、それは江戸時代からのいわば伝統らしかったが、間の二丁目には貧しい家が多かった。

我が家の前の道も横丁も露地も、零細な金を賭ける人々に似合っていたのだろう。

日の前で斬り合いを見たことがある。わが家の三軒ほど隣りの日の出屋という飯屋の前で、それは起こった。一方は日本刀、他方は出刃包丁である。出刃のほうが優勢だった。私が見ているのに母が気づいて、たちまち家の中へ連れこまれてしまったのだが、そのすぐ後に決着はついて、日本刀のほうが血だらけになって運ばれて行くのを、家の中から私は見た。おびただしい血のあとが、日の出屋の前から家の前を通り抜け、交差するやや大きな通りの向こうの神山医院に続いていた。

道具の長いほうが強いってもんじゃないな、と深く心に刻まれたのは勿論だが、その神山医院に、私と同い年の女の子がいた。学校へ上がる以前の私ときたら、その後の腕白とは対照的に引っ込み思案で病弱で、あまり外へ出ない子だったが、そのお嬢さんとはよく遊んだ。彼女のほうから来てくれることが多かった。――ところが彼女は、私や近所の子どもたちの通う小学校には行かなかった。少し離れた「いい学校」へ上がったのだ、と聞いた。時折色の白い彼女が、医院から出て電車通りのほうへ向かうのを見かけたが、言葉を交わすこともなかった。

鎧橋は赤錆びた鉄骨の橋だった。昔は「鎧の渡し」と言ったらしい。関東大震災のおり、鎧橋は鉄だから焼け落ちないだろうというので逃げ場を失った人々が押し寄せた。両岸の猛火で、橋桁は焼け落ちてしまい、人びとは鉄骨にすがって渡ろうとしたが、鉄が燃えるように熱くなって、たまらず下の日本橋川にどんどん落ちて行った――そのとき焼けたから鎧橋はあんな色をしているのだ、と、当時すでに仙台から東京へ出て来ており震災に危うく助かったという母から聞いた。

その鎧橋の袂で、少年の日の私たちは泳いだ。川はもう充分汚く、ゴミ屑が分厚い層をなして岸に打ち寄せていたが、ある時期まで夏には結構そこに子どもたちは飛びこんで泳いだ。対岸には東京証券取引所の建物が、白亜の殿堂といった感じでそそり立っていて——まったく東証の建物には、門柱の上部に西洋の乳房もあらわな裸婦像が刻まれていて、なかなか洒落たものだった。もっともこの時代、日本女性は授乳のときは勿論、炎暑の夏に上体をあらわにすることは珍しくなかったが。

さて、ずっと後年、大学時代に、私は田村町の飛行館で「デッド・エンド」という芝居を見て仰天した。イースト・リヴァーに面した岸壁で、行き止まりになった道路が舞台なのだが、上手の袖を川に見立てて、少年たちが飛び込んでは飛沫をあげている。下手には白い豪奢な建物、上手奥は汚い長屋。そして少年たちは、新しく引っ越して来たいわば新入りの少年に「組にはいりたいんなら、銭を出せ」と凄み、ついには「解剖しちまえ！」と襲いかかる。ああ、まるで私の少年時代そっくりではないか。

解剖とはつまり、ズボンもパンツも——当時ならサルマタだが——脱がしてしまうことで、むろん対象になるのは男の子ばかりではない。可愛くて評判の女の子を解剖するときは、上級の男の子だけが執行にあたり、私たち下級生は参加させて貰えない。上級生たちが女の子を囲んで空き地の塀の中へ消えるのを見送るのは、複雑な気分だった。どうだった？　とあとで上級生に聞くと、生えてなかった、と答えた。

私の小学校の番地は、芳町一の十。芳町は江戸時代から知られた色街で、川上音二郎の妾になった貞奴も芳町芸者だった。学校のすぐ先はもう人形町の通りで、のち人形町松竹となった日鮮館という映画館があった。通りを右へ行けば今もあるゼイタク煎餅と水天宮様。こういう土地だから、いわゆる組関係の組織がない筈はない。誰ちゃんの家の兄貴はいい顔だなどという話をよく聞いたが、子どもの世界でもそのミニチュアのような組があったようだ。ようだ、というのは私が小学校の上級になるころは、世のなか戦時色というやつが強くなって、子どもの世界も変わらざるを得なかったからだ。

それでもよく喧嘩はした。下町の小学校にはそれぞれテリトリーがあり、他校の勢力範囲に足を踏み入れるときは緊張せざるを得ない。私たちのテリトリーには日活映画を上映する映画館がなく、なんといってもチャンバラは日活京都作品だったたから、危険をおかして八丁堀日活へでかけるのだが、誰か大人が一緒でない限り、するすると他校の見知らぬ子どもがすり寄ってくる。おまえ何処の学校？　お前の先生なに先生？　ふーん、お前の先生出べそ！――これが挑発の儀式である。教師に対する敬愛の念が無意識に前提になっているところが、いかにも昔だ。

映画の恨みを返すときが来た。ソロバンの塾が、わがテリトリーに出来、そこへ八丁堀の子どもたちも通いはじめたのだ。当然、こっちが絡む番である。このときは集団同士の対立になって大人たちが干渉し、全員交番に呼びつけられ、戦時下の少国民の心掛けを説諭されてケリになった。

「デッド・エンド」はシドニー・キングスレーの戯曲である。それをリリアン・ヘルマン女史が脚色してウィリアム・ワイラーが監督した映画が名高い。プロデューサーがサミュエル・ゴールドウィンで、この人の生涯のテーマは階級融和だったのじゃないかと、私は疑っているのだが、この場合は意外なほど原戯曲に忠実である。私はビデオで見たのだが、ギャングのベビー・フェース・マーティンを演じた若き日のハンフリー・ボガードが、やっぱりいい。彼の幼馴染みの青年で、仕事のない建築家ギムプティが、むしろ主役なのだが、映画ではジョエル・マクリーがこれを演じ、名前も性格もかなり変えて、スター向きの恰好のいい役になっているのが残念である。——が、その彼が川に叩きこまれ、這い上がってくるときの岸壁の様子などが、私には何とも鎧橋の袂を連想させるのである。

僕のなかにあの婆さんはいる

小学校四年の十二月、そのころ集団登校というやつが始まっていて、近所の子どもたちは集まって一緒に学校へ向かう。太田君という下級生が途中で追いついて来て、アメリカと戦争が始まったんだってよ、と教えてくれた。学校へ着くと、いったん教室に入ってからまた校庭に呼び出され、ラジオで東条英機首相による開戦の詔勅の朗読を聞いた。

人には言えない恥ずかしい記憶というものが、誰にでもあるだろうが、その最初の一つが、その朝、また教室へ戻る階段の途中で起きた。堀田君という同級生が、対米開戦に大いに無邪気に喜んでいた。それに対して——どうしてそんなことを私が言ってしまったのか、わからない。仙台から来ていた従兄がクリスチャンだったことと関係があったかもしれない――「馬鹿、戦争が始まって喜ぶやつがいるかい」と、私は口走ったのである。嫌な子どもだ、まったく。

堀田君は呆気にとられた顔をしたが、その時もその後も、何も言わなかった。多分忘れたのだろう。しかしその後の日々、私は内心ひどく自分を責めた。なんという非国民だったのだろう、私は！　と。

要するに私はただのオッチョコチョイだったのであり、聞きかじりを調子よく口に出したにすぎない。親父は群馬の百姓であり母親の生家は仙台のバケツ屋だが、育った環境の影響はおそろしく、江戸っ子の軽薄なところが私には充分に身についている。この場合日本は連戦連勝だったし、わが立矢旅館の帳場の壁に貼った「大東亜」の地図に、つぎつぎと日の丸を書き込む毎日で、私がこの記憶を心底に封じこめ忘れ去ろうとしたのは当然至極だった。私は基本的に立派な軍国少年だったし、「大東亜戦争」開戦の以前から、海軍に入って潜水艦に乗りたい、などと発言しては母に「それなら浜へ行って、毎日もぐってろ！」と激怒されたりしていたのである。

話は飛ぶが、四年後の夏、戦争は終わり、私は悔しくて軍歌や「勝利の日まで」の類の軍国歌謡を歌ってばかりいたが、日本の様子はどんどん変わって行き、そのうち私にひょいと、かつての反戦的言辞の記憶が蘇った。なんだか肩の荷がおりたような気がしたのは事実だが、それから後も、別種の、あるいは似たような恥の記憶を、私が増やし続けたのは言うまでもない。多くの日本人が戦争中「鬼番米英」と叫び、戦後はコロッと変わったのは周知の通りだが、占領軍総司令官マッカーサー将軍の人気はことのほか高く、東京をマッカーサー・シティと改称してはという意見も新聞を賑わし、マ将軍が解任されて東京を去るときは、お婆さんが土下座して彼を見送った。

——あのときの婆さんは、俺だな、俺のなかにあの婆さんは確実にいるなと、やがて私は意識するようになる。

が、それはこのさき、芝居とからませて述べていかなければならない。今はもう一度戦争のさなかに話を戻して——

洋画と探偵小説の好きな姉が、結婚して去ってしまうと、私の家には私の買ってくる少年雑誌と少年講談の類のほかには、活字といったら電話帳だけという有様だった。だから山本君という同級生に——え？　きみ、漱石読んだことないの？『坊ちゃん』も？　と心底呆れたという顔をされ、早速図書室へ行って読んでみた『坊ちゃん』には仰天した。

こんな面白い世界があったのか、と感激、つけていた日記の文体も即『坊ちゃん』風になってしまった。

私は東華小学校（国民学校）を出て、麻布中学に入った。母が方角を占って、受験してみろと言ったからで、当時の麻布は募集定員と応募者の数にさして開きがなく、小学校でも成績がせいぜい中の上、優等などと縁がなかった私も、無事合格した。まわりは山の手の頭のいい連中ばかりだと思いこんでいたから、一年の間は、よく勉強した。

で、昭和二〇年三月のその夜、私は試験勉強をしていた。

警報が出ても、注意深く電灯に覆いをかぶせて、勉強を続けた。そのうち、夜中なのに空が明るくなって、字が読めるほどになった。

もう東京が燃えはじめていたからである。（「私と芝居の道中双六」１　一九九一年五月）

「屋上の狂人」

死ぬのは怖くなかった

空が明るくなっていた。夜が明けたのではない。私が勉強机に向かっていたのは「三番」という部屋で、日頃は家族の居室だが、客が混雑すれば営業用に明け渡すこともある八畳間。机の目の前は小さな中庭。その庭が白くなりはじめていた。防空頭巾に身を固めた母が、私を叱りとばした。泰ちゃん、何をしてるの、早くっ。

私はゆっくり支度をはじめた。空襲のとき、鞄につめて逃げるべき教科書・ノートの類は、かねて選定してあったのだが、いざとなると、多少迷った。私はそのころ、というのは中学一年を終わろうとする時期だが、なぜか国文法に凝っていて、結局文法の参考書と専用ノート（ノートとか帳面とかは、消しゴムと並んで大変な貴重品だった）を鞄に入れ、あとは出来るだけ軽くした。

外へ出てみると、隣組の人々も皆揃っていて、不安な目を見かわしている——というのは、要するにどっちへ向かって逃げたらいいか、わからないのだ。なるほど、周囲の空は、東西南北ぐるり平等に赤い。義兄（姉の夫）が来ていて、山田湯（銭湯）の煙突に登ってみたら、という話が出る。出来るだけ高いところから東京を見渡せば、どの方面に比較的希望が持てるか、わかろうというものだ。

義兄が実際に山田湯の煙突に登ったのか、それとも、多少手に障害のある彼（だから出征をまぬかれ、この日もここにいたわけなのだが）より先に、町内の警防団の人が登り、報告してくれたのだったか、そのあたりは定かな記憶がない。ともかく結論は、どの方角も同様に炎の海だ、ということだった。風が、よく方向を変えていた。ときおり火の粉が飛んでくる。私は緑のセルロイドの鍔の、今日ふうにいうならばサンバイザーを、それまでかぶっていたのだが、引火してはつまらないので慌ててぬいだ覚えがある。

じっとしているわけにもいかない、とあって、多少はぞろぞろあっちこっちを移動してみた。が、どの方角へ向かっても、そっちの方面の火勢がより強くなってくるように感じられ、結局もとへ戻るしかなかった。

赤い空を、ゆっくりとB29（アメリカの爆撃機の名前だ）が、狭い下町の家並におおい被さるようにして、腹を私たちに見せながら滑って行った。今から思えば、ゆっくりといってもなお相当の速力であったろうし、また超低空飛行といっても、かなりの高度であったに違いないのだが、それでもそのとき私には、ゆったりと空を滑っていく巨大な飛行機の、窓からたしかに乗員の姿が見えたような気が――今もしてならない。

飛んでくる火の粉が増し、周囲の空の赤さ、明るさが強くなる。この輪が次第に縮まって、ゼロになるとき死ぬんだな、と思った。

死ぬのは怖くなかった。どの道戦争へ行って死ぬんだと思いこんでいたからかもしれない。今になって思うと、自分がただ馬鹿だったのだ、という気がしないでもない。同じ年齢で、死ぬのは嫌だと思った大勢がいたことだろう。――ともあれ、何事にかけてもオクテであった私が、このとき初めて死を意識したことは間違いないようだ。

近づきつつあった炎の壁が、速度を緩めたように見えた。風の具合だ。今度は反対側からの火の手が、勢いを増してくるだろう。――ところが、奇蹟的に、炎の輪は接近を止めた。周囲の火勢が、はっきり弱くなったなと感じられるころ、夜も明けた。私たちは助かった。

それから何十年もたった近年になって、テレビで東京大空襲の特集番組を見ると、この日、つまり一九四五年三月十日の空襲で、焼跡となった部分を赤く染めた東京の地図が、画面に出てきた。改めてぞっとしたのだが、つまり、その赤く染まった地帯の直中の、ほんのちょっぴり白く残った部分に、私の家は位置していたわけである。

ところで、その日深夜まで、というか九日から十日に日付が変わる頃――ものの本によれば、十日零時十五分に空襲警報が出て、しかしそれに先立つ零時八分に、B29の編隊は下町の上空に侵入したという――その頃まで私が机に向かっていたというのは、そのとき麻布中学が学年末試験の最中だったからだ。

麻布中は山の手の学校である。級友はほとんどが山の手の、サラリーマンの子弟だった。もっとも、戦時中のこの時代、徴用というやつがあって、働ける男子はどんどん軍需工場に徴用つまり、大工も左官も魚屋も八百屋も、俄か給料取りに変じてしまっていたのだが、それにしても麻布中学のわが組には、下町の商家の子どもなどというものは、私のほかに西八丁堀の建具屋の息子の橋本君がいただけで、当然、私は彼の安否が気になった。多分昼すぎになって、鎧橋を渡り兜町から茅場町を通って八丁堀へ向かった。だが、いけない。火は燃えつきているのに、熱くてしかたがない。電車通りの真中を通ったが、どうにも熱い。もちろん死体なんて、まだ片付いてない。煙がくすぶっていて、まるで遠望はきかないが、電車通りに面した橋本君の家の方角は、とうてい希望がもてる状態ではない。とうとうあきらめて家へ戻った。

　橋本君は、そのとき焼け出されたものの無事で、そののち秀才の彼は、多分卒業まで断トツの首席を占めつづけた。堅気の立派な会社に入り、今日とてもえらくなっている筈である。そして驚いたことに、この日麻布中では試験を行なっていた。橋本君も私も、試験を欠席したわけだが、あとで追試を受けたのだったか、どうだったか。あまり問題にされなかった記憶がある。

　ところで、このことは別のところに書いたことがあるのだが――この空襲経験以来、むろん今ごろになって思うことだが、私という人間は、どうやら、さしたる根拠も、ときには意味もなしに、基本的に楽観的になってしまったのではないか。どうも、そんな気がする。むろん、うわべは別の話だが。

疎開先は下北沢

三月の空襲の夜、私はちょうど何を勉強していたのか、たぶん苦手の生物などではなかったかと思うのだが、そのころ私は勉強というものを、ほとんどノート整理と同義に心得ていた。学校で授業時間、教師の教えるところをノートにとる。それを帰宅して別のノートに整理する、これがすなわち復習であって、それを終えて明日の科目を予習する、予習と復習をもって勉強の内容とする――のが、中学生の勉強というものだ、と教わった。が、私は、それを文字通り実行できたことがなかった。

まあ、体裁よく言えば、ノートを整理しかけると、疑問が雲のごとく湧いてしまうのである。遅々として進まない。当然にして、整理すべきノートが山のように溜まってしまう。それに試験前夜になって慌てて取り組む。整理することで頭に入るだろう、と都合よく考えて始めるのだが、途中で眠くなって挫折する。三月十日は、空襲によって中絶したままでである。が、おかげで吹っきれたような気がした部分もあり、つまり私は、ノート整理という習慣を、ついに自分のものになり切らないままに、捨ててしまったわけである。それどこじゃない、といえば恰好がいいが、生来の怠けものが、空襲を口実にしただけかもしれない。

私にとって、三月の空襲はまずそんなところだったが、母は震え上がった。人家の密集した下町は危険この上もない、せめて息子だけでも比較的安全なところにおきたい、そう考えて母が「疎開」先に選んだところが、下北沢である。

母にはちょっとした女親分的なところがあったようで、今でも母方の親戚は母のことを「あんなおっかねえ人はいねがった」と言う。その分、宿屋の従業員、つまり女中さんたちに慕われることも多く、お秋さんという顔が丸くて快活な人は、職場を変えてからもよく母を訪ねて来ていたが、このお秋さんが結婚して下北沢に住んでいた。

お秋さんの亭主の中嶋さんは、小柄で多少背中が丸くて兵隊にはとられなかったのだが、顔だちはハンサムで、とてもいい人だった。「だって惚れちゃったんだもん」とお秋さんが母に相談に来て、母が親代わりで二人は結婚した。お秋さんが大きなお腹をかかえて立矢旅館にやってくると、安産のためにはぎりぎりまで「やる」ほうがいい、やんなきゃ駄目だよ、などと教えるお節介がいたりして、お秋さんは大きな口を開けてアハアハと笑っていた。

そのお秋さん夫婦のところに私は「疎開」した。下町から都電を乗り継いで麻布中学に通っていた私は、帝都線（今の井の頭線）で下北沢から渋谷へ出て麻布へ通う山の手の住民になった。当時の下北沢は、下町の人間にしてみればまだまだ「郊外」で、商店街はほんの駅の周辺だけ、すぐに畑が続き樹木がゆたかで、その間に住宅があるといった感じ。そこを母は気にいったのだと思うが、五月の空襲にはそれが裏目に出た。

五月二十五日、今度は山の手がやられた。中嶋さんは材木商だったが徴用されて、このときは三鷹の軍需工場に働き、当夜は不在。お秋さんが生まれて間もない成行（しげゆき）ちゃんを背負い、私と一緒に逃げまどった。三月十日の経験が多少は役立つかと思っていたが、まるで違った。当時の世田谷は樹木が多かったので、その生木が燃えあがるから煙がたちこめ、その上、今も変わらない入り組んだ道である。たちまち私たちは厚い煙にまきこまれてしまった。

下町では街路樹も切り倒して防空壕の梁にしてしまうという有様だったから、木と紙の家々がばあっと燃えあがって、折りからの強風に吹上げられ、煙が苦しいほどたちこめるということは、私たちの場合、なかった。ここでは、煙が大敵だった。火より煙に追われて家から逃げ出し、逃げる先々に煙がたちこめた。

近所の、つまり隣組の人たちとは、すぐはぐれてしまい、私とお秋さんは煙に追われてあちこちと逃げた。焼夷弾が、目の前の川に落ちる。思わず家の軒の下に身を寄せる。焼夷弾の直撃で多くの人が死んでおり、日本家屋の軒ぐらいでは何の防御にもならないと知っているのに、やはり本能的にそうなる。——別のおり、機銃掃射に出会ったとき、私は木製のゴミ箱のかげに隠れた。何にもならないのに、と自分でもおかしかった。その時の掃射は、実際には一キロも先を射撃していたのだが、グラマン戦闘機が自分の頭の上を通過すると、とてもそうは思えないものだ。

ガスマスク——正式には防毒面と言った——を、私たちは必需品として携帯していた。煙に巻かれて呼吸が苦しいので、おばさん（お秋さんのことをそう呼んでいた）、マスクかぶろうよ、と私が口走ると、彼女は叫んだ。私たちはよくたって、坊やにはマスクかぶれないじゃないのっ。なるほど、と素直に胸に落ちた。坊やがいる。よし、と覚悟してしまったら、妙にさっぱりした。すると、なぜか煙に苦しむ度合がその後はすくなくなった。——そして、朝になって、もしや、と中嶋家に立ち戻ってみたら、今度も家とその周辺は無事に焼けのこっていた。

庭には防空壕が作ってあり、いよいよという時は蓋を閉め、厚く土をかけて逃げろ、ということになっており、私とおばさんは出来るだけそのようにして家をあとにしたつもりだったが、帰ってみると、壕の蓋には、実に情けないほどお座なりにしか土がかけてなく、工場から戻って来たおじさん（中嶋さん）にさんざん笑われた。私は中学二年になっていたのに。

三月十日のときは、逃げだす前に私が落ち着いて教科書やノートを選んでいたことを、あとで褒める人があった。お竹さんという年配の女中さんが大きな風呂敷包みを抱えてうろうろしたことが、くらべて笑いの種になったりした。しかし、結局私は、ただ鈍感だっただけではないか、と後に思うようになる。

五月二十五日の空襲で、従兄弟の勉さんが死んだ。焼夷弾の降り注ぐなかを彼の一家が露地づたいに逃げ、先に立った勉さんが角を曲がった。家族がつづいて角を曲がると、彼の姿が消えている。焼夷弾が彼の右肩を直撃して、ほとんど即死だったという。

その夏にかけて下北沢の庭で、私は一所懸命にトマトやカボチャを作った。トマトはまああだったと思う。当時の食糧難といったら大変で——という類の話は大勢の方がしておられることだが、要するにスイトンとか、豆粕御飯とか、そんな段階はまだよかったのだ。新聞には「食べられる雑草」の記事がまことしやかに、といっては当時の記者の方々に失礼かもしれないが、ともかく実現可能ふうに載っており、それを信じておばさんは——私も協力してオオバコやらなんやらを採集し——雑草がゆをつくった。これは、どう我慢しても食べられるものではなかった。馬の食えるものなら人間にも食えるはずだ、と精神が信じても、舌も胃袋もうけつけなかった。新聞に、すこし腹が立った。

おばさんは、わずかな米を食いのばす努力に疲れ、ある日業をにやして、御飯を御飯らしく、びっちりと炊いてしまった。その代わり、一人茶碗に三分の一ほどしかない。絶対にお代わりはない。――そのときの米の飯のうまかったこと。日本人は凄いゆたかな食生活を持っていたのだ、と、これは現在もそう思う。

夏になった。本土決戦が叫ばれ、中学の教師の一人が、竹槍を作ってこい、と命じた。竹を伐って先を油で焼く、うんぬんと製法も教わった。しかし、そのころ日本橋に戻っていた私に、竹の都合などつくわけはない。無視することにした。度胸をきめて学校へ行ったら、ほとんど誰も作って来なかった。作って来たやつが、恥ずかしそうにしていた。

奇妙で素晴らしい麻布の先輩

なかなか芝居の話にならない。この時期、私が芝居をもって身を立てようなどと、夢にも思っていなかったことは間違いない。やがて兵隊になる。戦場へ行って死ぬ。それだけだ。簡単明瞭である。のちに知る『きけ、わだつみのこえ』の学徒兵の苦悩など、知るよしもなかった。

中央大学に通う従兄がいた。母の弟の長男で、彼から私はかなりの影響を受けたと思う。クリスチャンだった彼も、学徒として出陣する壮行の宴では、藤田東湖の「正気歌」を延々と吟じた。「天地正大の気、粋然として神州にあつまる。秀でては不二の岳となり、ギギとして千秋にソビゆ――」と始まる長大なもので、はじめは合いの手や掛け声など掛けていた人々、といっても立矢旅館の面々に過ぎないが、あまりの長さに次第に席を立ち始める。

こういうとき、私はうまく逃げられないほうである。どうしていいかわからない。座は、従兄のほかには私一人になった。従兄は目をつむって真剣に吟じ続けている。彼は戦場に赴くのだ。明日の運命が知れないこと言うまでもない。しかし、出陣学徒の吟詠でも、長すぎるものは、やはり、長すぎるのである。――結局、一度座を立った母が戻って来て、もうおやめ、と声をかけた。従兄は、んだな、と彼の故郷の言葉で答え、「正気歌」は終わった。

大学生の従兄に次ぐ知識人であるはずの中学生（立矢旅館の常識だ）の私としては、彼の出陣の宴がかならずしも劇的・感動的にではなく――当今の言葉で言うなら盛り上がらず、むしろ盛り下がって――終わったことに多少の責任を感じ、そのときの彼の諦めたような表情とともに、長く記憶のなかに「引っ掛かり事項」の一つとして、残った。

が、ずっと後になって聞くと、従兄は出征して海南島に赴いたものの、ついには敵影も見ず、飢えに苦しむこともなく丸々と太って復員したそうで、私はなんだか損をしたような気分になった。

戦争が終わらないと芝居の話にならない。八月十五日のあたりに飛ぼう。小網町の立矢旅館には、株関係の客などもういる筈もない。なんだか正体不明の、一口にブローカーという類の客がいた。その一人は、八・一五の二、三日まえに断言した、もうすぐ戦争は終わるよ。そして両手を上げてみせた。これさ、万歳だよ。――え？　ばんざい？――ああ、降参だってことさ。

本日、かしこくも陛下の放送がある、と繰り返しラジオが報じる。きっと、玉砕の覚悟でやれっておっしゃるんじゃないかね。その母の言葉を、ブローカーは一蹴した。これだよ、これ。何度も両手を高く掲げて、裏口から消えて行く。

十五日正午、私たちの隣組は、かつて日本刀と出刃包丁の斬り合いのあった日の出屋の前にラジオを持ち出して、皆で玉音を聞いた。鉱石ラジオからの不明瞭な言葉が伝える意味を、ほぼ推理することが出来たのは、皆、降伏の噂が耳に入っていたからだろうと思う。みな静かに散って、夏のひっそりとした午後になった。私は夕暮まで、「勝利の日まで」などを歌い散らし、あとは架空の敵に向かって一人チャンバラをやって遊んでいた――そう、遊んでいたというほかないだろう。

下北沢では、カボチャがとうとうものにならなかった。ずいぶん丹精こめて面倒を見たのに、ひねこびた小さな実が一つついただけだった。以来、私はカボチャを食べない。こんなおいしいもの何で？　と言われることも多いし、戦後四十余年の間には、テンプラの場合つい口に入れたこともある。だが、原則は原則である。カボチャは食べない。

飢えたことは、その後もある。戦争のさなかには、一億の日本人が皆飢えているのだと思っていた。が、その当時も、空腹など無縁の人々が存在していたのだとは、あとで――たとえば木下恵介監督の映画『大曾根家の朝』などで――知るわけだが、それはさておき、戦後になると、闇市にどっと食い物はあふれ、いい匂いが満ち満ちて、しかし、金のあるものは食えるが、ないものには高嶺の花、という事態になる。

戦争は終わった。細かい事情は省略するが、焼けずに残った立矢旅館を私たちは手放し、多少の預金は封鎖されて、母と私の二人は困窮するのだが――しかし、戦後困窮した日本人なんて、きわめてありふれている。麻布中学の月謝を私は払えず、係の古谷のおばちゃん（と呼んでいたと思う）が身を入れて心配してくれたことを含めて、私および同様の貧しい生徒に、当時の麻布中学はかなり寛大だった、と私は思う。成績かならずしも良好でないにもかかわらず、育英資金（奨学金）を私は早くから得ることが出来たし、いっぽう母は、生活保護法の適用を受けることが出来た。

そんな事情だったのに、私は、要するに呑気だった。苦労が身にしみない質である。おっちょこちょいだから、素直に――これからの日本は文化で行くのだ、文化国家日本だ、という掛け声に乗った。管弦楽団と吹奏楽団の区別もわからないまま、音楽が好きだったから、母にせびって、なけなしの金をもぎとるようにしてコンサートに出かけた。一音も聞きのがすまいと張り切るから、却って眠くなる。母に申し訳なくてたまらない。

一番ありがたかったのは、日響が山田和男氏の指揮で「カルメン前奏曲」など、ポピュラーな名曲を、渋谷東宝で映画と交替に演奏したときだった。映画は谷口千吉監督『銀嶺の果て』、ギャング役の三船敏郎氏が評判になった作だが、映画が終わると一時間半ほど日響の演奏があり、また映画。この繰り返しを、私は渋谷東宝の二階客席で三度楽しんだ。足下には鼠が這いまわっていたが、映画館だもの、当たり前のことだ。

出来れば作曲をしてみたく、三木鶏郎氏の「あなたにも作曲ができる」式のパンフレット（みたいな本）を読んでみたが、頭に浮かぶメロディは私の場合、いつも既成の何かに似ていた。情けなくなって諦めた。それに私は、どうやらかなりの音程音痴でもあるらしかった。作曲家や指揮者には歌うと音痴ってのが多いんだ。と、当人はまったく音痴ではない林光氏に聞いたのは、ずっと後のことだ。

自分には、ものを作り出す才能などはない、と私はどうやら思いきめてしまっていた。せめて指揮者に、と憧れたが——と言えばずいぶん指揮者の方々に失礼な話になるが、当時の私の正直な感覚である——音痴では指揮者だって無理だ、と、これも諦めた。むろん才能のみならず、自分の頭脳をも私は信頼せず、その証拠に天皇陛下の人間宣言というやつには少なからぬショックを受けるのだが、その話は先におくる。

麻布中学というところは、奇妙な、素晴らしい先輩たちが大勢いて、戦争の終わった翌年の正月には、早くも「芸能祭」なるものを講堂で挙行した。小沢昭一・加藤武・大西信行・フランキー堺の諸先輩が中心で、落語ありバラエティという名のコント集あり、アコーディオン演奏ありの、まことに楽しいものだったが、芝居では菊池寛の「屋上の狂人」が出た。小沢さんの「弟」が、正面切って声涙ともにくだる名台詞を述べる幕切れに、揺り動かされたのは私ばかりではなかったろう。

だが、私はすぐには演劇部に加わらなかった。むしろ書物とレコード音楽に夢中だった。夏目漱石から芥川龍之介に熱中の対象は移り、戦後何度目かの引越しで阿佐ヶ谷の小林大次郎という親戚の家の隣に住むようになっていたのだが、その隣家小林家の二階に、豪華本の芥川全集があった。限られた時間、二階を訪れて読むことは許されていたが、持ち出しは厳禁で、私は隣の二階を見上げては口惜しい思いをしたりしていた。それ以来、という程の因果関係があるかどうかは疑わしいが、私は全集というものに興味がなく、誰の全集も持ったことがない。――まあ、一巻本の全集といったようなものは別だけれども。

その翌年、つまり一九四七年の五月、麻布中では文化祭なるものをやることになった。お前たちの学年も何か芝居をやれ、と上級生の平田さんが私たちの教室に来て言う。芝居に参加したいものは手をあげろ、というのでなんとなく手をあげ、放課後あつまれ、と言うので出席すると、だれか演出をやるものはいないか、という話になった。そうか、もしかすると、芝居の演出というやつは、オーケストラの指揮者に似ているかもしれないぞ、と思ったら何となく手があがってしまい、そして驚いたことに手をあげているのが、私一人だった。

上演脚本は久米正雄の「牧場の兄弟」（初演時は、「牛乳屋の兄弟」と言ったのじゃないかと思う）と決まったが、誰が決めたのか、上級生の推薦か、記憶がない。内容に感心した覚えもあまりないし、今はストーリーさえ記憶にない。いつか読みかえしてみようと思いながら、そのままになっている。ともかくこれが、私の初演出の舞台ということになるわけだが、なにか皆のために役に立つことをしたという覚えは、皆無である。

出演俳優のピカ一は、今は高名な作曲家の神津善行（こうづよしゆき）で――まあ、同級の誼で敬称を略させてもらうとしよう――彼ときたら女形としてなかなかの美女だったのであり、すでに演劇部員として上級生にまじって華やかに活動していた。むろんヒロインは彼。そして色の白い美少年の山本君――入学当時、私の無知に驚きながらも親切に『坊ちゃん』の面白さを教えてくれた彼――も、少年役で観客になかなか受けた。結局上演は、好評だったのであり、まるでわけが分かっていないのは、ことによると演出の私だけだったのかもしれない。

ともかく、これが縁で、そのまま演劇部に入った。その秋、演劇部は東洋英和女学校の講堂で公演を行なうことになっており、それがなによりの魅力だった。なにしろ、その頃の親友の一人の南谷君などは、女という字を見ると、それだけで——それが女郎花（おみなえし）のオミだろうと、郎女（いらつめ）のツメだろうと、だ——心臓が早鐘を打ったようになる、と告白し、程度の差はあれ、大筋のところ私も同感だったのだが、つまり、そんな頃そんな時代だった。神津が女形だったのも、男子校の麻布中学に、女子の客演などもってのほか、というのが当時の校長の方針だったからのことである。

が、時代の進行は早く、翌四八年には演劇部公演に女子校からの客演を獲得すべく、その問題の責任者として、私が走りまわることになる。

さて、一九四七年秋の演目は、まず麻布中学と東洋英和女学校の創立者、江原素六（えばらそろく）を題材に脚本を小沢昭一先輩（当時もう早大生）が書いた創作劇「江原素六先生」。これで学校側の協力を大いに期待し、もう一本は岡本綺堂「利根の渡し」。前者に私は出演。善玉の中学生役で、劇中、当時出来たばかりという設定の校歌を歌う。演出は大西信行先輩で、君の歌は小節（コブシ）が入って演歌みたいになるね、と駄目を出された。校歌が演歌になっちゃいけない。以後も二度ほど舞台で歌う羽目になったことがあるが、いつも自信がない。初舞台に受けたダメというやつ、生涯つきまとうのかもしれない。

（同前2　一九九一年六月）

「がたがたの竹馬小僧」「火山灰地」

ほんの髪一筋の幸運の差

　まず、前回に、オオバコやらなんやらが食えない、と書いたことについて、私の親しい友人の母上から異議があった。オンバコは食べられるよ、と彼女は言う。刻んでカキ上げにすると結構なものだよ、でもウマコヤシはだめだね。――そう、馬を肥やすって言うけどね、と私。――だめだよ、クローバーは食べられないよ、奇麗だけどね。

　彼女は、配給の米は挽いて粉にし、他の雑穀の粉と混ぜて団子にして食いのばしたそうだが、そのころ東京の、おそらく大多数の家が、この類の苦労・工夫を余儀なくされていたに違いない。

　山本周五郎氏に『ちいさこべ』という作品があって、氏の関東大震災や戦災の被災体験に基づいていることは疑いないが、その作中――江戸の火災で焼け出され、身寄りを失ったいわば戦災孤児たちを、ヒロインのおりつが何人も引き取っている。それを主人（主人公）の茂次が拒否すると、おりつは唇を噛んで、なにか言おうとするが、結局なにも言わない。言わないが、茂次にはわかった。あんたが、あの子どもたちじゃなくてよかったわね、と彼女は言おうとしたのだと。

　言わなくてもわかる、という具合に、私たちの敗戦体験が私たちにとってあったかと言えば、残念ながらそうは言えない、と言うしかない。

　すでに述べたように、私は空襲にあやうく生き残り、戦災孤児にも浮浪児にもならなかったが、彼等と私を分かったのは、ほんの髪一筋の幸運の差にすぎない。のちに書くことになるが、私の代表作の一つとされている「真田風雲録」（一九六二）の主人公たちは、関ヶ原の夜に跳梁する浮浪児の群だし、シェイクスピアの「マクベス」に基く「焼跡の女俠」（一九七三）また結城座のための説経節「かるかや」をヒントにした「夢童子ゆめ草紙」（一九八五）など、この時代にかかわる私の作品は多い。いつも、ここに帰ってくる、という気がしないでもない。私にとってはバリーの「ピーターパン」に登場する「迷子たち」も、焼跡の浮浪児たちに重なって見えるのである。

まあ、それはそれぞれの時代に到達してから語るとして、この文章がうろうろしているのは、まだ一九四〇年代である。

天皇陛下の人間宣言というやつにショックを受けた、と書いた。終戦の翌年正月（一九四六）のことである。中央公論社『日本の歴史』別巻の年表では「天皇、神格否定宣言」とある。どんなショックだったか。私の周囲にも、神と信じていた天皇が、なんと自分たちと同じ人間であることに動転した、という人はいなかった。小学四年までしか学歴のない母でも、平然としていた。それはそうだろう、という感じだったと思う。

天皇の写真は御真影といって、おおむね学校の講堂の奥ふかく、校長ないし教頭がうやうやしく扉を開きスルスルとカーテンを左右に開いて、はじめてお目にかかるものだったが、その天皇陛下が進駐軍の総司令官マッカーサー元帥をご訪問になり、その二人並んだ写真が新聞に掲載された。あまりの大きさの違いにびっくりした。わが天皇はマ元帥の腰ほどしか背丈がない、という印象だった。——同じ印象を持たれた方も多いと思うが、問題の写真を今見ると、それほどの身長差があるわけではない。

それほどの差ではないのに、すごい差だと思ってしまった。それが未熟な私だけのことでないのは、まちがいない。これほど絶大な宣伝効果を上げた写真も、史上珍しいのではないか。で、その写真にくらべれば、人間宣言というやつは、日本列島をゆるがすほどの衝撃を与えたわけでは、たぶん、なかっただろう。私がショックを受けたのは、自分の頭の悪さについてだった、と言えばいいだろうか。

幼いころ、私たちはこう教わっていた。世界の神々は皆死んだ、が、世界にたった御一人、生きている神様がおられて、それが我が国の天皇陛下である、なんと有り難いことではないか。——ついでに、日本の歴史をひもとけば、いまだかつて一度も、わが国は戦って敗れたことがない、何とわが国に生まれたのが幸せであることか。ついでにもう一つ、お前たちは両親の子であると同時に、陛下の赤子である。

立矢旅館の帳場に、よく人々は集まって雑談をしていたが、その中には大正天皇が勅語をくるくる丸めて遠眼鏡になさったという有名な話やら、南朝に尽くした楠木正成は忠臣だが、今の陛下は北朝系だとか、どこそこの戦争は勝ったと言ってるけれど実は大敗だったのだとか、いろいろな話があった。少年時代の私は、そういう知識と天皇陛下が生き神様だという観念、というより、頭の中に注入された「しつけ」とでもいうべきかな、それらを、無邪気かつ無反省に同居させていたわけだ。

四六年の正月、私は中学二年である。父はとっくにいないし、母はまだ背丈も伸びない私の判断を、かなり重要視していたと思う。私にも中学生であることの誇りがあった。ああ、それなのに（という歌が戦前・戦中に流行っていたが）考えてみれば天皇陛下だって人間だという見やすい道理を、なぜ自分はわからなかったのか、考えてみようともしなかったのか——と、いうのが私の、こう書いてみると馬鹿馬鹿しいような気もするが、まあ、ショックの中身である。

その頃私と母は戸塚二丁目にいた。高田馬場にむかう道ばたには、防空壕をそのまま住居にした、いわゆる壕舎が並んでいた。それにくらべれば母と私は、焼け残った親戚の家具職人（髭の小山といって、名人肌のおじさんだった）の仕事場の二階に住み、屋根も畳もある暮らしだった。

毎日ラジオに食らいつくようにして聞いていた。「真相はこうだ」のちには「真相箱」という番組があって、戦争中の大本営発表がどのくらいインチキなものだったか、を繰り返し広報していたが、私は熱心な聴取者だった。もちろん、早く一週間が過ぎないかな、と待ち遠しかったのは、かの三木トリロー氏らによる「日曜娯楽版」だったが。

新聞はなぜか『時事新報』をとっていて、これは保守的。ラジオはNHKしかないが、『読売新聞』とともに、ある時期までは極めて左翼的だった。吉田内閣が流産しかけたときの徳田球一共産党委員長の表情をつたえるアナウンサーの声が——「そうか、ついにやったか」と、徳田さんはいかにも嬉しそうでしたと——喜びに弾んだ調子だったのが耳に残っている。むろん、翌四七年、二・一ゼネストのGHQ命令による中止を告げる伊井弥四郎（いいやしろう）氏の涙声も。

麻布中学にも、当然ながら、戦時中熱心な愛国者で、戦後ころっと変って左翼化した教師はいた。が、今思うと、要するにあの人たちは善人だったのではないか、という気がする。そして、要するに私は――なにも、そんなに要しなくたっていいわけだが――そのころ、いわゆるタテマエとホンネの扱いについて、自分がかなり不器用だということを、多少感覚しはじめていたのではないか、と思う。

ギンミー、ギンミー

敗戦の夏から、翌年・翌々年と、やたらに夏は暑くほこりっぽく、冬はひたすら寒かったような気がする。生活の困窮はすでに触れたが、そのころ靴は雨が降れば水がじゅくじゅくとしみ透ってしまうもの、オーバーはずっしりと固く重く、いくら糸に蝋を塗ってもボタンはちぎれてしまうもの、と私は思い込んでいて、水の染み透らない靴とか軽くて温かい外套などこの世に存在するとも考えていなかった。

私は身が軽いということのほかに目立った取柄はなく、腕力には極めて自信がなかったから、自分から暴力にうったえようとしたことはほとんどない。が、敗戦の夏、下北沢で近所の小学生が、進駐軍にもらったんだ、とチョコレートを見せびらかした時は、飛びかかって奪いとりたくなるのを、必死に我慢した。そして自分は体が小さいから、小学生にまじってギンミー、ギンミーと手を差し出せば、進駐軍が何かくれるのではないか、と考えたが、結局実行することはなかった。

私の頭も体も、いっこうにまとまりがなく矛盾だらけで、従って学校の成績は良くなかった。

麻布時代からの友達が、お前はガリ勉だったから、と私のことを言うことがあるが、それは私が本ばかり読んでいたからの誤解にすぎない。本は好きだったし、今も好きだ。授業時間も休み時間も、本を――学業とは関係のない本を、読んでいた。

成績は中の下くらい、四十何人のクラスで二十何番かだったと思う。いいときが二十一番で悪いのが二十八番、それでも東華小学校時代の受け持ちの安部先生は、四分の三までに入っていれば結構だ、と喜んでくれた。で、まあ、授業料の払えない肩身の狭さや生活苦は別として、のんびりしていたのだが、ガク然としたのは前回に触れた『牧場の兄弟』のときである。

なんと、参加者が功刀(くぬぎ)君、佐羽君、南谷君、西八丁堀にいた橋本君、『坊ちゃん』を教えてくれた山本君と、優等生あるいはベストテン上位にならぶ顔ばかり。でないのは私と神津君ぐらいだが、彼にはすでに芸歴がある、スターである。

稽古が始まってみると、思いなしか普段の会話も高等な気がして、私は勝手に「雑魚の魚(トト)まじり」といった気分に陥り、これではならじ、と次の臨時試験にはすこし頑張ってみたところ、まあ、だいぶ向上した。

演劇など軟派のものに接していると頭もやわらかくなる、と批判的だった隣家の謹厳な小林大次郎先生も、ひいては母も、演劇の教育的効果を認めざるをえず、私は大分やりよくなった。――小林先生は、いっさい母と私に構いつけなかった父方の親戚のうち唯一の例外で、当時確か日大三中の教頭。母が阿佐ヶ谷の小林家の隣に引越したのも、教育的効果を考えてのことに違いなかった。

成績が向上した、といっても、かろうじてベストテンの下位といったところで、それも多分この中学四年のときだけではなかったか。新制高校に変わった麻布を卒業したとき——卒業できたいわれは、後に書く——は、十二番だったか十三番だかだった。むろん一度も優等になったことはない。以後も、ベストテンには縁がない。演劇雑誌が戦後の年度別ベストテンを載せていたことがあるが、私のは「真田風雲録」が、六二年度の次点になっているのが最高位である。「牧場の兄弟」が演劇部に入る縁になったわけだが、それ以前、たぶん中学三年のころ、脚本らしいものを書いたことがある。なんのために書いたか、覚えがない。芥川龍之介に夢中だったから、彼の真似をして天使と悪魔が対話をするようなものを書きかけたのが最初かもしれない。ともかく、最後まで書いた最初のものは、グリム童話集にある「がたがたの竹馬小僧」の劇化である。

十二歳上の姉はまだ健在だが、昔のことを教えてくれ、と言うと、タイちゃんに言うと書くからいやよ、と相手にしない。従って敬意をもって姉のことは書かないことにしたいのだが、この姉が私の子どものころ、寝かしつけるためにいろいろお話をしてくれた。宿屋の女主人である母は、子どもの寝る時間が一番いそがしい。そこで姉がかわりに、というわけだが、私は彼女から日本の昔話など、一度も聞いたことがない。

たいがい姉が見たばかりの映画とか、探偵小説の話である。そして話の結末が近くなると、彼女はきまって「さあ、どうなると思う?」と、私に聞く。——恋人に去られた彼女は、絶望して沼に身を沈めようとする。水の奥から、彼女を呼ぶ彼の声が聞こえてくる。彼女は一歩一歩深みにふみこんで行く。さあ、どうなると思う?

以下は以前ミステリー雑誌『ＥＱ』に書いたことだが――「どうなるの?」と私。姉は邪悪な微笑みを浮かべて言う。「それでおしまいよ」「うそだ」と私は断固として答える。彼はきっと帰ってくる。だって、お話終わったような気しないもん。そうなの、よくわかったわね！沼の奥から彼女に呼びかけているような気がした彼の声は、実は遠くから馬車をとばしてくる彼の、ほんとの呼び声だったの。――これは「白蘭の歌」か「支那の夜」か、彼は長谷川一夫、彼女は李香蘭（今の大鷹淑子さん）。姉に話を聞かされていた映画を、戦後になって見た経験が私には多い。

また別の夜の「お話」。人が殺されたのに、その部屋には誰も出入りした形跡がない。「ただね、その人は死ぬ前に『まだらの紐』って言ったの」「毒蛇だっ」「よくわかったわね」脱線が長くなったが、その姉が話してくれた例外的な「お伽話」が「がたがたの竹馬小僧」だったのである。

貧しい粉ひきの美しい娘は、小人の助けを借りて王様のお后様(きさき)になる。小人とは、お后になれたら一番はじめに生まれた子どもをあげる、と約束があった。やがて彼女は可愛い赤ん坊を生む。小人がやって来て約束の実行を迫るが、彼女があまり嘆きかなしむので、もし三日の間に自分の名前を当てたら許してやろう、と言う。

そこでお后は、家臣に国中まわって珍しい名前を捜させる。彼は帰ってきて報告する。新しい名前は一つも見つかりませんでしたが、森のなかで、小人が焚火のまわりをこう歌いながらはね廻っていました――「今日はパン焼き、あしたは酒造屋、あさっては掻っつぁらう后の小わっぱ、やんれ知るまい俺の名が、がたがたの竹馬小僧（ランペルスティルツキン）というのだとは」（岩波文庫の金田鬼一氏の訳が、ほとんど私の記憶と同じなので、姉は氏の訳を読んだのだろう。名訳だと思う）。

ここまでを、どう脚色したのか、覚えがない。たぶん登場人物の誰かに、まとめて筋を語らせたのだろう。姉の話も熱が入ったのは実にラストシーンである。

約束の三日目、お后は小人に、わざと平凡な名前をいくつか聞く。小人は「ちがう」と答える。彼女は間をもって――「がたがたの竹馬小僧とでも言うのかえ？」

「悪魔が教えやがったな、悪魔が教えやがったな」と叫びながら、小人はどんと片足で床を踏むと、太腿まで深くめりこむ。そして一方の足を彼は両手でつかみ、力まかせに自分の体をまっ二つに引き裂いてしまう。

子どもの私はどう書いたか。小人が足を床にめりこませ両手を片足にかけると一瞬の暗転。明るくなると、お后と家臣が、彼の死骸を見つめている。家臣に何と言わせたかは覚えていない。明確に覚えているのは、ヒロインの最後の台詞で、「可哀相なことを、したねえ」――どうしても「可哀相なことを」で、テンを打たないと気がすまなかった。でないと幕が切れない気がしたのである。

「がたがたの竹馬小僧」

「がたがたの竹馬小僧」は誰に見せた記憶もない（友人に見せて不評だったのかもしれない）。上演しようという気持も勿論なかったと記憶する。とすれば、私には大変珍しい――ほとんど唯一の――脚本ということになる。が、まあ、原稿が残っていなくて幸せだ。幕切れの台詞にテンは打ったが、チョンと柝（き）を打つ、とまで書いた覚えはない。しかし、この時期までの私の演劇的センスは多分こんなところだった。

演劇部に入って初舞台で校歌を歌った、と書いた。その時の脚本がなかなか出来上がらないころ、赤十字病院下から信濃町へ向かう都電の中で小沢昭一先輩に出会い、脚本はまだですか、むずかしいんでしょうね、などと聞いた覚えがある。早大生の小沢さんは、すでに風格のある大人に見え、あいまいに大人っぽい返事をされた、と思う。せっかく先輩と二人だけで話す機会に恵まれたのに、うまく話を引き出せない自分の不器用さが情けなかった。やがて彼の脚本「江原素六先生」は出来上がり、公演パンフレットに小沢先輩は「処女作は永遠に訂正さるべきものとす」と、文豪の言葉を引用され、私はまた敬意をあらたにした。――つまり、どうも、この頃まで、自分も芝居を書こう、などと本気で思ってはいなかったようである。

その小沢昭一さんと、私は対立する破目になった。二年下級の藤田朝也（現・ふじたあさや、劇作家・演出家）が、久保田万太郎先生の作「ロビンのおじいさま」を上演のため稽古していたのだが、そこに私が介入した。どうも面白くない、さっぱりし過ぎてわからない。脚色しようじゃないか、ということになって、巨匠の短い戯曲を、なにやらかやら因縁話を付け加えて、大時代のメロドラマ風な芝居に作り替えてしまった。

当時の麻布中学の演劇部は、卒業した先輩がよく面倒を見に来てくれた。私と朝也（アチャヤ、と言っていた）の作った舞台を見て、小沢先輩は激怒した。久保田先生の戯曲をわかりもしないで改変したのだから怒られてもしかたない。が、当時の私は熱くなって反論に立った。たまたま重いオーバーの袖を通さず、羽織っただけにしていたのをそのまま立ち上がった。自殺した江青女史なんかが得意にしていたスタイルである。むろんその時そんなことは知らない。ナチの将校の好んだ恰好だとも自覚はない。ただ、さぞや生意気に見えたことだろうと思う。誰かが裾を引っ張って「先輩に口答えするな！」とささやいた。

熱くなって立ち上がったまでは覚えているが、あと何を反論したのか覚えがない。なにしろ当時の私ときたら、言いたいことが溢れかえり、それを正確に言葉にしたいのに出来ないもどかしさ、とでもいったらいいようなものに取りつかれて、生来の早口と相まって結果的に言語不明瞭になっており、加藤武先輩などは私に「モニャモニャ」と仇名をつけた。教師の一人は「お前の話は『ナンチュウカ』ばかりだな」と言い、これも仇名の一つとなった。親友の南谷君は「チャンス、チャンスの南谷」だった。ナンチュウカ、は「なんと言うか」の早口であり、チャンスとは「違うん（で）す」の詰まった変形である。

自分が言いたい、表現したい事柄や気持・感覚と、結果として自分の口から発する言葉群との間には、とほうもなく距離がある、と私には感じられていた。この落差を多少とも縮めるには（縮めないと、人と対話ができない）、一つにはより多くの言葉を知ること、可能なら作りだすこと――新しいことを語るには新しい言葉が必要なことは当然だ――そして、もう一つには、落差に苛立つことをやめ、とりあえずの表現、選んだ言葉が、半分しか気持をあらわし得ずあと半分はとりこぼしてしまうにしても、それを今はしかたないと諦めること、慣れること。そう考えて暫くは苦闘を続けたようである。まあ、その課題は今も続いている、とも言えるけれども。

それにしてもその時、私は小沢さんに、変形する権利があっていいのじゃないか、というようなことを言いたかったのだろうと思う。芝居の道に入ってブレヒトを知り、またシェイクスピアも多数の作品を他人の作の書替え、自分流の色揚げ、広義のアダプテーションで生みだしていることを知る。著作権という私有財産の問題も、いずれ触れねばならないが、そのころはそんなこと、知るわけがない。

それから三十年もたって、私と多少縁のある音楽学校の生徒たちが、かの「白雪姫と七人の小人」のミュージカル（台本・作曲はドイツの人）を大胆に改作しているのにぶつかった。子どものためのミュージカルだから物足りなかったのだろう。彼女たち（全員女だった）は専修学校の一年生である。で、どういう改作かというと、鏡といつも対話する悪い王妃は、じつは白雪姫と実の親子（原作では、義理の親子になるわけだが）で、赤児のとき別れたものでお互いそれを知らない、という設定。なにやら昔の「ロビンのおじいさま」改作のしかたと似通っていて、私は苦笑とともに、彼女たちにたいへん寛大になってしまった。

ところで、麻布の先輩たちは色々なことを教えてくれた。小沢さんも生意気な後輩に不快な思いを長く抱くような人柄ではさらさらなく、君は新劇を観なさい、と諭された。言われてみると、私はそれまで歌舞伎以外の演劇というものに、ほとんど接したことがなかった。ずっと年長の従兄（「正気歌」とは別人、空襲で死んだ勉さんの長兄）が、泰ちゃんをおれは築地小劇場へ連れて行った、と言うのだが、どう考えても覚えがない。

孝一さんというその人に、新宿のムーラン・ルージュに伴われて行ったのは覚えている。姉も一緒だった。彼は姉のほうがお目当てだったかもしれない。とにかく「コリントゲーム」という芝居を見た。兄と妹がそれぞれ失恋して、二人でコリントゲームをやる。「どうだい、面白いだろう」「ええ、面白いわね」といった台詞で幕が下りる。そこはかとなきもので、映画でいうと稲垣浩監督の『海を渡る祭礼』に感じた大人っぽい雰囲気と、当時の私の感覚では共通していた。

話を戻して、そこで私は「新劇」を見にでかけた。入場料をどう工面したか覚えていない。有楽座で、民衆芸術劇場（第一次民芸）の「破戒」である。李香蘭が山口淑子さんになって一曲歌った。滝沢修さんの猪子蓮太郎が目に残っている程度で、あまりわからなかった。次は、同じ劇場で「火山灰地」。第一部だけだったので欺されたような気はしたが、これはいろいろ覚えている。

私は上手客席の端の張り出した部分、つまり上手の短い花道の真上で見ていた。一番びっくりしたのは、滝本博士（青山杉作先生）だった。戦争中はラジオドラマで悪役のスパイなどを演じる声をよく聞いたものだった。「特別潜航艇トビウオ号」（だっけ）が、娘婿の雨宮に怒って上手花道を入る。滝本の娘で雨宮夫人である照子をはじめ、何人かが追って入る。私は上から見下ろした永田靖さんの顔をよくおぼえているのだが、彼等はほんとうに走るのを見ると、靖さんの役の唐沢は「足早やに歩み去る」とト書きがついているが、私の記憶全力疾走である。へえ、新劇ってのは本当に走るんだな、と思った。新鮮な衝撃だった。

雨宮を演じた千田是也（せんだこれや）さんについては——いろいろ喧嘩もしたし意見もちがうが——私は今も彼を、数すくない師匠の一人だと思っている。かげでは「千田のオヤジ」と呼ぶものの私も一人。

ツタの東山千栄子さん、新聞記者三宅の永井智雄さん（彼も麻布出身だ。彼の新聞記者の形象に、私はかなり影響された）など強い印象を受けた人は多いが、——ところでこの文章を書いている九一年六月現在、私は東京杉並の永福町に住んでいるが、なんと雨宮夫人照子を演じた村瀬幸子さんのお宅の半分を、お借りしているのである。

村瀬さんは、ピカデリー劇場のボーマルシェ「フィガロの結婚」でも、突然自殺した堀阿佐子さんの穴をうめてヒロインのシュザンヌを初々しく演じられた。そのときの劇中歌を作曲したのが、私と同年同月、半日ちがい程で生まれた林光さんである。おない年でもこんな凄いやつがいるんだ、とこれも衝撃であった。

（同前3　一九九一年七月）

「たくみと恋」

猛然と腹が立つ

俳優座の「火山灰地」では、俳優諸氏がほんとうに――芝居ことばで言えば、本意気で――走るのに驚いたが、民芸（第一次）では「破戒」の次に観た「たくみと恋」（シラー）で、滝沢修さんの王子がたしかおそらく恋の凶報に卒倒するシーン、彼が全身を棒のように硬直させて、そのまま後ろにずどーんと地響き立てて倒れるのにびっくりした。

後頭部をしたたか打っているように見えるのだが、実はあれ、着地寸前にわずかに頭を上げるんだってよ、と下級生とはいえ遙かに芝居通の藤田朝也（だったと思う）に聞いて、なるほど訓練というものは凄い、と感心した。歌舞伎でも碇知盛といって大物浦で平家の勇将平知盛が、大きなイカリとともにまっすぐ後ろへ落ちる迫力あるシーンがあるが、これはまた別の感興を、なお幼い私に与えたようだ。

この芝居は面白かった。白い階段をいろいろ組み合わせてスピーディに舞台は進行していたような気がする。あるいは階段は宮廷関係の場面だけだったかもしれないのだが、こんにち舞台演出者としての私が階段をしばしば使いたがるのは、このときの記憶が潜在的に作用しているのかもしれない。もちろん立矢旅館の、ご近所のなかでは商売柄やや広い階段や、通りに面した氏家医院の石段（三段しかなかったが）であそんだ幼児記憶も、だが。

この「たくみと恋」が、演出家岡倉士朗氏の戦後第一回演出（「破戒」は村山知義氏との共同演出）

だったとは、もちろんその頃知らない。岡倉士朗氏は、やがて私がこの世界に入ったときの恩師となる。が、まだそれは少々先の話だ。

学制改革というやつがあって、麻布中学四年から新制の麻布高校二年に進んだ。男女同権、男女共学の声が高い時代で、新制になるについては、旧来の男子校と女子校が合併になるそうだ、と噂が飛び、合併するならあの女学校がいいな、いや俺はあそこだ、など彼女たちの制服やネッカチーフの色にわたって甲論乙駁、結構胸をとどろかしたが、私立は駄目だってよ、という早耳の報せにたちまちシュンとなってしまった。結局、新制麻布学園（中学・高校）は従来通りの男子校で、私たちの実感としてはたいした代わり映えはなかった。

それにしても、私が高二へ進むことができたのは、何故だったか。今考えてもよくわからない。たまりぬいた月謝を誰が払ってくれたのか。あるいは母に売り払う何かがまだあったのか。

前回の「牧場の兄弟」上演後講堂の前でとった記念写真に、左から二番目、加藤武先輩の隣でまだ戦時中の学生服を着ている南谷君。彼が学校に来なくなった。私に長い手紙をくれた。字のうまい男だった。——いや、当時はまだ少年というべきだろうが。

要するに、南谷家は旧家で地主で、それが戦争ならびに戦後の変動で急速に没落、自分も学業を捨てて働くことになった、という悲劇的境遇を切々と述べた手紙だったのだが、そのとき、私は猛然と腹が立った。なぜだかわからない。

「地主の名家としての誇り」うんぬんという言葉があった。南谷君とは親しかったし、よく知っているつもりの彼が、そして万事につけて私と大した変わりはないように思われていた彼が、まるで私の感性とはかけ離れた姿を、突然あらわした――そういうショックも、大きかったかもしれない。

同情してしかるべき場合である。彼の手紙が全体に感傷に彩られていたのはしかたない。私は感傷が嫌いではない。南谷君は、私が彼の悲運に同情してともに泣くことを期待したかもしれない。しかし、何故か私は（胸の中だけのことだが）猛然と反発してしまった。――私が月謝を滞納していたのは彼も知っていた。なにしろ係の古谷のおばちゃんに「コーノスッ」と校庭じゅうに響きわたるような声で呼びつけられるのだから。が、私の知るかぎり、南谷君は滞納したことがなかった。いつも戦時中の国防色（カーキ色）の制服だったが、清潔にしていた。彼の「名家の誇り」と関係があったのだろう。自分の貧窮を悟らせまいとしていたのだ。私には、どう考えても滞納が恥ずかしかったという記憶がない。

なぜ私は猛然と腹が立ったか。今も、よくわからない。

――とりあえず、また一足飛びになるが、おそらく、性格や生活習慣の違い、というだけでは片づかないものを、そのとき私は感じとっていたのだと思う。それがその後、やがて例えば階級意識という言葉の指し示すような何かに、私の場合はつながっていったのかもしれない。

さて、当然ながら、私にもまた、麻布を中途退学しなければならない日が来た。前にも述べたが、私の家は戦災で焼けはしなかったが人手に渡り、預金は封鎖され、やがて封鎖が解けたときには、貨幣価値がまるでちがってしまい、家一軒売った金が一月の暮らしにも足りないものに化けていた。当時竹の子生活という言葉があり、つまり身の皮を一枚ずつ剝ぐようにして、身の周りのものを金に換えて糊口をしのぐというほどの意味だが、わが家もまあそんなところだったろう。いくら小さくても宿屋で、陶製の火鉢だの何だのというものがあった。が、皮を剝ききってしまえば、何も残りはしない。こんなこと、当時ちっとも珍しい話ではない。

私はそのころ、総体として戦後を喜び迎えていたのだと思う。どうやら級友たちの頭に重くおしかぶさって憂鬱の種であるらしい父親という存在が、自分にはないことも、むしろ喜びの一つとして当時の私には認識されていた。――私は軍国少年の一人だったと前に書いたが、それにしても立矢旅館の帳場にあつまる人々から、鶯の谷渡りだのミンミン蟬だの、これはセックスにまつわる話でなく、軍隊の内務班における新兵教育の苛烈さを語る実話だったが、聞いて母は震えあがったし、私だって嬉しい未来だとは思いようがなかった。戦争が終わったとき、口惜しさと同時に、早飯早糞など私のもっとも不得手な「芸」や鶯の何とやらからは、とにかく自分の未来が解放されたという安堵感があった。

うまそうな匂いが闇市に氾濫して、しかし自分の手が届かないのは辛いにはちがいなかったが、それでも解放感があった。ラジオや新聞は自由を叫び、ほんとに自由なんだと思った。いい時代に生まれた、とまた思った。

母が虎の子を預金したのは、父方の縁戚、小林大次郎氏のご長男の勤務する銀行だったが、封鎖解除はどの銀行よりも後になった。それはともかく、戦時中から母の小林氏に対する信頼は極めて厚かったと言える。小林の伯父さん、と私は言っていたが、母と私が戸塚二丁目にいたころにくらべて、阿佐ヶ谷の、彼の隣家に引っ越してからは、かえって会うことがすくなかった。

その小林の伯父さんから、救いの手は差し延べられた。まず麻布から、日大系の高校に転校する。傍ら学校で働く。仕事の内容は給仕であると思えばよい。給費生という。これでそのまま大学に進学出来る。

悪い話ではない。私の現状また実力からしても、相応以上の未来図である。勿論承知するほかはない。しかし、今考えて、どうもその未来図に当時の自分が満足していなかった気がする。

小林の伯父さんもその一家も、いい人ばかりたった。伯父さんは隣家に間借りしている私たちを訪れることは滅多になかったが、油断していると、ひょいと現れることもあり、あるとき寝ころがって芝居の台本を読みながら、しきりに笑う稽古をしていると――今の俳優志願者は簡単に、というより容易に、泣きかつ笑うが、私どものころは、泣くのはやさしいが笑うのは難しい、とされていて、さかんに笑う稽古をしたものだ。はあーと息を吐きながら横隔膜を震わせて、はっ、はっ、はっと笑え、という大西信行先輩（現、劇作家）の指導が、耳に残っている――そこへ、伯父さんがぬっと現れた。何を読んでいる、と言う。芝居の本ですと答えると、彼は謹厳な顔で言った、そういう笑いながら読める本ばかり読んでいると、頭が柔らかくなる、と。

そのとき私は、たぶん二つの感想を持った。まず、では私の笑う演技は結構リアルだったのだな、とこれが一つ。が、つぎには、頭が柔らかくなってもこまるなあ、と。……どう考えても、私は彼に対して不快な思いを抱いた記憶がない。

河合家の居候となる

さて、事態が突然変化した。突然の幸運が訪れた。麻布の先輩に、河合武さんという一高生がいて、よく演劇部の公演に来ては批評を述べて行かれた。ソウカナア、ぼくはソウ思わナイナア、というのが口癖で、他の先輩たちをしばしば辟易させていたが、この河合さんと私は親しくなっていた。

新制の高二になった五月の文化祭に、私はアイルランドの作家T・C・マーレイの「長男の権利」を上演しようと企て、河合さんに指導を依頼した。ところが主役の長男を演ずる役者に故障が出来、演出の私が急に長男の役に回り、河合さんが演出ということになった。

この芝居じたいに大した思い出はない。私の母親役には富永君（もちろん男だ。私は彼にたくさんクラシックのレコードを借りた。たとえばベートーベンの第九といえば、私はそのアルバムの手の抜けそうな重さをまず思い出す）。隣人の役に例の西八丁堀で焼け出された秀才の橋本君、この人は不思議で、芝居などに興味はないと言いながら、掛け持ちで藤田朝也脚本・演出の「颪の又三郎」にも教師役で出演していた。

私はと言えば、弟役の深沢君と乱闘の上、ホッケーのスティックで殴り殺されねばならない。ところが、乱闘が始まってみると、小道具のスティックがない。「ない、ない」と深沢君は取っ組みあいながら泣きそうな声で囁く。とっさに、舞台の隅にきたない運動靴の片方が脱ぎ捨てられてあるのが目に入った。「あれで殺せっ」と私が囁き返し、私はめでたく柔らかなゴムの運動靴でなぐり殺された。

私は舞台に立った経験がきわめて少ないが、いつも下手なくせに演出の言うことをきかないロクでもない役者だった。このときも演出の河合先輩に、君は強情だから、とため息まじりに言われたものだった。

——その河合さんから、突然の話だった、ぼくの家に居候に来ないか、と。

河合さんは、『学生に与ふ』などで有名な河合栄治郎教授の長男である。河合教授は自由主義の立場からまずマルクス主義を批判し、ついでファシズムを批判して右翼・軍部の攻撃にさらされ、著書は相次いで発禁になり、出版法違反で起訴され、昭和一九年に病死された後の一時期、教授の著書はベストセラーになり、この頃もなお確実に版を重ねていた。

河合武さんは言う、おふくろはね、この印税収入をあてにしてブラブラしているような人間に僕がなっちゃ困る、と言うんだな。むしろ有効に使ってしまいたいんだそうだ。そこで、まあ、友達で困っている学生がいたら、と言うんだが、そこで君に思い当たったってわけさ。

渡りに舟、とはこのことだった。私は躊躇なく河合さんの言葉に応じた。母は、留守番という名で、一人暮らしでかつ留守勝ちの人の家に住み込むことになり、私は河合家の居候となった。小林の伯父さんのほうにはどう断ったのだったか、記憶がない。母がなんとか言ってくれたのだろう。

私の最大の恩人と言えば、この人のほかにはない、むろん、母はべつとしてだが――河合さんの御母上、河合教授未亡人の、河合国子さん。当時河合家には、河合先輩の長姉の方の幼い子どもたちがいて、私も友人たちもすぐ彼らと仲良くなったが、陽子ちゃんと剛ちゃんというその姉弟が彼女を「おばあちゃま」と呼ぶのを真似て、私や友人たちはいつも「おばあちゃま」と呼ばせていただいていた。

彼女は素晴らしい女性だった。その年代にしては背が高く、明るく、運動神経もすぐれていて、私どもに交じって野球の真似事などすると、優秀な打者だった。もう白髪だったこともあって、私の母は彼女のことを「外人のような奥さん」と言っていた。

今、私どもと書いたのには説明がいる。河合家の、いわば私設奨学生のような、内実は図々しい居候としてお世話になったのは、私が第一号、つづいて親友の林正（現、和泉二郎、舞台演出家をへて、放送番組の作・構成をしている）が第二号、以下、何代かつづき、また藤田朝也のように、家はちゃんとしていたから居候にはならないものの、居候のそのまた居候のように入り浸っていたメンバーたちもふくめて、河合家に集う若者たちのグループがあったわけである。

母が河合家をたずねて「おばあちゃま」に会った。むろん御礼言上のためであるが、下町の宿屋の女主人として男勝りで鳴らした母も、彼女とはどうにも社交的会話の進めようがなく、おばあちゃまもまた、世間話は苦手だった。私が途中から同席すると、母はちょうどそのとき私も知らない親戚の誰やらで、とにかく体の大きい女性のことを話にしていたらしいのだが、

「それでとにかく、嫁に行きましたんですけどね、旦那が細くて小さいもんですから、まるで土手のかげに寝るようだなんて申しまして、カッカッカッ（これは母の特徴的な笑い声）」

そのときのおばあちゃまの困り切ったような顔を、今も思いだす。母としては一生懸命おもしろい話を――それも相手が品のいい奥様だから、可能な限り自分も品よくあろうと努力すればするほど、かえって逆の結果になって焦っていたのではないか、と思う。常日頃の母は、性的な話など私に向かってすることは、まずなかった。

ふいに思い出した。私が小学校のたぶん四年か五年の夏、水泳を覚えたてで嬉しかった私が、家のなかで六尺褌（ふんどし）のままいて、昼寝をしようとしていた母（宿屋の女主人は夜が遅いのだ）の床へもぐりこんだところ、お父さんと寝ているようだ、と母が喜んで言った。おまえのお父さんは不細工（ぶさいく）だったけど、でも私は好きだった、とも言った。

さて、河合家に住むようになった私には、驚くことばかりだった。

まず、万巻の書である。故教授の書斎が、三面の壁を天井まで書棚で埋めつくしているのは当然として、他にも階段の踊り場を含めた家中に書物、書物の山。玄関のすぐ右が書斎なのだが、反対の左側にも三畳の書庫があり、ここには教授が好まれたという時代小説の類もぎっしりだった。

読んでやる、と私は勇み立った。のちに私は三畳の書庫に住みついたが、そこの時代小説類を当時はついに手にとらなかったのは不思議でならない。私は難しそうな本にばかり食いついていた。手始めはもちろん河合教授の著書で、全部読んでやろうと企てた。著書のなかに、何を読むべきか、についての書物などもあり、それに導かれて『近世における我の自覚史』あたりから始めたのだったと思う。

月謝の心配がなくなった学校から帰る。やがてお茶が入りましたよ、と呼んでくださる。私はショートケーキというものを、はじめて河合家で食べた。——私の子ども時代、もちろん森永や明治のキャラメルやチョコレート、それに「一粒三〇〇メートル」のグリコなどは知っていたが、あとはアンパンに饅頭、最中、そして各種の煎餅、そしてそれらすべてが、戦争が深くなるに従って、われわれの前から遠く消え去った。やがてバナナは遠い夢だがかわりに乾燥バナナ、また乾燥芋という時代になった。

小学校、いや当時は国民学校の高学年のころ、木本さんという高等師範の学生が、立矢旅館によく来てくれていて、彼の話に、学校の帰りにはよく今川焼を買って、食べながら歩いたものだ、と聞き、自分の生きている間に、またそういう時代が来るのだろうか？　と、かなり絶望的に未来を展望した覚えがある。実際のところ、戦争が終わるとすぐ闇市には今川焼だって何だって出現した。が、私などの手が届く筈もなく、中学生の私は鞄を肩からぶら下げて毎日闇市を歩いた。何一つ手にすることが出来ないのは百も承知で、ただ、いい匂いのなかを空腹かかえて、うろうろと歩いたばかりである。

ショートケーキは、あれが私にとってカルチュア・ショックというものだったかもしれない。私にとって、母と、第二の母ともいうべき存在になった「おばあちゃま」とが、まるで正反対の部分が多かったように、河合家での生活は、さまざまな意味において、私のそれまでの生活とちがっていた。

夢で地団太を踏んだ母

回想録の類は、意識無意識を問わず自己合理化の変形が避けられないという。その通りだろうと思う。私は今、井出孫六さん（私と同年だ）の『ルポルタージュ戦後史』を読んでいるのだが、長い歳月のフィルターを通すことによって見えてくるものもある、という意味の文章があって、まことに同感。きっと歳月によって、私は自分の過去を誤解もしているだろうし、また、これだけの歳月によって、ようやく見えてくることも、やはりあるにちがいない。

この連載に「自伝的演劇論」と妙なものが肩に乗っかっているのは、まったく私の本意でない。ぼくは演劇は嫌いだけど演劇論は好きでね、言う人に出会ったことがあり、これが知識人というものかもしれないな、と妙に感心したことがあるが、私は、演劇論は読むのも苦手のほうである。

これまで評論集の類も、まとめかけたことはあるが、まとまったことがなく、その時々の文章も、時間切れで「未完」とか「この項続く」とかでそのあと続かなかったり、尻切れトンボに終わっているものが多い。が、なかにはその時代ないし季節のなかで、比較的重要視されたり、引用されることが多かった断片も、ないではない。この先そんなものをちりばめていけば編集氏の意図にいくらかは沿うことになるか、とも思ったりするのだが、やはりそれにしても「自伝的演劇論」なる語感の与える重量感とは、百歩も二百歩も遠いものに、遺憾千万ながら、ならざるを得ないだろう。

さて、なんにせよ、芝居と関わりのある話をしなければならないわけだが、もうすこし触れておきたいことと言えば、やはり母と父のことになる。

母、鴻巣いち、のちに改名して以知は、明治二四年、仙台市長町生まれ（だと思う）。長町小町（こまち）と言われた、と自慢していたことがある。生家は母の弟が継ぎ、南鍛冶町の住居を兼ねた小さな工場でブリキのバケツを作っていた。平生どちらかというと不器用な母が、あるとき自転車のパンクを器用に直すので、驚いたら、自転車屋につとめたことがある、と言っていた。例の「正気歌」の従兄によると、それが母の最初の結婚ではなかったか、と言う。

ともかく伊藤さんというご亭主と、母は東京へ出て来た。日本橋小網町二丁目の宿屋に長逗留のうちに、関東大震災に遭遇する。

「家は焼けても江戸っ子の、意気は消えない見ておくれ、アレマ、コレマ、たちまち並んだバラックの」うんぬん、という「復興節」さながら、震災の焼け跡にはどんどん家が建ち、当局もそれを大いに奨励したらしい。権利やら何やらはともかく、材木その他を都合して早く建ててしまったほうが勝ち、という事態がいっときあったのだそうで、いつのまにか小網町二の八の・には主建材を米松（べいまつ）による立矢旅館が建って、母夫婦はいつからかその主人におさまった。どういう経緯だったか、私にはわからないと言うしかない。

幼いころ聞いた話を、そのまま信じ込んでいて、改めて考えてみるとどうもおかしい、という類のことは、よくあるものだろうが、聞いた話を聞いた通りに書くと、以下のようになる。——お先祖さま（と母は前のご亭主のことを、あるいはその位牌を、呼んでいた）が病気になって亡くなられるとき、彼は母にこう言った。お前はまだ若いし綺麗だから、おれが死んだと聞いたら、きっと男どもが寄って来るにちがいない。だから当分のあいだ、おれが死んだということは隠しておけ。——なんだか武田信玄みたいだが、とにかくそう言ったというのである。

その遺言どおり母は夫の喪を秘していたが、ある月の命日に、墓参りのために花を持って電車通りを水天宮さまのほうへ歩いて行くと、そこでばったり、亡夫の友人だった株屋の番頭の、福田和三郎に出会った。彼は言う、お花なんか持ってどうしたの。母はついポロリと、実はうちのがウンヌンと洩らしてしまう。そう、そりゃ知らなかった、お線香あげさせてもらわなきゃ。そう言って彼はその日お線香を上げに来て、そしてそのまま帰らなかった。つまり、居ついてしまった。

私の聞いた話は、この通りである。親の話を茶化して面白い筈がない。

昭和一三年に父が数えの六十一歳で急死（脳溢血）すると、葬儀は群馬県館林在の日向（ひなた）（父の実家の所在地）で行なわれ、母は姉と私を送った。何故母が行かなかったのか、当時（小学一年）の私にはもちろんわからない。読経が終わって、棺をかつぎ、人々は銀紙細工の白い花を手に、長い行列を作って墓所へ向かうことになる。

姉がささやく。名前をよばれたら、ハイッて返事してまっすぐ出て行くのよ。そしてお花を受け取って、お棺のあとに並ぶの。姉も、また父方の親戚のうち立矢旅館に出入りしていた少数の人々も、父の唯一の実子である私が、第一番に名を呼ばれるものだと思いこんでいたふしがある。

しかし、棺のあとに並ぶ第一番は父の弟というがっしりした人物だった。つぎつぎに名が呼ばれる。呼ばれた人々が作る行列がしだいに長くなる。私の周囲にいた、やや遠縁の人びとも名を呼ばれ、私を何度も見返りながら、姉と私のそばを離れて行く。

とうとう「その他の方は、ご自由に列についてお歩きください」ということになった。列の中程にいた白い顔の女の人が、私を招いて自分の花を手渡した。私はその銀紙細工の大きな花を手に、結構満足していた、と思う。

姉から報告を受けた母は、身を震わせ文字どおり地団太を踏んで怒った。父は株の失敗で、当時の金で三百円という借金を残し、返済の義務は母の肩にのみかかった。完済には三年余の月日が必要だった。そのころよくあったことだが、夜ふっと目をさますと、隣で母が身を震わせ地団太を踏んでいた。母が夢を見ているのだった。

（同前4　一九九一年八月）

幕間① 頭髪の自由・男女合同演劇ほか

麻布に映画研究部を作る

芝居には幕間（まくあい、と読む）というものがある。ご見物衆は弁当を食べたり、お茶を飲んだり、外国や外国ふうの劇場ではアルコールを入れたりする。私どもの主に出入りする小劇場だと、おおむねパンフレットを読む時間である。

パンフレットには大概出演者の紹介がある。ブロードウェイなどでは、スタッフの写真まで載っていたりするが、日本ではおおむね、裏方は顔をさらすものではない、という常識のほうが優勢である。顔をさらす位なら役者をやってらい、という心意気の人々もいて、かなり共感できる——。が、たとえばこの文章でも、編集者はしきりに写真を必要とするので、いきおい過去の自分に対面することになる。まあ、若いときの自分は自分ではない、と割り切る手も、ないことはないが。

三十年の昔、劇団青年芸術劇場（青芸）というのが私の初めて属した劇団の名だが、その公演パンフを雑誌のように分厚くしたことがある。毎回特集を組んで「読む」に値するものにしよう、と意気込んだ。写真ばかり載せる一般の芝居のパンフレットないし筋書きに対する不満ないし批判があってのことだったのは、言うまでもない。

が、思えばあれは「幕間」向きであるとは、全然言えなかったな。むしろ家へ持って帰ってじっくり読んでほしい、と、思っていたと思う。

前回まで、意識的に芝居にかかわる以前のことを書いた。新制高校になった麻布の高二になって、窮境を河合家に救われ同家の居候になったことから、確実に私の生活は変わった。

たとえば河合家にお世話になりはじめたこの時期から、私は河合先輩の影響もあって、映画に熱を上げ、とうとう麻布に映画研究部を作ってしまった。その後たぶん大学の二年ぐらいまで、見た映画の量は相当なものだった。

話はずっと飛んで、ごく近年、一九八九年に長州の萩で、高杉晋作生誕百五十年祭があり、二十年来高杉に関心を持ちつづけて萩にも親しい友人のいる私は、依頼されて記念シンポジウムのコーディネーターというやつを務めた。当日の朝、墓前祭という式典がある。テレビの長大巨編ドラマ「奇兵隊」(これは私とは無関係)の主役松平健氏らが市の幹部と出席、私は遠くから眺めるだけ。——これに、高杉晋作四代の後裔、つまり曾孫の、勝という方が出席、当然ながら市長と松平氏に挟まれて主賓である。眼鏡をかけてがっしりとした大柄な、律儀そうな人物である。ついでながら、高杉晋作は着用した鎧などから、おそらく五尺三寸、十三貫程度の、むしろ小柄な人物と推定されている。

墓前祭が終わって、人が散り散りになる。長年高杉を追求して来た私としては、曾孫氏の面識を得ておくのも悪くはない。市の郷土博物館につとめる友人の紹介で、挨拶することになった。すると、黒い礼服に身を固めた曾孫氏が、やあ、しばらく、と手をさしのべて抱きつかんばかりに寄って来る。分厚い手に私の手をにぎりしめて、言う。麻布の演劇部以来ですね。えっ。高杉ですよ、演劇部の。えーっ。

たしかに高杉という奴がいた。いたどころではない。加藤道夫作ふじたあさや演出の「挿話(エピソード)」の師団長で大型新人として華麗にデビュー、以後主役を張りつづけ、モリエール「気で病む男」のアルガンなどは今も私の目に残っている、いわば演劇部を背負って立った学生名優高杉が、彼だった。

そしてその夜、シンポジウムの会場で、彼、高杉勝は（と、とたんに敬称がなくなる）聴衆の前で、福田善之さんは麻布の一年先輩で、高三になったら演劇部をほうり出してしまったんで後を引き受けて苦労した、云々と喋りまくった。ほうり出したわけではない——というところで、話は当時に戻るわけだが、私はそのころ映画研究部をどうしても作りたくなって、学校側から新しい部を作るのは予算の関係もあって不可能とされると、では演劇部内に映画研究班を設ける、という形で、まあ強引にやってのけた。私の呼びかけに応じたのはたった一人。これが佐藤重臣で、ぼくは将来映画評論家になる、といった言葉を文字通り実行し、今はもうこの世にいない。

ほとんど二人で機関誌を出した。映画研究といったって、当時のことで、作ろう、という夢想にまでは——金も器材も、なんにもない——到底高まらない。あちこちの外国映画輸入の会社に足を運んで、要するに試写会にもぐりこむ。せっせと見て、せっせと批評を書く。それをガリ版で刷る。結構いそがしくて、演劇部のほうは高杉たちにまかせきり、となったわけだった。

名女形神津善行は去ったが、高杉と同期には神山寛が出現して、ボーマルシェの「セヴィリアの理髪師」のヒロインなどを演じ、まことに美しい女形だった。なお、この主題歌には、俳優座の「フィガロの結婚」の劇中歌を、誰か言いだしたのか、同じボーマルシェだからいいだろう、と流用したのだったが、後年、作曲した林光に歌って見せたら、よく覚えてるな、と感心された。——神山寛は俳優座養成所の三期生になり、今も俳優座のベテランである。

演劇部のことを続いて書くと、いかに神山寛が名女形でも、時代はそろそろ普通の、といっては妙だが、つまり高校でも女の役は女がやる芝居を要求していた。男だけの脚本なんて山本有三氏の「同志の人々」などの他絶望的にとぼしく、それはこの世の中が男と女で出来ている以上しかたのないことだ、と思われた。つまり、普通の芝居を普通にやろうとすれば、女子の高校から助演を仰ぐしかない、あるいは合同公演を企画するしかない、——というわれわれの主張を、学校当局も、結局いれざるを得なかった。

まあこれも学園の民主化闘争というやつのハシクレだったのだ、と今は思うが、民主化闘争といえば、まず長髪問題を挙げなければ、ふじたあさやに申し訳ない。彼こそはもっとも先端的に、孤立した戦いをたたかい抜いた英雄だった。

彼は終戦の翌年春、麻布に入ってきた時から長髪だったと思う。坊ちゃん刈りというやつである。色が白くて目の大きい美少年だった彼に、よく似合っていた。が、昭和二一年の麻布中学は、なお坊主頭が校則で、説諭されて彼は止むなく髪を切った。ぜんぜん似合わなかった。戦争が終わるといっぺんに人々の服装が変わってしまったわけではない。変わったのは進駐軍と親しい女性だけである。戦後なおしばらくは、人々はなお脚にゲートルを巻いて通勤あるいは通学していた。この廃止についてだけは、麻布中学は早かった。もう空襲もなく危険物の破片が飛んでくる心配もないなら、暑苦しいものを脚にまといつかせることはない。そういう生徒たちの勝手な判断に、学校はつまり干渉しなかったのだと多分思う。麻布らしいところだ。

が、長髪は駄目だった。当時の校長は坊主頭が好きだったのじゃないかと思う。彼にはよく似合っていたような気がするが、記憶違いかもしれない。

わがふじたあさやは、髪を切られても、すぐまた伸ばしはじめた。全員丸坊主のなかだから、当然目立つ。圧迫がある。上級生に囲まれて脅されて、泣く泣くまた髪を切る。が、すぐまた伸ばす。切られても切られても伸ばす。小柄でひよわな少年の、まことに見事な粘り強さだった。

私の二年上級には、すごい先輩が大勢いたが、なかでも四年終了で一高（むろん旧制の）に入った内藤法美（つねみ）さんについては、いずれ書かなければならないことが沢山ある。後年知ったことだが、内藤先輩は終戦まで、軍事教練の場でも動員の工場でも、頑として詰め襟に白いカラーの学生服で通したという。

内藤さんの場合も、ふじたあさやも、自分にはこれしか似合わない、という信念にまで高まった美意識を、意地と頑固が裏打ちしていたのかもしれない。

つまり、彼らにとって、カーキ色の国民服ふう学生服や坊主頭の自分が、あまりにも情けなかった、ということなのかも知れないのだが——それにしてもしかし、おおかたの人間は、鏡に映る自分の、その醜さ情けなさに、やがて余儀なく慣れてしまうものだ。

物価のアンバランス

幕間を利用して、という言い方があるが、これまでの回に関して多少の質問・注文をいただいていることでもあり、注釈にもならないが、すこし書く。

昭和二〇年（一九四五）八月三十日に連合軍総司令官マッカーサーが厚木飛行場に降り立っ

たわけだが、彼あるいは彼らは、はじめ徹底的な軍政をしくつもりだったらしい。「日本紙幣の通用を禁じ、軍票を使用する」などの項目があった。日本人が案外に素直に降伏し、従順に服従する姿勢を示したので、軍政布告は沙汰止みになったのだという。

もし実行されていたら、どうなったかわからないが、この年は風水害と凶作、栄養失調が流行語になった状態の中で、日銀券の発行高は、軍需会社への未払い金・決済、復員者支給金、解雇手当てなどで、膨大なものになり、悪性インフレとなって物価は異常に上昇した。戸川猪佐武『昭和現代史』によると、米の闇価格は、前年の一九年十月から十二月にくらべて、二三・五倍。言い換えれば金の価値が二三・五分の一に下がった。つまり、これだけあれば二年は暮らせる、という金を持っていたとしたら、それがほぼ一月しか暮らせないものになってしまった、ということである。

米の値段なんか問題じゃないわ、私はパン食だもの――というのはむろん冗談だが、こんにち日本人は主食として半分しか米を食べない、すなわち半米食人種になったものらしいが、江戸の昔からコメの値段は物価の指標でありつづけたこと、昭和二〇年代も変わらない。

二一年二月になって、「新円」発行、今までの金は「旧円」で使えない、預金は「封鎖」されて月に一定の額しか引き出せない、というインフレ対策の措置がとられた。――その切り換えの前日、戸塚にいた私たちを訪ねた「小林の伯父さん」が、今日で使えなくなるから、好きな本を買え、と私に旧円紙幣を渡した。すぐ本屋へ走ったが、本らしいものは、何もなく、当時進駐軍のお声がかりで大量に増刷されていた新約聖書を買って帰り、教師の彼に褒められた。

要領のいいほうではない私だが、彼を喜ばせるのは、嬉しくないこともなかった。以後、聖書というものを買ったことはない。

預金から引き出せた一定額というのは、麻布の先輩でもある吉行淳之介さんの文章によると、彼の場合は「世帯主」だったので月に三百円。当時靴が一足（むろん闇市値段で）四百円ほどだったという。私自身の記憶は、闇市でミカン一山が二十円、当時の自分は気の遠くなるような金額だったことをおぼえている程度で、一向に定かではない。

もっとも、野坂昭如さんに聞いたことがある。野坂さんも当時少年だったのに、どうして闇市の物価にそんなに詳しいんですか。彼は答えた、なあに、そりゃあとから調べたんですよ、ぼくは焼け跡の三田村鳶魚（えんぎょ）になってやろうと思ってね。

物価の上昇はその後も止まらなかった。つづいて吉行先輩の文「スルメと焼酎」から紹介すると、先輩は「一度だけ、ハデに闇の品物を買ったことがある」、昭和二二年秋、大学正門前で「三角くじ」を一枚十円で買い、一等千円に当たった。「今の百万円どころではないクジに当った気分だった」「疎開していた母と妹二人が東京に戻っていたので」買ったお土産が、ネクタイ一本二百円、バター四分の一ポンドが四百円、ボタ餅四個で二百円——今日の感覚からは、ひどくアンバランスに感じられることだろう。

ことに、バターについてはひどい。今の価格に直すと数万円以上にもあたるだろう。「これは今より高価だが、二年以上そういうものを見たこともなかった」と、さりげなく書かれているが、そこには病身の妹にたいする彼の愛情がうかがわれるような気が、私にはする。

天皇とマッカーサーの並んだ写真についても、多少追記。二〇年九月二十七日、天皇が初めてマッカーサーを訪問したときのものだが、翌日の新聞にあれが掲載されると、日本政府は仰天したらしい。同夜、内務大臣山崎巌は、朝・毎・読の三大紙に発売禁止を命じた。それを知ったＧＨＱ（総司令部）は翌朝「新聞・通信の自由に関する一切の制限の撤廃」を指令したが、なお山崎内相は記者団に「治安維持法の精神は生かすつもり、国体を破壊するような運動は許されない」うんぬんと発言。ＧＨＱは激怒。かくて戦後初代の東久邇宮内閣は総辞職の止むなきにいたった――ということがあったらしい。（前出、戸川『昭和現代史』）

物価のアンバランスについてさらに追記すると、煙草とビールの値段。吉行先輩の同じ文章によると、昭和二三年に就職、月給千八百円。「そのころ屋台に近い飲み屋で（ビールが）一本百円だった。ということは月給の十八分の一、今の初任給の比率に直すと（この文章が書かれたのは昭和五五年）一万円以上となる」

私が就職したのは昭和二九年だが、その夏、河合家の「おばあちゃま」に新宿で御馳走になったとき、私は生ビールを飲んだ。こんなうまいものはない、と思ったが、同時に、こんなゼイタク年に一度だな、と心を引き締めた記憶がある。その次にビールを飲んだのは、新聞社を辞めて芝居をはじめたせいもあって、何年ものちのことになった。

事ほどさように、ビールは高価なものだったということで、近年学生たちが、なに飲む？おれ焼酎、あたしビール、といった具合に、つまり焼酎と同等に気安く扱うのを見ていると、あの「年に一度の貴重なビール」が懐かしいような気がしないでもない。

煙草もまた、ピースが四十〜五十円だった時代が非常に長く、一般の給料がン百円だった時代に、その相対的高価さは大変なものだが、そのあと相対的にはどんどん安くなったわけである。昭和三〇年代に、かなりのヘビー・スモーカーだった私は、もし煙草が止められたらどんなに生活が楽になるか、と真剣に考えたことがあるが、昭和五〇年代になって実際に止めてみると、そのことの家計に及ぼすプラス効果はほとんどなく、妙に気落ちしてしまったものだ。

東京高女からの女優陣

学園民主化闘争のうち長髪問題の件に戻ると、当時われわれの学年にはいろいろおかしなあだ名を持った者がいて、いつも音楽はバッハが最高だ、と叫んでいるから井上バッハ、マントを常時着用しているので高橋マント、また怪人中野、などなどいろいろだった。その井上バッハが、長髪問題では熱心に論陣を張った、というような記憶がある。

ある日教室でか、講堂でだったたか、では本校がもし長髪を許可したら、髪を伸ばそうというものは手を上げよ、と教師が言ったとき、井上バッハが待っていたように真先に手を上げた。バッハは当然かなりの者が続くだろうと信じていたと思うのだが、みなニヤニヤするばかりで、すぐには誰も手を上げなかった。

ということはつまり、私も上げなかったわけだが、べつにバッハに悪意があったわけでも、手を上げると学校に弾圧されるだろうとか、成績上不利になるだろうと考えていたわけでも、さらさらない。バッハ一人があまり景気よく張り切っているので、ついニヤニヤするほうが先になってしまった、――という感じなので、これは様々な局面における大勢の他のバッハ君たちにも、たぶん参考になるのではなかろうか。

論より証拠、と言うほどではないが、そのときも私を含めて何人かがモゾモゾしはじめた。バッハを孤立させてしまうのはまずい、と私は思ったのだが、まさに手を上げかけたそのとき教師が、よしわかった、と授業を打ち切った。

やがて学校は生徒たちの父兄を呼んで、講堂で校長が演説した。自由を建前とする本校は、頭髪についてもこれを自由といたします、ただし、生徒たちにこの問題をはかったところ、すぐ長髪にしたいというものは、全校でたった一人しかいなかった、ですから父兄、保護者の皆さんは、是非ご安心いただきたい、うんぬん。

このとき生徒全員が傍聴を許されていたのかどうか、さっぱり記憶がない。麻布の講堂はやたら広かったから、そうかもしれない。

さて、いざ解禁となったら、全校生徒の半数が、一斉に髪を伸ばしはじめた。痛快であった。バッハがどう思ったかは知らない。今どうしているかも、私は知らない。一度会ってみたいものだと思っているけれども。

正式に解禁が決定する前から、成り行きを察して半端に、表向は無精と見せてやや髪を伸ばしかけていた連中が多かった中で、あさやは狙い撃ちされて、正式布告の前日に髪を切らされた。したがって彼の髪がそれらしく整うのは、周囲よりだいぶ遅れることになったが、それでも彼は、長い緊張の日々から解放されて嬉しそうだった。

私も、それ以来長髪である。余談の余談だが、高三の頃になると、ジャン＝ルイ・バローがベルリオーズを演ずる映画『幻想交響楽』が評判で、私の長髪がその主人公に似ているというので、クラスの野球で私が打席に立つと、よっ、ベルちゃん！　と声がかかった。私は生まれつき多少の天然パーマなので、額にかかる長髪をうるさそうにハネ上げる、といった知識人ふうの芸ができない。若いうちはそれが残念だったが、なんといっても手入れの必要がないのは得で、今では天に感謝している。もっとも、最近は白髪が多いので、やや短目にしているけれども。

さてさて、ようやく演劇部の女子高生助演問題に戻る。

学校は、いくつかの女子高校あてに紹介状を書いてくれた。「この者はまちがいなく本校生徒であって、演劇のことに関し貴校に相談におもむくので何分よろしく」というような文面だったと思う。そのころ演劇部の責任者であり、この問題に関する主唱者だった私が、その書面を持って出かける。高二の冬だったが、高三の上級生は受験その他でほとんどいなかった。私はさらに下級の佐藤君を伴って出かけたような記憶もある。

第三高女、東京女学館、東洋英和などへ行った。このうち、東洋英和女学校（戦時中は東洋永和といっていた）は、創立者が麻布と同じで、いわば姉弟校である。臙脂（えんじ）色（ガーネット）のネッカチーフに結構あこがれる連中が多かったが、その英和の生徒たちは慶応ボーイしか眼中にない、という噂があった。これもそのころ慶応普通部にいた林光に後年話すと、俺たちはほかの色のネクタイに興味があったがな、と言った。話を戻すと、このとき私たちは愛想のいい男の先生に親切にされて希望を持ち、白髪のおだやかな女の先生に丁重に断られた——ような気がする。

第三では、生徒が応対してくれた。向こうは高三で、年上である。親切に相談に乗ってくれたが、事は成らなかった。

わたしたちが「館（ヤカタ）」と呼んでいた東京女学館は、静かで、廊下を走る生徒もなく、ひっそりとした感じだった。教員が応接室に通して話を聞いてくれたが、それきりだった。

ドコソコは好意的だったけど、あそこはブスばかりだしなあ、などと首をひねっていると、私の出向かなかった東京高女から承知の返事が来た。話をつめる経過はおぼえていない。演劇演劇部の指導教員（麻布では、何とか部など所謂サークルの部長は生徒で、だからこの時期演劇部長は私だったことになる）は絵画の山田先生から国語漢文の海野先生に変わっていたが、詰めを学校側に一任したとも思えないのだが。

演目はモリエールの「タルチュフ」。一級下に鈴木八郎君という名優がいて、先輩たちからも信頼あつかったのだが（私はどちらかといえば、ケムたがられていた）彼を主役に立て、私は制作だったと思う。鈴木君のタルチュフは、正体をあらわす見せ場が目をむいて歌舞伎がかりで、上演のさいは見物から盛んに声がかかったが、あらかじめそれをあて込んだ配役だった。当時の（つまり私の）路線では、どちらかといえば旧劇好きの鈴木君は自分の出番がないと思いこみ、腐っている様子だったからである。

東京高女から女優陣が初めてやって来る、という当日はみな緊張して、交代で校門の外へ迎えに、というより見張りに行ったりしていた。私は責任者だから教室に動かない。今や遅しと待つうち「来た来たっ」と伝令が飛んできて、やがて校舎のかげから彼女たちの姿があらわれた。

美人妻のエルミール、娘のマリアーヌ、小間使いのドリーヌと、それぞれの役にまずふさわしいといっていい美女たちで、プロデューサーとしては、ほっと一安心。ともかくこれが栄光ある麻布演劇部（劇団あさのは、と言っていた）の、男女合同演劇の事始めだった。

もちろん皆、彼女たちの誰かに惚れたり、ファンになったりした。私はと言えば、小間使い役のOさんを大いに意識した。彼女は見かけによらず勝気で向こう意気が強くて――あるとき田町の駅の出札口で、つい「田町」と言って切符を買おうとしたら、駅員が「田町はここです」と笑った。すると彼女は「駅の向こう側へ行くんですっ」と言い返した。

で、駅の人はどうしたの、と私が聞く。黙って入場券を寄越したわ。――どうも私は母の影響か、この手の女性に弱い傾きがある。

が、現実には、ついに二人きりで話すことさえなかった。――いや、実を言うと、だいぶ後になって、偶然彼女と出会って話す機会があったのだが、そのときは彼女が麻布のあと客演した城南高校のリーダーのF君の話を、ひたすら熱心にするばかり、私はただ聞くばかり、という冴えない結末だった。F君は――いや、クン呼ばわりなどは出来ない、F氏は現在優秀な新劇の俳優・演出家である。Oさんのその後の消息は知らない。

ずっと後年、昭和四〇年代に、大阪でのテレビの仕事が深夜におよび、始発を待つうち同行の俳優諸氏と各自の女性初体験の話になった事がある。今は故人となった岸田森（しん）、草野大悟の両氏、それに現在は劇作家でもある和田周の諸氏が、口を揃えて、中学二年のときである、と言ったのに、私は呆然とした。

むろん、やがて俳優を志すほどの少年は、多少とも異性あるいは同性に好かれ愛される傾向があり、なればこそ俳優を志したりもするのかもしれない。――それにしても、私はこの面でもオクテのなかのオクテであること、疑う余地がないようだった。（同前5　一九九一年九月）

幕間②『戦火のかなた』『酔いどれ天使』『恐るべき親達』

ガリ版刷りの「機関紙」

記憶というもの、まことに当てにならない。それは先刻承知のつもりだった。そして時がたって回想することによって見えてくるものもある。それは常にある。――たとえば前回のOさんという女子高生の件。そのころ、ある友人に彼女のことを逐一話したところ、彼は言った、彼女は君が好きなんだせ、好きだから、わざと別の男性（Fさん）のことばかり話すんだ。当時の私は半信半疑だったが、まあ内心、その友人の言葉を信じたい気持ちのほうが勝っていたかもしれない。

が、今になって振り返れば、事はあきれるほど単純であって、Oさんが私にほとんど興味がなかったことは疑う余地がない。今の私の目からは明らかにそれがわかる。が、それが明らかなのは、この連載の文章に取り入れるつもりで意識的に思い出してみたからなのであって、こんな機会がなかったら、私はOさんの記憶を曖昧のままにして、つまり多少の自惚れを抱いたまま、生涯を過ごすことになったかもしれない。

むろん、だからといって、どうということもない。私にはただ、知りたがり屋のところがたしかにある。ほんとうのところどうだったのか、何につけても、それを知りたい。が、知りたがるほど、不明瞭になる、あるいは、判断を下しにくくなることが多いのも、また事実である。そして比較的近年になって、私にも、時には真実を追求してもしかたがない、という余裕のある気分が、時おり訪れてくれることがある。

すると、こんなことになるのだろうか？　そのような気の持ちようも時には可能になったからこそ、物事の輪郭がやや明確度を増して見えることがある、あるいは、そんな気のすることが増えている、ということだろうか。

近々引っ越しの予定があるので、荷物を整理していると、麻布の映画研究部監修『ソフト・フォーカス』なる藁半紙にガリ版刷りの「機関紙」が出て来た。番号は揃っていない。飛び飛びに、13・15・16・17・19・22・23・24・25の各号、発行年月は一九四九年の秋、二学期の間としかいえない。発行日がごちゃごちゃになっているからだが、ただのミス・プリントかもしれない。

13号と15号には「映研」の文字はなく、16号から「映畫研究部監修」の肩書がつく。17号までは麻田栄之発行となっているが、18号はないから不明。19号になって、初めて私の「忘れられた子等」（稲垣浩監督）評が出ている。たぶん私の初めて複製された「映画評」だろう。同じ号に、七本の映画を批評・紹介しているのが佐藤重臣だと思うが、彼のデビューかどうかは判然としない。「編集部通信」の「鬼」とある署名が、彼の筆名だったと思う。この号から「映畫」が「映画」になった。「編輯部」は「編集部」にいったん変わり、あとの号ではまた元に戻っている。案外、私の主張だったりするかもしれない。もちろん仮名遣いはすべて「旧かな」すなわち歴史的仮名遣いである。

つまり、私が映画研究部を作って新しい機関紙を発行したのではなかった。すでに存在していた映画批評のための学内紙を、話合いの上「映研」監修ということで取り入れた、のか、合同したのか、そのへん全く記憶がない。

この話を持って来たのが佐藤重臣だったかどうかも覚えがないが、多分そうだろう。重臣は、すでに完成された批評家の趣があった。私が見て来た映画の話をすると、ああノス（当時の私の通称）さんなら、あそことあそこが良かったってんでしょう、子どもだなあ、と一蹴されてしまうのである。上級生かたなしだが、私には当時から年下のものだろうとも優れた知識・才能には頭を下げる癖があって、彼に不快感をおぼえた記憶がまったくない。

もう一人背の高い佐藤君という人がいて、重臣（彼は低いほうだ）と二人で批評を書きまくっていたと思う。二人とも高二だ。24号になると「発行責任・高2山際」となっていて、この小さな映研のグループから初志を貫徹して映画人になったのが佐藤重臣にとどまらないことを思い出させる。のちの映画監督山際永三氏である。

ついでながら演劇部には佐藤君がさらに二人いて「タルチュフ」など演出をいつも担当していた佐藤修君は今ＮＨＫ、なかなか名優だった佐藤宙史君はＴＢＳにいる。

『ソフト・フォーカス』23号から、私と重臣の『戦火のかなた』（ロッセリーニ）についての文章を部分的に紹介する。点線箇所は「中略」。

「△……この映画は第三話（ローマ）と第五話（修道院）が猛烈な削除を受けてゐる……おかげで、僕達の見る『戦火のかなた』は残骸にひとしいこと『大いなる幻影』の場合と等しい。……然しその残った片々に僕は甚だしく感動した。この映画の『対象のつかまへ方』そして表現に、僕は初めて自分達にぴったり来るものがあるのを感じた。

△此の映画の持つ現実の呼吸はそのまま我々に通ずる。敗戦のイタリア人の息づく現実の呼吸に、我々はそのまま我々の現実の呼吸を感じるのだ。決して現在の日本映画にではなく。

△さうしてそれに悲しい事なのだが、日本から『戦火のかなた』は生まれなかった。我々の現実の呼吸の息づく映画が一つも出なかった。『だらしの無い』と言はれた敗戦国イタリアからこれが生まれ、『大和魂』の日本から生まれた代表作は『酔いどれ天使』『晩春』でしかなかったのである。……」

右が拙文。つぎに「鬼」氏は、日頃軽妙なタッチで皮肉っぽく大人の文章を綴る氏にしては、九〇年代ふうにいうなら大マジで、

「……この映画の原名は『パイサ』と呼ばれる。『同胞』とか『はらから』と訳すのだそうだ。

敗戦にあへいで居るイタリア人の姿を、世界の同胞よ見てくれ、さうして如何に戦争といふものが詛（のろ）はしく人々を不幸に陥し入れるかを真正面からこの映画は描いているのである。

この腹の底からしぼった絶叫が如何に悲痛であり、リアルであるかは……（刷りが薄くて不明箇所あり）……我々は、この映画のディテールの素晴らしい迫真力や息づまるサスペンスに酔う前に、少くとも、一生に一度と云ふべき立派な企画を立て、イタリアの敗戦の惨状と戦争の鋭い批判を、しかもボロカメラ一台で見事描破したロッセリーニのたくましい情熱と努力に深く脱帽せねばならぬ。（☆☆☆☆）」

もちろん、星四つは最高点である。高校時代の文章を突如披露されては迷惑だろうが、「鬼」よ、許せ。

金も時間もないときは

引き合いに出して恐縮だったが、黒澤明氏の『酔いどれ天使』については、沢山の思い出がある。この作品によって高校生の私は、映画の魅力にとりつかれたと言ってもいい。ことにキャバレーのシーン、ジャングル・ブギーを歌う笠置シヅ子にわーっとズーム・アップ、と言いたいところだが、当時まだズームは発明されていない、要するにトラック・アップであるが、そしてそのシーンを後年再上映やテレビ放映で見れば実にさしたることはないのだか、当時の私はじーんとなってしまったものだ。

だから『酔いどれ天使』こそは私にとって大恩あるシャシン（と、後年私も映画のことを呼ぶようになる）なのだけれども、それを悪口の引き合いに出すほど、つまり『戦火のかなた』に私はしびれたわけなのだが、星霜移り、やがて東京から戦災の焼跡も消える。今はイタリアン・リアリズムを評価する声も、あまり聞こえない。その後、日本映画は同じ黒澤監督の『羅生門』以来、すっかり世界の名作傑作群に対してコンプレックスをいだかなくなったようだ。おおいに慶賀すべきことなのかどうか、私は知らない。

『私の映画遍歴』（フィルムアート社）という本に、多くの映画通の人々の流麗な文章に伍して、私も幼少時からの映画体験を、まあ雑魚のトトまじりという感じは免れなかったが、書いたことがある。誰かに貸してしまって手元にない。それが誰かも記憶にないのでしかたないが、なんとか再び手にしたいと思い続けている。以下は、そこに書いたことと重複する部分があるに違いないが、あらためて書く。

『映画春秋』という雑誌があった。とても大事にしていた記憶がある。そこに黒澤明監督の『酔いどれ天使』についての文章があった。明確におぼえているのは、つぎの章句である。

「金も時間もないときは、ドラマの線を強くするしかない」

当時は、ストの時代である。来なかったのは軍艦だけだ、と言われた東宝争議があった。そういう状況の中で（ストライキの前か中か後か、などは資料にあたればわかることだ）黒澤氏は一本撮らねばならなかった。言いかえれば、彼の『素晴らしき日曜日』などは、金はともかく時間はたっぷりあったのかもしれない。

私にとって黒澤明の名は、戦時中の『姿三四郎』で記憶に刻まれていた。小学生が監督の名なんか覚えるものか、とお感じの向きもあろうが、そんなことはない。小学校時代、玩具の映写機を買ってもらい、からからと回せば何十秒かで終わってしまうフィルムをかけて繰り返し楽しんだ。その僅かなオモチャ用のフィルムで『鞍馬天狗』では、まず「原作、大佛次郎」とタイトルが出る。ダイブツではなくオサラギと読む、と姉に教わったと思う。で、もっとも気に入りのフィルムは『宮本武蔵』で、これは巖流島決闘の最後の部分がちょっとあるだけだが、ともかく片岡千恵蔵の武蔵に小次郎は月形龍之介（月形のおっさんは、私の初めての映画、当時中村錦之助の「一心太助」ものに、大久保彦左衛門で出たのだ！）、彼がかすかに微笑むと唇の端から血がすーっと流れて、ぐらっと倒れる。そのカットは今も目にあざやかに残っている。その大切なフィルムの巻頭に「監督、稲垣浩」とあった。それ以来の私は稲垣ファンであった。――ま、というようなわけで、監督の名前を覚えるという習慣が、幼いころから種をまかれていた、というわけだ。

話を戻して、黒澤氏の、現在にいたるまで私に影響をあたえた名句を、もう一度書く。「金も時間もないときは、ドラマの線を強くするしかない」

当時も今も、私には「ドラマの線」とはどんなものだか、明瞭にわかっているとは言えない。芝居っぽくしろ、とか、あざとくやれ、ということとは勿論ちがう。が、当時の黒澤氏の文章では、多少否定的なニュアンスで、いわば必要悪として「ドラマの線」の強化が語られていたという気がする。もちろん、その『映画春秋』誌も持っていないし、巨匠のすべての文章は立派な書物になっているかもしれないが私は知らないので、不正確だったらお詫びするしかないのだが。

その昔映画は「一ヌケ二スジ」つまり写真の写り具合が一番で、次がストーリー、やがて逆転して「一スジ二ヌケ」と言われるようになったらしいが、ともかくも絶対のワンカット——一つの感動的瞬間があれば、それが決定的だという場合があるだろう。少なくとも私は、あるにちがいない、と思う。それは美女の華やかに、あるいは微かに、微笑んだ瞬間だっていいのだ。私には大学生時代、八千草薫さんの映画にぼーっとなった季節があり、繰り返し彼女だけを見るためには、芸術的な佳作より商業的愚作のほうがよっぽどいい、と感じたことがある。が、これは関係ないのかな。

黒澤氏の「金も時間もないとき」というのは、つまり大スターもいないとき、と敷衍してもいいかもしれない。原則として金がなければスターも使えないわけだから。で、『酔いどれ天使』の三船敏郎氏も、まだ当時スターとは言いがたかった。ヴァンプ役の小暮実千代さんも、女学生役の久我美子さんも、彼女の名で客を呼ぶという存在では、ちょうどその頃あまりなかったと思う。

ともかく私は『酔いどれ天使』に感動して、シナリオを分析したりもしていた。分析といえば恰好いいが、要するに自分なりにハコ書きにしてみたりした（実を言うと、そのノートが映研機関紙のなかに挟まっていた）。——そのすこし後黒澤氏は『野良犬』を撮った。これは十分に時間をかけ、金もかかった映画だった。三船敏郎氏も、もうスターだった。が、封切当時、私にはついて行きにくかった。単に『酔いどれ』ほど大衆的ギャング映画でなかったからじゃないかと思う。

時間をすこし飛ばして、数年後に、名画座の黒澤明週間の類で、『酔いどれ天使』と『野良犬』を見る機会があった。もはや朝鮮戦争のおかげで日本は豊かになりはじめていた。私が新聞記者になっていた頃だと思う。

びっくりした。『酔いどれ天使』が実に安っぽくチャチに見え、『野良犬』の闇市描写は臭いがするほど克明で、暑さが伝わってくるようだった。なるほど映画とは、金と時間が決定的にモノを言うらしい、と理解した。いい絵がとれてなければ、長持ちはしないのだ、と。

それからまた時間をうんと飛ばして、テレビ時代になり、『酔いどれ天使』が放映された。これはまた上々のテレビ映画だった。志村喬氏の主演でシリーズ物に作ればいいのじゃないか、と思った。

そしてその頃、ふと気がついた。自分たちのやっている芝居というやつ、いつも「金と時間がないとき」という条件でやっている。私が主に関わって来た小さい劇団についてだけ言えることではない。結構老舗の劇団でも、また商業的な舞台でも、金もあれば時間もあるということはない。金がありそうな場合は時間が極めてすくない、それは金があるとも言えないことになる。

考えてみれば、日本の芝居は、江戸の昔から、いつもそうだったのではないか、と思った。いや、シェイクスピアすら、金と時間のない条件のもとに彼の仕事をして来たのではないか。昔も今も、芝居は複製芸術ではないので、いくらヒットしても、一回の上演にかかる経費がそれほど減るわけではない。今も昔も、当たれば当たるだけ、資本家はより儲けたがるので、結局いつも金と時間はない。

という事情と、ドラマの線なるものとは、関係がある。ざんねんながら、という言葉が今ふいと出て来たのだが、私にはどうも、どなたかの表現によれば「神を畏れぬ女の一瞬の微笑み」の類の決定的瞬間がすべてだ、という感性が抜きがたくあるようだ。

高校時代、壊される前の東劇で、大谷広太郎（現、雀右衛門）氏が友右衛門を襲名する披露狂言を見た。『扇屋熊谷』だった。平家の公達（敦盛）が娘に化けてこの家にいる。それが友右衛門丈の役だが、娘すがたのまま上座に直って身分の高い男として主と会話を交わし、それがまた元の娘——といっても実はこっちが化けた姿なのだが——に戻る瞬間が、素晴しかった。

手元に台本もないし記憶も定かでないのだが、実は男である彼女（おかしな表現だが、ご勘弁を）が親父役に、「ではそれまでは、娘」というようなことを言われて「あい」と、突如女になる瞬間が、まさに大輪の花が一気に咲き綻びるとはこの事かと思わせるように、感動的だった。

むろんその感動は、そこまでの筋の運びと無縁ではあり得ない。むしろその結果だと言いたいところだが、断じて単なる結果ではあり得ない。言い換えれば、ドラマの筋立てとは、その開花の瞬間を生み出すために営々と準備される。が、華麗な大輪の花は咲くかもしれないし、咲かないかもしれない。咲く咲かないは、その場を演じる役者の器量であると言ってしまえばそれまでだが、真実のところは、何年にいっぺん咲くか咲かないか、それほど頼りないものに備えて、しかし毎日毎夜、うまずたゆまず準備するのが、ショー・ビジネスの仕事のすべてだと言えないこともない。

チャンバラ映画で得たもの

しかし、ざんねんながら、実際には金がなく時間がなく、花を咲かすべき優れた役者がいなくても、あるいは、いないから必要なのが、ドラマの仕掛けというやつなのだ、というのがむしろ常識である。

それで飯を食っているところが確かに私どもにはある。だから否定はしない、が、逆立ちのような気がする。

が、まあ、この話題はさきに送ることにしよう。この連載の中の私はもう間もなく大学に入り、教養学部の二年にいたると、ドラマって何だ？　とさんざん頭を悩ますことになる。たまたま書いた芝居がサークルの仲間たちに、ドラマがない、ドラマがない、と合唱で責めたてられたからである。

映画の話だった。「一九四八年映画雑感」という原稿が見つかった。その年の、私のベストテンが書いてある。映研でベスト・テンを作るためのものだったようだ。

①『破戒』（木下恵介）②『酔いどれ天使』③『手をつなぐ子等』（稲垣浩）④『蜂の巣の子ども達』（清水宏）⑤『生きている画像』（千葉泰樹）⑥『我が生涯のかがやける日』（吉村公三郎）⑦『夜の女たち』（溝口健二）⑧『王将』（伊藤大輔）⑨『誘惑』（吉村公三郎）⑩『肖像』（木下恵介）

第一位が『酔いどれ天使』でなく『破戒』であるところが面白い。「毎日ホールの試写会で見た時はそれほどに感心しなかった。後半は圧倒的に感じたが、それよりもむしろ前半の木下らしくもないモタモタが気になったのだった。が、一般公開で二回くりかへして見て今度は感激した。三回目も感激の度は減じなかった」とある。二回三回と見たというのは、もちろん映画館に座りっぱなしで繰り返し見たという意味である。

洋画は『我等が生涯の最良の年』『悪魔が夜来る』『旅路の果て』の順。ウィリアム・ワイラーに傾倒していて、つぎの年公開された『ミニヴァー夫人』にも最高の評価を与えている。

四九年度の映画では、ジャン・コクトーの『恐るべき親達』に興奮した。『ソフト・フォーカス』22号に私の評があり、☆は四つ。

「……全くやんちゃと言っていい様な無秩序な子どもっぽさ――それがわかり又一種の郷愁をそれに感じ、或ひはあこがれを感じる様なひとは、きっとこの映画が大好きになるに違ひない――さういった映画である。さうでない人にとっては、この映画はやりきれぬうっとうしさと不快感を与へるかもしれない。ともあれ、僕は『美女と野獣』のコクトォは好きになれなかったけれど、此のコクトォには全面的に共鳴した。そして僕はコクトォが一遍に好きになってしまった。（NOS）」

実のところ、私はずっと後「真田風雲録」初演のパンフレットに、自分は『恐るべき親達』のようなものに関心がある、うんぬんと書いている。それが一九六二年。今だに作品化が果たせていない。が、自由と孤独と連帯、といった主題を私にいまだに抱かせているのは、この映画とこの頃の自分と、といったあたりが出発かもしれない。

なお、この『SF（ソフト・フォーカス）』紙22号の「作品批評」欄には、ほかに九本の洋画評が乗っており、これがすべて「鬼」だ。「映研報告」欄にはやはり「鬼」の署名で、映研内には一般批評班・シナリオ研究班と並んで写真班があり、班員を募集している、申込みは高三の4、林まで、とある。この林は私の親友の林正、のち和泉二郎。親友仲間の中村哲なども参加した。ふじたあさやも演劇部で彼の学年の主任演出家・作家であると同時に、写真班でも活動したらしい。私の卒業後のことだが、佐藤重臣がどこからかオンボロ・カメラを調達、彼の製作、山際永三の監督、そしてふじたあさやがカメラを回してドキュメンタリーを撮ったらしい——前回に、映画を作ろうとまでは到底高まらなかったと書いたのは、麻布映研に関しては誤りということになる。お詫びして訂正する。

25号となると「打撃王」「ミニヴァー夫人」「小原庄助さん」など六本が私で、巻頭論文「汚名を観て」ほか「南米珍道中」など八本が「鬼」である。重臣と殆ど二人で機関紙を出したように書いたが、見つかった『SF』紙を見るかぎり、ほぼ二人で埋めたと言えるのはせいぜい一度か二度。まったく記憶はいい加減なものだ。

文化祭で展示に出した映研ベストテンでは『情婦マノン』（クルーゾォ）が一位になり、教師が顔をしかめたのが愉快だった。『マノン』はそのころの私たちの感覚する「戦後」を、まことによく表現してくれていたと、今でも思う。それにしても、セシル・オーブリイみたいな女性に会えたらなあ、と当時胸の苦しい思いで思いつづけたにしては、大学に入るとやがてデビューした可憐な八千草薫さんのファンになってしまうとは、まことに一貫しない人間というしかない。

話が行ったり来たりだが、——私の感性の基礎には、どうもチャンバラ映画があるようである。私はアラカンこと嵐寛寿郎さんのファンだった。はじめて見たのが『鞍馬天狗・江戸日記』今日の資料によれば松田定次監督、昭和一四年。この監督の息子さんと後年仕事をしたのが手塚治虫原作、アニメと実写の合成場面をふくむ『バンパイヤ』である。

前編の終わりで、天狗が新選組の面々に鉄砲で囲まれる。危うし鞍馬天狗。しかし、どう考えても、間近に突きつけられた多数の飛道具から逃れる方策があるとは思えない。後編の封切まで、実に苛立たしく待ち遠しい日々を過ごした。

私は連続ものを書くのは好きだが、見るのは嫌いだ。次回が待ちきれない思いをするからである。新聞の連載小説でさえ、明日が待ちきれない。どうすれば明日の新聞が来る時間までを耐えて暮らせるだろうか、と思い悩む。

どうして今の職業をえらんだのですか？　と、たまにきかれることがある。気分によってはこう答える。映画でも芝居でも、見ているとぼくはすぐ巻き込まれるほうで、ハラハラドキドキさせられてしまう、それがあんまり口惜しいから、いっそのことハラハラさせる側にまわってやれと思ったんですよ。これはまんざら嘘ばかりでもない。

さて『鞍馬天狗』の後編が封切られた。天狗の危機脱出法はつぎのとおり。彼は手を上げて「待て」と言う。敵の隊長は天狗が降参するのかと思って、何だ、と一瞬気をゆるめたのが失敗で、天狗は素早く腕を隊長の首にまきつけ、刀を喉につきつけて、さあ道を開け、さもないと隊長を斬るぞ、と大勢を脅しつけて無事脱出。ずいぶん気抜けした思いを味わった。近年この手は、おもに追い詰められた悪役が、ヒーローの恋人に拳銃をつきつける、といった具合に用いることが多い。この脱出法が天狗らしいか、らしくないかは別として、チャンバラ映画の主題はと言うなら、昔もおそらく企画書というやつがあって、シナリオの第一ページに麗々しく「忠君愛国の思想を鼓吹する」うんぬん、と書かれていたかもしれない。が、私たちはどう考えてもそのような思想を、チャンバラ映画によって植えつけられた、という覚えはない。

では何を得たか。それはまず素朴で庶民的な徳目といったものではなかったか、と思うのだが、自分があらためてそれに向かい合って見ようと考えるにいたるのは、まだまだずっと先のことになる。

(同前6　一九九一年十月)

幕間③　「夕鶴」「また逢う日まで」

ぶどうの会第一回公演「夕鶴」

一九五〇年、年表によれば、この年「山本安英とぶどうの会」(以下、ぶどうの会)第一回公演「夕鶴」が行なわれている。

「夕鶴」は、すでに前年、毎日ホールの試演会で上演されているが、確たる記憶がない。私よりずっとませていたふじたあさやが、たいへん興奮して一所懸命話してくれたので、見たような気がしてしまったのかもしれない。が、後にラジオ東京（のち東京放送、TBS）のラジオ第一スタジオになった毎日ホールという小さな空間と、芝居「夕鶴」とは、なんとなく私の中でセットになった思い出になっている。

その年十月、ぶどうの会は真船豊「たつのおとしご」と二本立てで「夕鶴」を上演した（三越劇場）。これはおぼえている。民話劇（という言葉もまだなかったと思うが）のなかで、まったく違和感を感じさせなかったぶどうの会の俳優諸氏が、「たつのおとしご」になると、あまりにも下手なのに仰天した。

が、五年のち、私はこの集団の「三つの民話劇」公演に初めて裏方として参加することになる。つまり、私の業界とのつながりは、この人々からはじまる。そして「夕鶴」の作者木下順二、演出者岡倉士朗の両氏は私の恩師となった。

さらに舞台装置家伊藤熹朔（きさく）、照明家穴沢喜美男の両氏に関しては、その門下の人々と長年私は仕事をともにしている。また音楽の團伊玖磨氏に関しては、氏のオペラ「ききみみずきん」「夕鶴」が、私を音楽の世界に多少とも結びつかせてくれた。

「夕鶴」のスタッフは、いわゆる新劇畑の人々である。が、今になって岡倉士朗先生の遺稿集『演出者の仕事』を再読したり、舞台を思い返したりすると、実によくこの人々が、日本の伝統芸能を理解していることに改めて気づく。

昔話研究のほうの用語で言うと「夕鶴」は「異類女房」のセクションに分類される。「鶴女房」

である。ずっとのちに私は「説経節」「古浄瑠璃」の「葛の葉狐」に基づく芝居を何度か上演したが、この「狐女房」昔話の歌舞伎版に「芦屋道満大内鑑」などがあることはよく知られている。

人間の女に化けて妻となり子まで生しながらも、正体に気づかれて、泣く泣く葛の葉狐はわが子を残して家を去って行く。そのあと、彼女の思いをなお残すかのごとく、誰もいないのに木戸がすーっと空開きして、また音もなく閉まる。涙を誘われるところで、私の芝居（「お花ゆめ地獄」ほか）でも採用しているのだが、そういうとき、私の耳にはいつも団さん作曲の、あの「夕鶴」の扉が開いては閉まるときのテーマが、つい聞こえてしまうのである。

さて、この一九五〇年、私は大学に入った。

麻布高校は、そのころ、まだ受験高校などではない。

二年先輩に、四修（中学四年修了）で旧制一高へ入ったアコーディオンの名手、内藤法美さんもいたし、また小沢昭一、加藤武さんたち演劇部の先輩たちは、みな早稲田・慶応に進み、旺盛な生活力で様々なアルバイトを企画・実行されたりしていた。私は小沢先輩が高田馬場駅前に設立した広告放送の会社（というのだろうな、いくら小さくても、やっぱり）で、レコードの皿回しのバイトをさせていただいたことがある。――広告放送というのは、レコード演奏の合間に付近商店街の商店の宣伝を、鶯のような声の女性がスピーカーで駅前広場に響き渡らせるものだ。そのころ騒音防止条例などというものはない。

つまり、演劇部関係の先輩たちはそれぞれにみな優秀だったのだが、麻布全体としては、いわゆる有名校の進学が意の如くならなかった時代らしい。そこで、私たちが高三になり、受験期を迎えると、学校は「進学指導」というものを実施した。

各クラスのトップからベストテン前後の生徒には、お前はどこが志望か、しかしお前にはあそこは無理だから、あっちに行け、というような指導があった。私の親友和泉二郎は、文科志望だったのに、学校いわく、君は理数科の成績がいいから工大をうけたまえ。彼は家庭の事情（父君の病気）もあって懊悩の末、堅く理数系を選択して東京工大に入学、四年ののち卒業して銭高組に入社したものの、初心忘れがたく、結局早稲田の演劇科に入り直した。

さて、ベストテン以下の連中はどうなるか。お前たちはどこを受けてもどのみち保証の限りではないから、どこでも勝手なところを受けてよろしい、と言われた。わかりました、勝手にします。そこで私は第一次を東大、第二次に東京外語大を受験することにした。もちろん、合格するなどとは思っていない。学校いわく、お前たちの学年で東大を受けて合格の見込みがあるのは橋本健一人だけだ。西八丁堀で焼け出された橋本君である。

それだけ学校に言われても、なお東大を受験した不心得者が、たしか二十人くらいいたはずである。ほとんどベストテン以下、ということは高三は四組あったから、全体で四十番から五十番といった連中である。私も、そのなかの一人だった。

結果は、橋本君は当然にして合格したが、あとのいわば野次馬組（学校の見解）から、十七人だかが合格した。戦後の混乱期とは、そのようにひどいものだったのだ、というより他はない。国語に、麻布の摸擬試験で出た同じ問題が出て、麻布の教師は鼻をうごめかした。私は国語は得意だったが、何故かその問題はトチリ、受験でも同じトチリを繰り返した。

数学が、私はまったく不得手だった。今は代数の初歩も忘れてしまっている。が、このときは、都立大理科の沢野和彌先輩（のち毎日新聞）が、解析2にはこういう公式を覚えておくといい、と文字通り受験前夜に教わったものが役立った。

生物だの地学だのいうものは、まったく出題の意味さえわからなかった。時間をつぶすのに苦労をした。○点だったにちがいない。

のちに、この年の東大受験者たちの成績はまことにひどく、合格ラインが全科目平均して百点満点の二十何点だったとか聞いた。真偽の程は知らないが、自分をかえりみて、いかにもありそうな話である。再び言う、戦後の混乱は、これほどまでにひどかったのだ。この時期に東大生となった者たちを、東大に合格したというただそれだけの理由をもって、優秀な人材だとけっして誤認してはならない。

そもそも麻布に入ったときも、相似た状況があった。当時、すなわち昭和一九年も、麻布はいい学校だと言われていた。しかし、私が入ったときの競争率は低かった。定員を多少上回るほどの受験者しかなかった。だから、日本橋の小学校の中でも評判の低い東華小学校の、これまたベストテンには入らない成績の私でも、入れたのである。

私のころはまだいい。しかし二年下のふじたあさやの学年は、志望者がすくないので無試験だった、と聞いていた。先日それをふじたに言ったら、馬鹿いっちゃいけない、試験ぐらいあったさ、と怒られた。まあ、それにしても、そののち天下の受験校となったらしい麻布も、その頃はそんなものだったのだ。

私は、よく高校を卒業できないでいる夢をみる。麻布の教室に、若い生徒たちの中に、最後部の席に一人だけ、中年の私がいる。この夢にはかなり現実的な根拠があって、たしか各科目四十五点以上でなければ単位がとれないはずだったが、私の解析2は四十点だったのだ。単位不足で卒業できない理屈だった。

近頃も、なお見るのは、本郷の大学にいる夢だ。まわりは皆青年たちである。私だけがいい年なのだ。こんどこそ本気になって勉強して、卒業しなければ、と焦る。が、書物をひらいても、何一つ理解できない……。

美空ひばりさんは、すでに前年に映画デビューし「悲しき口笛」が流行していた、と年表（中公『日本の歴史』別巻5）にはある。共演の川田晴久さんは、私の子ども時代あこがれた川田義雄さんである。話は急に昭和一〇年代に戻るが、私は姉や従兄に連れられて、彼のミルク・ブラザース公演を日劇（今はなき日本劇場）へ見に行ったことがある。たしかその同じときだと思うのだが、ダンシング・チームの人たちによる（多分）ショーのなかに、ナチス・ドイツに追われるヨーロッパの難民を表現した部分があって、防共協定だの三国同盟だのいう時代のことだから、緊張した雰囲気が劇場に——あるいは、私の周囲だけに——ただよった、という記憶が私にはある。

ずっと後、日劇ミュージックホールの仕事をするようになって、戦前から日劇にいる大村重高さん達に、こんな出し物なかったですか、と聞いてみたが、わからなかった。気にかかりつづけていることの一つである。

軽井沢モデルのシナリオ

当時の日記が、飛び飛びに残っている。日記というもの、他者の目を多少意識して書かれるというが、私の場合はまことにお粗末なもので、とうてい人さまのご覧に供し得る体のものでない。もっとも、この時期の私は、結構もの書きづいていて、日記とは別に、自分を三人称で呼び友人たちも仮名にした、もう一つの記録のようなものを、時々書いていたせいもあるかも知れない。

高三のうちに、シナリオを一本書いてみた。「二才駒」という題をつけた。誰が持って行ったか、手元にはない。茂木沢という信州の村に、馬の大好きな少年がいる。一人の美少女が東京から避暑に来ていて、彼女は幼いときから馬術に親しんでいる、まあハイ・ソサイエティに属する。二人の間に初恋に似た感情がながれる――といったようなストーリーの、まあ青春風景である。

河合家には軽井沢に、戦前からの山荘のような家があり、同家の居候になる前の夏から、私は長期間お世話になっていた。軽井沢といえば、戦前からの高名な避暑地だが、戦後のこの時期には、まだまだ静かなものだった。なんだかウスぼけたような町だな、と第一印象を持ったことを覚えている。

自動車なんか滅多に走らない。馬でどこに入ってもよかった。近年は軽井沢銀座などと言っているらしい旧道——国鉄の軽井沢駅から草軽電鉄に乗って次の駅が、旧軽井沢で、このあたりを、駅周辺を新道(しんどう)というのに対して、旧道(きゅうどう)という——の町並みを、乗馬のまま歩んでもよかったのである。

馬に乗ると、商店の軒が腰のあたりに来る。時代劇で宿場町のセットを馬上で通った経験のある俳優諸氏諸嬢ならわかるだろう。ちょっと他では得られない快感である。馬に乗るとは、両股でしっかり馬の胴を押さえつけていなければならないことで、だらりと脚を伸ばしたりしてはいけないのだが、街を通るときだけは、西部劇の人物の気分で、短い脚を長いつもりでぶらぶらさせたくなってしまう。

街へ入ってもいいくらいだから、どこへ行ってもよかった。山へ迷い込んでしまうようなことはない。馬が帰り道をちゃんと知っている。ロジェ・マルタン・デュガールの『チボー家の人々』が、山内義雄氏によって全訳されつつあったころ（戦中には、途中までしか訳書は出版されていなかった）である。軽井沢は、私たちにとってのメーゾン・ラフィットだった。あの頃を思い出すと、純粋に胸が熱くなるような気がする。

馬に乗るには、馬の歩みとリズムを合わせなければならない。それほどやさしいことではないが、友人たちの中で、私が一番会得するのが早かった。不器用なくせに、結構こんなところも私にはあって、そのかわりそれ以上に上達することは滅多にない。

で、初めてのシナリオが、当時の軽井沢をモデルにしていたことは言うまでもない。現実の私自身は、居候であれ何であれ、東京から来た少年の一人に違いないのだが、しかし作中では、地元の少年に感情移入していたことが確実である。

もう一作、東京下町の自分の少年時代を材料にしたシナリオを書こうと、思いつくままに断片を書き散らした、というか、書き溜めたというか、そんなことをしていて受験勉強にはいっこう身が入らなかった。受験勉強というものを、もともと一月程しかしなかったのだが、その内実も、こんなものだったのである。が、そんなことはともかく、現在この二つの習作の断片に目を通すと、そのころの自分の心の風景のようなものが、窺われないわけではない。

私は一年じゅう下駄を履いて、脛から膝小僧まるだしで、あんた達よく寒くないわね、といわれながら駆け回っていた子どもだった。姉いわく、東京の真ん中が日本橋で、そのまた真ん中がここなんだ、って言われて自信を持って育ったわよ。私の意識は姉とは大分ちがうのだが、ともかくシナリオ習作に関するかぎり、下駄を履いた煎餅・饅頭の世界の少年と、靴を履いてショートケーキの少女が出会う、という単純な図式がそこにはある。

と、いったような具合の私が、大学へ入って、いきなり政治の季節に遭遇する。この年は、今はもう興味を持つ人も少ないかもしれないが、日本共産党の五〇年問題、コミンフォルム批判をきっかけにいわゆる大分派闘争が始まった年である。

戦争が終わって五年、世界の雲行きはまた怪しくなっていた。反戦、反レッドパージの動きが高まっていた。その頃の私たち学生の緊張感は、ちょっと現在の諸君には想像もつかないかもしれない。

五・三〇事件というのがあった。日記ではないノートのほうからちょっと紹介する。Jというのがこのノートでは私自身のことだ。

一九五〇・五月三十日。所謂五・三〇人民決起大会、続いてデモ。Jも参加した。

スクラム。歩調をそろへる。そして歌。

はじめうつむいて歩いてゐたJも、自然に昂然と胸を張った。（中略）デモに移る前、大会々場において、ほんの一時演壇にあったものが演説をやめて下をのぞくという事件が起った。——皆一せいに不審げに腰をうかしたが、坐れ、坐れの声と、議長の指示でまたすぐ会場はおちつき、演説は続けられた。

この事件を不審に思ったものはまずJの近辺には——大学の学生達の中には、一人もゐなかった。

大会は平穏に続けられ、つづいて移ったデモも殆ど終わり、J達の列が公園の小音楽堂（そこがデモの解散地になってゐた）へいまつかうとする時、突然占領軍の憲兵達が彼等の列のそばへ寄って来た。

　スクラムを固くしろ！

の声の下に学生たちは腕と腕を組み合せた。行列は停止した。

にらみ合ひ数分。

が、何事もなく行列は再び動いてJ達は小音楽堂前広場に先に到着してゐた労働者達の拍手に迎へられて入った。この時の、この殆ど参加者の大部分が気にもとめなかったやうな事件が、以後すぐに大問題となったのだった。

まあ、いつの事件も多少はこういう側面があって、衝突の起きたすぐそばの人間たちにしか事態はわからない、という場合がしばしばある。それにしても、この時の新聞報道は「デモ、暴力化す」といったスタイルで、凶暴化したデモ隊と進駐軍のMPが凄惨な衝突、というイメージ。はじめてデモに参加した私としては、実感とのあまりの落差に、ただ呆気にとられるばかりだった。

六月一日。五・三〇暴力事件の軍事裁判進行。各新聞筆をそろへて「暴力化したデモの民衆」を攻撃する。特に「極左指導者に操られて」ゐる学生たち、に対して非難集中。大学では六月三日のゼネスト参加についての学生投票始まる。

六月二日。学生投票、賛成過半数を得ず。規約解釈の問題で非常な騒ぎになった。

六・三のデモは警視庁から禁止された。

規約解釈の問題とは、例によって――こうした場合いつもあるように、規約を拡大解釈して東大C（教養学部）は賛成決定だと強引に持って行こうとした連中がいたのだろう、と思う。いつも、そんなことがある。

朝鮮動乱の勃発

ノートの紹介を続ける。

立教大学では、五・三〇デモの参加者を調査して放校処分にするという。軍事裁判の判決。十年・七年・七年……五年。

傷害罪は成立せず、暴行罪のみ。（日本の法律では暴行罪は最高二年）。逮捕状をもたぬ憲兵の、行進中の行列への乱入に対して、スクラムを組んで抵抗しただけのものが、五年一人を除いて皆七年。——重労働。

「占領軍ひぼうの言詳を弄した」で、五、六年の刑が加算される。

政府では、共産党の非合法化について声明。

（中略）

今や、——今こそ、戦争は杞憂ではないやうだ。

そして、ぼくは何も出来ない！

まさしく杞憂ではなく、この月のうちに、朝鮮で戦火が開かれ、あっという間に半島の南端まで及んだ。文字通り「一衣帯水の間」である。

このころ、私がまったく何もしていなかったわけではなく、クラスでの討論では、仮代議員選出のための議長をつとめたりしていた。五名連記制の投票で、二十九票集まって三位で代議員になった。このときダントツの一位が定村忠士で、当時仏語の小松清先生が、今度の新入生にはジェラール・フィリップそっくりの子がいるな、と言われたという美青年だった。

定村と私は正・副のクラス委員になり、十月の試験ボイコット闘争まで続いた。彼と私は親友になり、夜になると中寮二四番の私の部屋（音楽鑑賞会と言った）を彼が訪れ、寮の屋上へ上がってはいろいろな話をした。同室の吉野君などは、彼の足音で、ほら定期便が来たぞ、と私をからかったりしていた。

彼も私も、女子学生に恋をしていた。

私たちのクラス、文科二類（後の文三に当る）5Dには、女子学生が多かった。私はさきに述べた通りオクテで、高校時代に知り合った女性には殆ど手も、そのほかのところも触れたことがない。今もよく覚えているが、はじめて駒場の学生として登校すると（私が入寮生になったのは五月だった）校庭の芝生の上に、女子学生を囲んで何人もの男子学生が座り込んで談笑していた。まさに微笑ましきかな男女共学、といったその景色を羨ましく眺めながら、同時に私は、なんだ女を男が大勢で取り巻いたりして、あんなこと江戸っ子にできるか、というようなイキがった反発を覚えたことも事実だった。

それにしても、女の子とは知り合いたい。女は綺麗な字でマメにノートをとるから、授業を休んだときは女子学生にノートを借りろ、と誰やらに教わった。早速目についた可愛い女子学生に、私はノートの借用を申し出た。そして、簡単に彼女に恋をしてしまったのである。

映画に誘って、今井正監督の『また逢う日まで』を見た。いや、この時は見たとは言えないな。とにかく満員で、画面の何分の一かを覗き、声を聞いた。当時映画は、満員のことが多かったのだ。ロマン・ロランの『ピエールとリュース』を原作としたこの反戦映画はまことに感動的で、そののち多分三回ほど私は見ている。

そのうち一回は、寮で同室の山口君・井上君と見た。私の隣のベッドだった山口君は「ゾル帰り」といって、当時結構多かった陸軍幼年学校・士官学校の経験者、すでに二十五歳だった。彼も恋をしていて、その話をしてくれる。キスをすると立つんだね、と山口君。え、たつ？

なにか立つの？　とぼく。いや、下がさ。舌？　舌が立つって？——部屋の反対側からやはり年長の藤田君が、君、無知だなあ、と言って笑った。

G線上のアリアなどを繰り返し聴いていた彼は、突如自殺してしまった。隣のベッドがぽっかり空いた。

麻布時代の友人たちとの交流も続いていた。私は寮生となったので河合家を出たが、その後も病気など事あるごとに舞い戻った。夏の軽井沢をハイライトとして、私たちの「河合家グループ」は、年中大森の河合家に寄り集まっていた。

私事で恐縮だが、つい先頃、そのグループの親しい仲間の一人、麻布の級友の中村哲(さとし)が死んだ。前回に、映研の写真班のことで彼の名を記したばかりだった。

中村は和泉と一緒に工大へ行った。やがて私も和泉も芝居の道に進んだのに対して、終始一貫、彼はよきシンパでありつづけた。前々回の、東京高女のOさんのことを相談した友人は中村のことである。彼は、私たちの仲間では、比較的豊かに育った。私たちは、中村の家で、ビル・ヘイリーとヒズ・コメッツの「ロック・アラウンド・ザ・クロック」を初めて聴いた。

このレコードかけるときは窓を慎重にしめなくちゃ、と彼は言い、そしてそのようにして私たちは肩を寄せあわせてロックンロールを聴いた。つまり、私たちの中で、閉め切ることの出来る自室を持っているのは、彼だけだった。そして、今日そのレコードを聴けばさしたる喧しさではないが、なお、ボリュームを絞って聞くロックンロールはロックンロールではない。すなわち、私とロックを正しく出合わせてくれたのは、中村ということになる。同世代の皆がモダンジャズに凝っているころ、私はロックンロールが好きで、プレスリーのファンだった。もし友達の中にあいつがいなかったら、私の「三日月の影」「真田風雲録」など初期の作品群も、だいぶ違ったものになっていたかもしれない。友達というものは影響が大きいものだ、と、しみじみ思う。

時を戻して、一九五〇年、五・三〇事件のころ、私がそのデモに参加していたことを知った中村のご両親は、鴻巣とはつきあうな、と彼に命じたという。良家の一般的反応というものだったろう。中村は平気な顔をしていた。

六月下旬のある日、私と和泉二郎、中村哲は、河合家の「おばあちゃま」と銀座を歩いていた。私たちの合格祝いをして下さったのだったと思う。突然、街路をただならぬ雰囲気で、騎馬隊の警官が通って行った。なんだろう、と話し合っていると号外の鐘が鳴った——というような記憶が私にはある。

朝鮮戦争の勃発だったのだ。

（同前7　一九九一年十一月）

「女学者の群」「三年寝太郎」

「新東の諸君」と呼ばれる

学校には、よく旧制東大やその他の、学生運動ないしは革命運動——両者がそれほど違わない、という時代だったのだ——の新しいリーダーというか、そういう人々が演説に来た。全学連や都学連の委員長とか書記長とかで、武井昭夫氏と安東仁兵衛氏は、まさに両横綱という感じだった。

今やアメリカ帝国主義は、と、颯爽と天下国家より説き起こして「新東（新制東大）の諸君」の任務に至る——というのが、武井氏のアジテーションの得意の型だったように思う。鋭く切れる刃物のような感じで、剣豪に例えれば巌流佐々木小次郎といったところ。彼にくらべて安仁（あんじん、と皆呼んでいた）氏のアジは、ユーモアも交えて平俗な語り口と思わせておいて、突然激しい迫力で盛り上げる。豪快な後藤又兵衛という気がしたが、なんといっても私はあまり熱心な聴衆ではなく、代議員大会の途中でも恋人の女子学生と退席してしまった位だから、たしかな記憶とは言えない。

当時の学生たちは——今の学生だって同じかもしれないが、よくコンパというやつをやった。そういう席では必ずと言っていいほど、おいお前たち、演劇やってんだから何か芸をやれ、そうだそうだ、やれやれ、という羽目になる。いやあぼくなんて何も出来ませんよ。うそつけ、台詞おぼえてるだろう、なにかやれ。歌でもいい、踊りでもいいぞ。——しかし、そう言われたって、歌は憚りながら音痴だし、台詞なんて本番直前にやっと覚えて終わればすぐ忘れる。そこで、やむを得ないから、私はよく物真似をやった。教師の真似が一番受けたが、その中には武井氏と安仁氏の演説真似、なんてものも、ちょこっと交えたことがある。

寮にはまだ旧制の一高生が残留していたし、先生方もなお第一高等学校教授・助教授の資格のまま、われわれを教えた。夜更けて放歌高吟して通る歌は、概ね寮歌だった。そのうち次第にロシア民謡の比率が増えてくることになる。

ラーメン一杯の値段が焼酎一杯とほぼ同じで、二十五円だった。一番安いところで二十円というのもあった。酒の次は煙草だが、当時寮の向かいの部屋の者が、洋モク売りをやっていた。ラッキー・ストライクだのフィリップ・モリスだのいうアメリカ煙草を、一本ずつバラ売りにするのだが、私はその下請け、というほどではないが、コンパなど人の寄るところへ出かけて売ったことがある。一本いくらだったか、覚えていない。

われわれは「新東の諸君」と呼ばれた。ただ「東大」といえば本郷の旧制東大のことで、両者はまったく別の学校というイメージ。先生方の感覚も、旧制一高が改称して新制東大と呼ばれることになった、というところだったと思う。新東でなく東大Cと呼ばれるようになったのはすこし後のことだろう。

その「新東」つまり駒場の教養学部で、レッドパージ反対闘争の一環として試験ボイコット闘争なるものをやった。

六月に朝鮮戦争が始まって、あっという間に戦火は朝鮮半島南端にいたった。一衣帯水の間、と既に書いたが、こののち日本に、戦火がこれほど近接したことはない。前の戦争が終わってまだわずかに五年という時期でもあった。その緊張感は、ちょっと今からは想像もつかないだろう。

東京の街はまだ焼け跡だらけだし、復員当時そのままの服装で、街を歩く人々も珍しくなかった。私自身が、兵隊靴（ドタ靴というやつだ）に、従兄からお下がりのマントをまとっていた。――人々の暮らしが豊かになりはじめるのは、すべてこの朝鮮戦争による特需景気からなのである。むろん、それは私も豊かになりはじめたということでは、全くない。

年表によると七月にはもう、報道部門からレッドパージが始まっている。九月には閣議がレッドパージ方針を決定した、とある。そんな中で、都学連のレッドパージ反対ストの呼びかけがあり、私も工大・都立大などに、たぶん党員――どこの党員かって？　そう、当時は党といえば日本共産党のことだったのだ――の同級生とアジりに出かけたりもしていた。

試験ボイコットの可否は、学生投票で決められる。結果は僅差でボイコット決行と決まった。このとき同級生に、渡辺文雄という男がいて、旧制静岡高校にいたとかで万事にわれわれより年長であり、右翼を自称して断固試験ボイコットには反対だったが、オレは反対だが実行と決まった以上はやる、といって当日（たしか投票の翌日だった）のピケット・ラインにも、デモにも参加した。この男と学生演劇を共にするようになろうとは、その頃は夢にも思わなかった。

さてボイコットの当日だが、私は寮生だから早朝から動員され、なぜだかわからないが十人ずつくらい分隊に整列させられ、それに特別抵抗も覚えず、わっしょわっしょと校内を練り歩いて――ではない、小走りに走って、定められた部署についた。――この風景が、のちに問題になる。

ともかく試験が出来ないよう、学生たちで学校を中から封鎖しようというわけで、正門・裏門のほか、侵入できそうな各所にわれわれは配置されたわけなのだが、それほど目の血走った雰囲気などはなく、あくまで試験を受けるために登校しようというボイコット反対派の学生たちにしても、集団で突破しようという組織的な意図があるとは到底思えなかった。実はどうであったのか、それは知らない。当時の私たちの感覚としては一つだった、というまでである。

最初に定められた部署がどこだったかも覚えていない。最後まで命じられた場所、たとえば裏門に頑張り続けた学生たちもいたに違いないのだが、私は、やがて登校して来た受験派が集結している正門に移動していた。

当時のことは大勢の人が書いていると思う。クライマックスに話を限るが、とにかく警官隊が学生たちのスクラム（もちろん素手である）を、あっという間に突破した。これほど実力が違うものか、と感心した。大きな穴がぽっかりあいたように、正門は受験派の学生を迎え入れるべく開いた。――そのとき、私はちょうど正門の外にいた。さしたる理由ではない、ちょっと見てくら、と言ったか、偵察してくら、と言ったか、とにかく垣根の破れ――寮生が作った意識的な通用口から――、外へ出た。そのすぐ後に、警官隊が行動を開始したわけだった。

私同様、門の外側に出ていたボイコット派の学生もいた。そこへ、警官隊によってスクラムから引き抜かれて外へほうり出されて来た学生が加わって、ただちに逆ピケというか、外でスクラムを組んだ。大きく開けられた正門に、受験派の学生たちが意気揚々と通って行くのを、すこしでも妨害したかった、というところである。受験派の諸君にとっては、自分たちの目の前にまたスクラムが、今度は自分たちに背を向けて組まれたことになる。が、おしのけて入るつもりになれば簡単だったろう。

正史では——というのも珍なものだが——そのとき「警官の開けた道など通って入れるか！」と、受験派学生の中から声が飛び、誰一人、広く開けられた門から入ろうとしなかった、そこで、門の中には入るが、すぐ学生大会を開く、ということになり、学生たちは警官たちの居並ぶ前を、堂々と校内へ入った。まことに、良き時代であった——と、いうことになっているような気がする。

私の記憶では、こうだ。警官隊によって門が開かれたとき、さあ行こう、と躊躇なく入って行こうとする受験派学生たちが、たしかにいた。その気配、のみならず行動を、たしかに私は感知した。五〇年代だからといって、渡辺文雄のような「筋を重んじた」変わり者の学生ばかりいたわけではない。いつの時代も、日本人はそれほど変わりはない。

「警官の開けた道など通れるか！」と叫んだのが、誰だったか私は知らない。受験派学生のなかの、渡辺的な奴だったのかもしれない。が、同時に、私のようなボイコット派で、たまたま門外にいた野郎だったのかもしれない。すでに、あれはおれだった、と告白する文章が出ていたような気もするが、確かな記憶はない。

日共の「大分派闘争」

後日談に属するが、その日の朝、私たちの「出陣」のさまを、日撃していた先生方もいて、その中の一人、『ビルマの竪琴』の竹山道雄先生は、慄然とされたという。学生たちがいつの間にか革命のために調練されていて、一糸乱れず足音高く、さながら軍隊だった、過ぎた悪夢をまた日の前に見た――これはもう革命前夜だ、とまで書かれていたかどうかは記憶にないが、ともかくそういう趣旨の文章を雑誌に発表された。朝、並べというから並んで、走ろうというから走ったにすぎないが、そこにはそれ、戦時中の軍事教練の記憶とでもいうものが参加者の中で一番一度も訓練されたりしたことはなかった。申し訳ないが、笑ってしまった。私たちは若年の私にすら、まだ生きていて、結構はた目には、凄みがあったのかもしれない。私どもの中身は、とてもとても、そんな大層なものではなかった。

そして、これはそれから二十年もたってからのことだが、当時のリーダーたちの一人から、あの学生投票、実は僅差で反対票のほうが多かったんだ、と聞いた。私が渡辺の顔を思い浮かべないではいられなかったこと、いうまでもない。

すでに述べたように、この時期私は結構むきになって、クラスの自治委員としてボイコット派であった。が、名高い正門前の場面で、ちょうど門外にいたせいもあって、あいつはボイコット闘争のとき、どっちにも与しないで洋モク売っていた、と噂が流れた。私としては、それほど嫌な噂ではなかった。

実際、険悪な対立の場面で、悠々と洋モクを売っていられたら凄いと思う。が、現実の私は、いつの場合もそのようには生きられず、マジにむきになって、じたばた、どたばたしてばかりいるのだ。

さて、ところで、駒場祭というものが開かれることになった。私の属していた文二・5Dのクラスでは、モリエール作『女学者の群』を上演することになった。

私は、麻布で演劇部にいたのに、大学で演劇関係サークルに近づこうとはしなかった。河合武先輩の招きで旧制一高の記念祭を見学し、そのさい劇研の岸田國士『チロルの秋』などを拝見、あまりの下手に辟易したこともある。なにせ麻布では小沢昭一・大西信行・加藤武ら諸先輩の名優ぶりを見て育ったものだから、目は肥えている。野球も弱けりゃ芝居も下手な、こんな学校で芝居に関係してたまるか、と思っていた。それがクラス演劇ということで、つい仲間に入った。

入ってみると、前記の渡辺文雄を初めとして、結構芝居に関してはうるさいが、だからこそ学内の演劇サークルには参加しないでいた、という連中がいたのである。

それにしても、誰の発案か知らないが、まだ女子学生が珍しい時代に、彼女たちを「女学者」に配役して上演するとは、結構な思いつきだった。演出は渡辺文雄と、NHKに行った岩崎隆次郎が担当したと思う。二枚目は、ジェラール・フィリップにそっくりの定村忠士だった。

女性の役は、すべてクラスの女子学生が演じた。法曹界に行った人やら放送界に行った女史やら、その後の人生は様々である。私はと言えば、比較的出場のすくない叔父さんの役だった。芝居をドンデン返しにする贋手紙を持って登場するのだが、その手紙を時代劇のように胸の前にかかげて出よう、と思ったことぐらいしか覚えていない。本番の記憶も、その部分しか記憶がない。あまり真面目な役者とは言えなかったに違いない。

しかし、とにかくこのクラス演劇がきっかけになった。自分たちの演劇サークルを作ろう、という話が持ち上がってきたのである。

その動力になったのは、芝居好きではなく、左翼の連中だった。演劇青年ではなく、政治青年どもである。――何年かのち、私は「オッペケペ」なる芝居を書いたが、その主な登場人物たちは明治の壮士芝居・書生芝居の連中で、オッペケペ節はそのリーダーの一人、川上音二郎が創唱した。彼らはもと政治青年だった。それが無骨な肉体と精神をもって芝居を始めた。そのときの事情に、わたしどもの場合も、かなり似通っていた。

明治二〇年、帝都に悪名高い保安条例が公布された。これによって、当時かなりの勢いを得つつあった民権運動の担い手たる壮士・書生たち五百七十名（のちに憲政の神様と言われた咢堂尾崎行雄も含まれている）を「皇居外三里の地」に追放した。皇居から十二、三キロなど今の感覚ではどうということもないが、当時は東京での活動を不可能にする効果があった。

彼らの多くは京阪の地に逃れた。当分政治活動は出来ない。この鬱勃たる思いを如何にすべきか。政談演説はきびしく取り締まられるが、思いを芸能に託するならば、どれほどか表現が可能ではないか。彼らのうちのあるものは、そう考えた。そこで大阪が、川上音二郎らの『板垣君遭難実記』など「政治的演劇」の出発点となる。

より詳しくは「オッペケペ」の項で述べなければならないが、ともあれこの作品を書こうと思い立ったとき、私には学生時代の演劇サークル成立の事情が念頭にあったことは間違いない。

学生運動ないし革命運動は、日本共産党の「大分派闘争」によって甚大な影響を受けていた。駒場の友人たちは概ね国際派に属し、有力な将校は「分派狩り」の対象となる。下士官や兵たちも、首を縮めて甲羅の中に引っ込めなければならない。一頃まで忙しく活動していた活動家ほど、寮の部屋にゴロチャラしているより他はなくなる。

「党員」ではなく「シンパ」というにも怪しかった私だが、畏友定村忠士の影響は勿論、当時の世界が必然的に若者たちを左翼化させていたとも言えるし、私はとくに貧しかったから、貧乏人の味方らしい匂いのするところに近づいて行ったのは、今思っても当然だという気がする。だが、近づいて行ったら、その対象が消えてしまった、というのが私などには正直な気分であった。

言いだしべえはやはり定村忠士ではなかったか、と思うのだが、もう「女学者」で二枚目を演じて、三日やったら止められない、という舞台の味を、まだ一日だったが味わってしまった彼と、それまで芝居には何の興味も示さなかった佐藤誠朗という除名された党員（だった、と確か思う）らが、エンジンになって、先にも述べた芝居好きなればこそ、既成の劇研とか劇術会（これは旧制東京高等学校の芝居好きが作ったとか聞いた）に参加したくなかった渡辺文雄・岩崎隆次郎などが、かなり強引に引っ張られた感じで参加した。同じクラス以外からも、遠藤利男（のちＮＨＫ）らが参加し、遠藤はこののちサークルの指導的演出者になった。

まだほかにも、既成のサークルに魅力を覚えないがゆえに芝居に手を出せない連中が、かなりいるのではないか、とか、われわれの目的は「平和のための演劇」なのだから、既成サークルに属する人々の中からも、随時参加してもらいたい、とか議論があって、その結果「合同演劇勉強会」という奇妙な名前で発足した。但し略称は「えこーる・でゅ・てあとる・ど・ら・ぺ」の略で「ＥＴＰ」とした。この「合演」はその後長いこと続いた筈だが、六〇年安保騒動の前後からは、私をふくめた初期の「先輩」たちが、既成革新諸党派に対して反対の立場をとるものが多く、「後輩」たちとはズレが生じたためもあって、以後のことをほとんど知らない。

かくて、たぶん第二回の駒場祭に向けて、私たち「合演」はレパートリイの選定に入ったわけだが、まず原則論がまかり通る。創作劇で行くべきだ、俺たちの現実をそのまま舞台にすればいい、という発言に対しては、とりわけ誰も反対しない。問題はそれを誰が実行するかである。かねがね芝居を書きたいと思っていたからといって、書けるという何の保証もないのに、オッチョコチョイの私は、よし、俺が書く、とイキがってしまった。

当時の私は、思想的傾向とは無関係に、森本薫氏の「みごとな女」「華々しき一族」などの台詞に感心していて、芝居とは要するにセリフである、と単純に思い込んでいた。もちろん、雀百まで、今日の私にまで、その傾向は一貫して残存している。私は自分のことを結局「セリフ書き」なのだ、とその後もよく思った。――ともかく、たぶん五一年の夏にか春にか、「冬の草」なる芝居を書き上げた。

場面は寮の一室で、時は試験ボイコット前後。寮生たちがでれでれ喋ってばかりいる台詞劇だったと思う。原稿は早くに紛失した。なくなってよかったと無論思っている。

ともかく「合演」の仲間が読んだ。むずかしい顔をしている。うーむ、気のきいたセリフはちょこちょこあるけどなあ。――なんとか皆で直して上演に持ってけないか？　と、発言するものもいたけれど、それは概ね素人で、すでにかなりの演劇キャリアを持つ渡辺文雄は、ズバリと断言した。ドラマがない。

ドラマがない？　ドラマって何だ？　言われてみると、さっぱりわからない。わからないが故に、この脚本は駄目なのであり、私の任務は、ドラマなるものを勉強することのほかにはなかった。

ドラマはハラハラドキドキ？

ドラマ、なんて言葉は当時の私でも、なんとなく使っていたし、この連載でもすでに触れたが黒澤明氏は「金も力もないときは、ドラマの線を強くするしかない」と言われ、大衆文学的骨格（もちろん私は肯定的だ）の、『酔いどれ天使』を作られた。つまり、私にも何となくわかっているような気がしていたのに、いざ自分のこととなると、これほど握みにくいものもない、と思えた。

寮の中に、いろいろな人間たちが、要するにウダウダといる。政治に無関心を標榜している酔っ払い寮生が、寮の部屋に一人残って、聞くと、ふいと出ていく。――で、彼はどうなったのか、作者は記憶がない。そんな幕切れがあったな、という程度にしか私は私の「冬の草」

を覚えていないのだ。――そして、別の「ゾル帰り」の学生は、自殺する。

ゴーリキー『どん底』の影響は明らかだが、ルカも出なけりゃサーチンも出ない。ペペルもナターシャも怪しい。悪役も出ないし、いわば男爵と役者しか登場しない「どん底」といった感じだったのかもしれない。今日の私の目からすると、こいつあ損だよ、と片づけてしまうかもしれない。

ドラマって何だ？　と食いつくと仲間たちは皆困ったような顔をする。誰もが知っているが、誰にも説明できない。なんだか古典的な謎の迷路に迷いこんだ気分だった。

それはつまり、試験ボイコット闘争の本質が把握されていないからさ――という、こうした場合必ず出てくる紋切り型の批判を、このとき受けた覚えが私にはない。おそらくそれは先に述べた事情から、この時期、何が何の本質やら、よく見えなくなっていた――すくなくとも高い声を張り上げる自信を「紋切り型」氏たちが喪失していた、ということによるかもしれない。そののち、私はその種の「紋切り型」氏たちに延々と悩まされることになる。

ついでにその「紋切り型」をちょっと説明しておくと――当面の闘争の本質が把握されれば、一見味方に見えても敵である部分が見え、また、今は敵の味方をしているけれど本質的にこっちの味方である部分が、見えてくる、それを暴きだして、人民の目にさらすことによって、闘争は本質的に進展する、勝利へ一歩近づく。つまりそれがドラマを掴みだすということだ。悪い奴をあばきだして叩き、いい人々を助け力づける、それがドラマの任務である、うんぬん。

渡辺文雄という人間には見事なところがあって、当時自分の生活はさほど困窮していないのに、作文をして奨学金をもらい、それを自分の小遣いにする、という輩が少なくなかったなかで、彼は奨学金の申請をしようとはしなかった。私たちのサークルにはまことに貧乏人が多く、この私は一円の銭もなくなれば朝は空腹をこらえ昼は恋人の弁当を食べ、夜は例の河合家へ行く、という奥の手があっただけ、ずっと増しなほうだったのだ。そういうお前たち見ていると、おれは自分も奨学金を貰おうなんてとても思えないよ、と彼は言っていた。つまり、彼の家はまずまずだったのであって、私たちは渡辺は金がある、とつい思い込んでしまうところがあった。

その渡辺に私は食い下がって、ドラマとは何か、観念的にではなく説明しろ、と迫った。彼は日頃左翼の連中の観念性を痛烈に批判する立場だったので、私にこう言われると、逃げるわけにはいかない。だいたい侠気(おとこぎ)のあるほうだから、四苦八苦して一緒に考えてくれた。ある日大森の河合家まで行く私と彼は大井町まで同行し、話が終わらずに、大衆酒場に入ったものの、おい、お前金あるのか、俺ないぞ、と言いだした。渡辺にだって金のないことはあるのだ、と痛切に理解したが、もう店内に入ってしまっている。二人の金をあわせて焼酎を一杯だけとって、それを二人で分けて飲んだ。

「そうだなあ、結局、芝居ってのは、何らかの意味で、ハラハラドキドキするところがなくちゃ、いけねえんじゃねえかなあ」と、渡辺が言った。

そりゃ、舞台の上には一見なにも起こらなくても、人物の心の深い奥で起きているものに対して、ハラハラドキドキする——ってことも含めてだぜ、と渡辺は懇切に話してくれたと思う。だが、私は単純に「ハラハラドキドキ」という言葉に飛びついた。ハラハラさせて、ドキドキさせる、か。うん、これならわかる。

私は、ハラハラドキドキ、が嫌いなほうだった。あんまりハラハラさせられ、ドキドキしてしまう映画や芝居は、好みでなかった。その意味では、私はドラマ向きではない人間なのかもしれなかった。これは、今でもそう思う。

が、当時の私は負けず嫌いで、なんとしても「ドラマのある」脚本を書いてやろう、奴らの鼻を明かしてやろう、と思い決めた。――ところで「合演」第一回公演は『朝日評論』に発表されて間もない木下順二作「三年寝太郎」と翻案「小作人の娘」。私は前者の主役、寝太郎として、華麗な出発をした。遠藤利男の演出も太地恒夫の音楽も良かったが、なにより私が寝太郎そのもので――作者として落第した私の進むべき道は、むしろこの方面だと、仲間たちの誰もが思ったごときであった……。

（同前8　一九九一年十二月）

「美しい季節」「プラーグの栗並木の下で」

猛威をふるったスタ・システム

「三年寝太郎」は、さまざまな意味で、われわれの出発となった。――と書いて終わりにしてしまうほうが、賢いことに違いないのだが、もう少し続ける。

寝太郎は嘘つきである。手元に本がないので不正確になるが、勘弁いただくとして、私はまず、そこに引っ掛かった。

嘘は泥棒の始まり、と教わった。のに、嘘は日本の宝、という素晴らしい言葉も存在することを知ったが、ともかく東京の下町で、群馬出身の株屋の番頭と、仙台のバケツ屋の長女との間に生まれて育った私は、とりあえず嘘は悪徳と心得ていた。

嘘も方便、という言葉は知っていたし、なにより私は、物心ついてこのかた嘘をついた覚えがない、というふうには育たなかった。それにしても、寝太郎は嘘つきである。毎日ゴロチャラ寝てばかりいる。苦労しているのは彼の「ばあさま」ばかりである。

どうもこいつはいい加減で、悪い奴のような気がする。むろん「四谷怪談」の伊右衛門のように、悪い奴が主役の芝居は沢山ある。しかし、この場合は、いいのかねえ?――と、私は演出の遠藤利男に疑問を呈した。

遠藤は懇切丁寧に答えてくれた。今当時の彼の言葉を正確に再現することはできない。私の記憶に残っているのは、遠藤の言葉ばかりではなく、おそらく当時の「合演」の仲間のこれに関するさまざまな言葉の、いわば合成である。

まず、寝太郎は好き好んで寝てばかりいるのではない、働く価値のある働き場所が、あるいは働く仕事が、ないから、見つからないから、寝ているのである。つぎに、嘘は抵抗の形式である、戦いの武器である、――など。たぶん、私は簡単に説得されたのだと思う。ただ、当時の現実の私は、母と離れ、母を働かせて暮らしていた。母の収入に頼ったという意味ではない。私は奨学金とアルバイトで暮らし、母は自分の生活を自分で立てていた。母の四十歳の年に私は生まれたから、当時の常識としては既に母は老齢であった。寝太郎が、働き甲斐のある仕事がないから働かない、それはいい。しかし、そのために老いた「ばあさま」を働かせているように見えるのは、現実の私に共通するところがあり過ぎるように思われて、私には何やら後ろめたかった。

それに、私には寝太郎が、要するに寝ているのが好きだから寝ている、というふうに思われてならなかった、ということもある。しかし、私は結局寝太郎が気に入って、たぶん、のびやかにこの役を演じることが出来た。

昔話であるから、つまり当時の常識では時代劇でだが、私にはカツラなど必要がなかった。長髪を、後ろでゴムできりりと縛り、その上に藁しべを巻けばそれでいい。寝太郎の寝る布団は、私が寮の部屋で寝ている布団を、そのまま運んだ。

自分のいつも寝ている布団に、もぐりこんで開幕を待つ。のちニッポン放送へ行った太地恒夫の、柔らかなフルート曲が流れれば、やがて幕開きである、いい気分だった。幕が開いて、私は思い切り背伸びをして「あーあ」と第一声をはなつ。とたんに客席から、どっと笑いが起きた。しめた、と思った。

脱線のようだが、近年私が時間講師を勤めている音楽学校で、生徒のなかには、自分はショー・ビジネスに興味などないのに親がミュージカル科へ行けと言ったので、というような子もいる。が、そういう子が、試演会などで何かを演じ、それが微かにでも観客に受けると、彼女にとって人生は変わってしまう。

人と関わりたいのだ、と私は思うほうの質（たち）である。舞台で自分が行為したことに、どれだけか観客が反応を示したということは、人が自分に関わりを持ってくれた、という取りあえず証拠なのだ。その味を知ると、多くのものはショー・ビジネスを離れることが出来なくなる。乞食と役者は三日やるとやめられない、という。乞食をしたことは一応ないつもりなので、確かなことは言えない。

駒場の旧倫理講堂、そのころ九大教室といった空間での「三年寝太郎」の経験が、私のその後を決めた、などとは言えない。そののち、私はそれほど多くの舞台に立っているわけではない。俳優としての才能が、どうも私には乏しいらしい、とその後の長い年月のなかで私は気づきはじめるのだが、――しかし学生時代の私は、とりあえず、まず役者だった。

一年後輩の、今も俳優である田口計に、十年あまり経ってテレビドラマの仕事で、お互い演技者として再会したとき、田口は私にあんた随分下手になったね、と言った。すると学生時代の私は下手ではなかった、ということになるわけで、私は今もそのことを思い出して考え込んでしまうことがある。

なにを考え込むのか。強引に要約してしまえば、自然に物を言う、というような事にまつわる事どもなのだが、それは「スタニスラフスキー・システム」というやつと、まんざら関係がなくもない。

実は「三年寝太郎」が拍手喝采のうちに終わって、意気揚々と寮に引き上げた私たちに遠藤利男が、これからも芝居を続けて行くならば、という前置きで話し始めたのが、その話だった。スタニスラフスキーという舌を噛みそうな名を、そのとき初めて耳にしたのは、私ばかりではなかったはずだ。というより、遠藤の他には、その高名なロシアの俳優・演出家の名を知っているものはなかった。

まだ、いわゆる「スタ・システム」の文献は、たしか戦前に出た『俳優修業』のほかは、ほとんど何も訳されていなかった。遠藤は、CIE（民間情報教育局）の図書館へ行って『ACTING』という英文の雑誌を読んで「スタ・システム」を勉強していたのだ、と聞いて、私たちは一も二もなく敬服した。私個人のことで言えば、遠藤にはそれ以来ずっと頭が上がらない、という気がする。

つまり、この演劇サークルを続けてくなら、こつこつと「スタ・システム」の勉強を進めて行きたい、と遠藤は言ったのだと思う。だが、このサークル、すなわち合演は、すぐにはそのようにはならなかった。遠藤は山が好きで、時間が出来ると芝居より山へ行ってしまう、というところもあったし、同時にまた当時の私たちの中には、基礎的な演技の勉強などより、どんどん数多く芝居をやろう、という声もあって、私などもどちらかと言えばその主張に魅力を覚えていたし、そんな私たちに遠藤は嫌気がさしてしまったのかもしれなかった。

日本の新劇界に、スタニスラフスキー・システムが猛威をふるったのは、このもう少しあとのことである。一時は、猫も杓子もスタ・システム、などと言われた。菅原卓さんの影響で、名女優水谷八重子さんが『俳優修業』を小わきに抱えて歩いている、と噂があったから、新劇だけのことではなかったかもしれない。

プチブルじゃなくなるには

スタニスラフスキー・システムの影響は、今まったく地を払った、というわけではさらさらない。かのジェームス・ディーンやマーロン・ブランドを生み出し、マリリン・モンローも聴講生になっていたというアクターズスタジオは、今日も健在と聞く。そのリーダーだったリー・ストラスバーグの本を読むと、彼がスタニスラフスキーのいわば孫弟子にあたり、基本的にはスタ氏のセオリーに則っていることがわかる。

私はここで演技論をするつもりはない。スタ・システムの流行は、いわゆる社会主義リアリズムの展開とパラレルであり、進歩的文化としての新劇が衰退するにつれて、必然的に勢いを失った――などと言えるなら、話はごく簡単だが、そんなことはない。アクターズスタジオの流派を「メソード」派と言ったりするが、今日のブロードウェイにも、たぶん「メソード」派の名優が舞台をつとめているだろうし、わが日本でも、小劇場のスターが、私はスタ・システムですからね、と言ったりもする。

日大演劇科にいる畏友高山図南雄(となお)氏は、話がスタ・システムに及ぶとすぐさま「君の言うスタ・システムは、前期のかな、それとも後期の?」と、質問する。まあ、いろいろと難しいのである。大分以前だが「スタニスラフスキー・システムのジグザグ・コース」という文章もあった。高山氏のものだったかもしれない。

ただ、その「ジグザグ」の中で、学生時代の私に強い印象を与えたことに、多少触れておきたいのだがその第一は、スタ・システムでは脚本は無用、というやつである。

時間的には少し先のことになる。私たちはもう本郷だったと思う。東京ではやはり早稲田がもっとも学生演劇が盛んで、自由舞台と劇研とが双璧だった。私たちの合演には、京大の劇団「風波」から現在俳優の戸浦六宏氏の書いた脚本が送られて来たりしていたが、一番交流のあったのは早大自由舞台で、大隈講堂というれっきとした劇場を持つ彼らが、私などは羨しくてならず、金さえあったら早稲田に入りたかった、と思った——その自由舞台にSという優れた演出兼俳優がいた。

たしか所は新宿駅構内の喫茶店だったと思うが、S君はぽつりと言ったのである。「これからの芝居は、脚本なんか、なくていいんだよな」

そのころ、エチュード方式、というやつが全盛だった。演出者が簡単な設定を演技者にあたえ、その設定の中で、演技者は自分の言葉を、自分の感性で語り、動く。演出者は次第にその設定を、具体的に細かくして行く。

私の聞いたある専門劇団の例では、演出者が上演するつもりの脚本を隠し持っている。しかし演技者たちにはその脚本を与えない、見せない。ただ、与える「設定」を、次第に秘密の脚本のそれに近づけて行く。

すると、やがて演技者は、脚本の言葉と似た言葉をしゃべり出すはずだ——と、演出者は期待した。ところが、いくら設定を脚本のそれに近づけていっても、なかなか演技者たちは思うように脚本の台詞のような言葉を吐いてはくれない。

焦れた演出者は、そこはこう言ったほうがいいんじゃないかね、などとヒントを出す。秘密の脚本の台詞に、なんとか近づけようと誘導するわけだ。演技者たちは、ははあ、と事態がわかり始める。――すると、どうなるか。それからは如何にして演出者の顔色を読み意図を察知し、彼の言わせたい台詞を探りだすか、という技術ばかりが発達することになる。かくて、演出者は絶望的な嘆声をはなつ、スタ・システムでは一本の芝居に半年かかる！

その場合の隠し脚本は、たしか外国の芝居だったのだが、いくら細かく設定を与えられても、異国の詩人の言葉に、当時の日本の演劇青年の自発的な言葉が一致するはずはない。結局ある時点で隠し脚本は公開され、プリントされ配布されて、通常の稽古に彼らは入ったようだ。

が、この方法で創作劇が出来る、と、ある人々は考えた。設定を考え、自由に喋らせ、行動させる、つまりエチュードを作る。それをつなぎ合わせれば、すなわち脚本である。論理的には可能だし、この時代でもあとの時期でも、事実このようにして作られた芝居があった。

私は「台詞書き」として、まず芝居を書こうとし始めていた、と前回に書いた。しかし、まだスタート・ラインについたとも言えないうちに、来るべき芝居は脚本のいらない芝居だ、とカマされたわけである。セリフはどうなるんだ、と、そのときも私はS君に聞いたと思う。台詞は役者たちの創造性にまかされる、とS君は多分答えた。で、続けてこんなふうに言った、と思う――だって、結局その時その場で必要な言葉ってのが、要するにいい台詞なわけなんだから。

工大に行った親友和泉二郎は、演劇部で活躍していた。その彼の仲間に、やはりS君というのがいて、その工大のS君は、私にこう言った――「親父にこう言われたよ、お前たちは芝居なんぞ書かんでもいい、文学なんぞやらんでもいい。これからの文学は、労働者が作る。芝居は、労働者が書く」

これからの芝居は、労働者にしか書けない。では、われわれはどうすればいいんだ、と私は工大のS君に聞いた。彼は彼の親父の言葉をこう伝えた。「なにもしなくていい。お前たちプチブルには、何も出来やしない。ただ、邪魔をしなければいい」

私の頭の中で、早大と工大の両S君の言葉が、セットになって響きあったことは確かである。芝居に脚本なんぞいらない。芝居はお前たちには書けない、書く必要もない。ついでに、嘘は戦いの武器である、泥棒の始まりではない、いや、泥棒も人民の闘争である。では大学生が零細な古本屋から万引きするのが闘争か、屋台のおでん屋に銭を払わないのが、弱いもの苛めが男のすることか?――それそれ、それがプチブルさ。

おれは何故プチブルなんだ。学生だからさ。学生はプチブルなのか。そうさ。おれのおふくろはどうなんだ、今、他人の家に住み込んでいるおふくろは。うーん、それはやはり労働者だろうな。おふくろが労働者で、その労働者の息子のおれはプチブルか、いつからそうなったんだ、大学に入ったその瞬間からか。まあ、そうだ。じゃおれはプチブルになってからまだ二年とちょっとしか経ってない、たいしたプチブルじゃないな。工大のS君とはそんな話をした。プチブルじゃなくなるには、どうしたらいいんだ、馬鹿と同じで、死ななきゃなおらないか。

いや、学生をやめて労働者になればいい――実はおれ、そうしようと思ってるんだ、と、彼は言った。

彼はそののち実際に学校から去り、やがてまた復学した、と記憶する。政党筋の方針の変化と関係があったのだろう。

おおかたの美徳なるものは、支配者が被支配民衆に、支配の便宜のために押しつけたものだ、たとえば正直などは典型的にそうだ。嘘をつこう、卑怯になろう、弱いもの苛めをしよう、約束を破ろう。――そういう運動が流行ったわけではない。封建的美徳も、上に革命的という字が乗っかれば、それでよかった。革命的貞節、などというのは大変よろしい。同志的、というのもいい。

私はこの頃の自分を回想すると、要するに自分が頭が悪かっただけなのだ、どうもそうらしい、という情けない気分が湧きおこってしまう。他人はみな、賢いから分かっている。遠藤はもちろん、定村忠士も、誰も彼も。――ただ私も、常識的についているプラス・マイナスの符号を、いっぺん疑ってみる、ということはどうやら覚えはじめた、と言えるのかもしれない。そして同時に、融通のきかないパターン的思考をも、身に着けはじめていたのだと思う。若い人々にはおかしなことに感じられるかもしれないが、それは同時に――かなり必然的に――起こったのである。

和泉二郎は、工大演劇部で「夕鶴」を演出上演した。神経の行き届いたすぐれた舞台だった。私はかなり感動した。が、終演後、近くの飲み屋で彼と話したときは、私はすみずみまで彼らしい正にその点を批判した。役者の自発性を待つ前に、演出者が結果を指示してしまったのではないか。和泉は答えた、待っていたら、上演期日までにまとまらない、乱雑な舞台を見せることになってしまう。私は言った、うーん、それでも待たなきゃいけないんだ、役者の自発性を。

和泉は酒を飲まない男だが、そのときは飲んでいた。いきなり徳利をカウンターに叩きつけた。徳利は割れずに、跳ねて転がった。彼はそのまま店を出て行ったが、後にも先にも、彼が私に向かって怒りを発したのは、この時だけだ。あるいはこの時も、彼が怒ったのは私に対してではなく、私の発言の背後にある考え方のパターンに対してだったかもしれない。

メーデーに倒れたもののために

和泉は、そのころ私が上演の当てもなく書き綴っていた短い芝居の原稿を見て、工大で上演する、と言いだした。「美しい季節」という題で、『チボー家の人々』の影響であることは明らかである。スタニスラフスキー・システムでも、労働者的でもまったくない、まさにプチブルの家が舞台の台詞劇だった。

私も何度か書き直したと思う。主役の学生役の学生がうまく行かず、結局和泉が演出と出演を兼ねた。ともかくも、これが私のオリジナルの芝居の、初上演となった。

母親と姉妹二人の家。妹にもボーイフレンドがいるが、姉には今縁談が進んでいる。彼女には実は恋人がいるのだが、あまり貧しいので母はむろん反対だし、彼女自身も踏み切れない。そこへ、大学の寮にいる従兄弟が久しぶりに尋ねてくる。彼は、ひそかに年上の姉娘を恋しているのだが、それは誰も知らない。彼は、迷っている姉娘に、恋を貫くべきだ、そのように生きることこそ、幼い日からの自分たちの約束ではなかったか、と励ます。姉も、やっと貧しい恋人の許へ家出を敢行する決意をする。そのとき、学生は私服刑事に連行されて行く。——といったような話だった。

劇中、ラフマニノフのピアノ協奏曲二番を使うように私の指定があり、工大演劇部の音響担当者は、なんとか別の曲を使おうといろいろやってみたが、結局指定通りが一番良かった、と言ってくれたのは嬉しかったし、和泉の努力に関しては感謝の言葉もなかったが、依然としてドラマがない、あるいは弱い、という欠陥は認めざるを得なかった。つまり、私にとって私のこの芝居は、どうも面白くなかった。

なんとなく気分で感傷的に恰好よがっているだけ、と言えば、なんだその後もお前の芝居はいつもそうじゃないか、という野次が聞こえてくるような気がするが、今日の私から見れば、この試作（というべきだろう）は、要するに批評がない。登場人物やこの世界に対して、私の批評がない、あるいは決定的にとぼしい。その後、まあ芝居書きと言われるようになってからの作と違うのは多分そこだろう。

批評とは、むろん芝居の構造に関わってくる。ドラマツルギーがどれだけか批評性を保証する場合もあるし、全然逆に作用する場合もある。まあ一概には言えないけれども、私がいつも自分の芝居の人物や世界に対して批評性を意識しているとは言える。それを読み取る読み取らないいは、あるいは読み取れないのは、また別の問題である。

さて、時間的には前後したが、合演のほうは、次回公演の演目決定に難渋した結果、シーモノフ作「プラーグの栗並木の下で」を、ということになった。上演予定期日は一九五二年五月二日だった。

遠藤はまた山へ行く都合があったのか、演出を辞退して比較的小さな役を演じることになった。演出は定村忠士が二枚目の役と兼任した。悪役が渡辺文雄。私はチーヒーさんという詩人の役だった。劇中、ゴリゴリ左翼の佐藤誠朗と「ワルシャワ労働歌」を歌うシーンがあり、音楽好きの音痴である私は甚だ困った——音楽好きの音痴とはおかしいって？　そんなことはない。いや、私もこの頃はそう思っていたのだが、のちに林光が、作曲家とか指揮者とかは大概歌うと音痴だぞ、おれは別だけどね、と教えてくれた。

四月には新入生が入り、今映画監督の藤田敏八（としや）などが合演に入って来た。劇中オートバイの音などが必要で、渡辺が当時まだ大変な貴重品だったアカイのテープレコーダーをどこやらか借りて来た。その操作を藤田が担当したが、うまく作動しない。藤田がいじりこわした、と渡辺は激怒した。結局、誰かが舞台袖に本物のオートバイを持って来た。それに乗る役が遠藤だった、と思う。

藤田敏八は、あのころ渡辺とか鴻巣とかは下士官のようにおれをしごいた、と言う。渡辺はともかく、この私は、彼をしごいた覚えなどまったくないから奇妙なものだ。

ところで音響効果に、もう一つドラが必要だった。それは麻布の後輩で、私と和泉二郎が家庭教師をつとめて早稲田に合格させたふじたあさやが、調達してくることになった。あさやはまだ入学早々で、本来人見知りのほうだから早稲田ですぐ仲間など出来ない。さりとて一日でも芝居に関係しないではいられない芝居好きだから、私たちの「プラーグ」を手伝っていたのだ。言うまでもないが、プラーグとはプラハのことだ。

五月二日が上演だから、五月一日は舞台稽古である。その日はメーデーである。メーデーが今年は面白そうだ、という噂の類はなんとなく流れていた。しかし、舞台稽古である。重要なパートの者はもちろん、思想性の高い連中——党に近い面々——は、大衆の前で部署を放棄するわけには行かない。渡辺はむろん行くつもりがない。で、当日人民広場には、本来そういうところが嫌いではない定村も私も出向かなかった。比較的軽いパートの連中は、ちょっと行って午前中には帰るさ、と出かけて行った。

ところが、さあ彼らが帰ってこない。舞台稽古は遅々として進まない。いらいらしているところへ、いやあ凄かった、と興奮しながら、三々五々帰って来た。有名な「血のメーデー」である。

ふじたあさやが来ない。ドラが手に入らない。心配して連絡すると、おかあさんが明るい声で——デザイナー藤田雪子女史はいつも明るく、屈託のないような笑顔で私たちを迎えてくれた——あさやはちょっと怪我をして、病院へ行ったけれど大したことはない、と言う。

私はその翌朝、市ヶ谷の藤田家に行った。頭にも手にも包帯を巻いていたが、あさやは極めて元気だった。人民広場では誰と誰に会ったよ、と話をした。私は彼の調達したドラを手に、あさやの家を出た。入れ違いに警察が来て、あさやを連行して行ったのである。ちょっと私の出るのが遅かったら、あるいは警察が早かったら、当時のことだ、有無を言わせず私も連れて行かれたかもしれない。

あさやは、手帳に簡単な日記をつける習慣があった。人民広場で誰と誰に会った、という簡単なメモを、その日もつけていた。手帳は警察に押収され、そのメモにある名を捜査するために、五月八日、警察は早大に赴き、それが「早大事件」の発端となった。

彼のメモにあった名の一つは、麻布でしばしば老け役で活躍したT君である。彼はほぼノンポリに近い性格だった。私が中学時代、クラシック音楽に触れることが出来たのは、渋谷のT家の豊富なレコード・コレクションによる。そのT君を捜査するために警察は早大へ行ったわけだった。さて、駒場では私たちの芝居に九大教室を貸さないと言いだした。芝居に名を借りて煽動のための集会をやるのだろう、というわけだ。常識で考えたって、五月一日に起きた事件のために、あわてて二日に芝居をやれるわけがないでしょう、二日の上演というのは、ずっと前から決まっていたことなのだ、と口角泡を飛ばして説明しても、当時の第六委員長、木村健康氏は、にこやかに首を横に振るだけだった。健康氏は、河合武先輩の父、故河合栄治郎教授にただ一人忠節をつらぬき通した人物だった。

紆余曲折ののちに、結局上演は実現したのだか、開幕ベルに引き続いて一同「同志は倒れぬ」をハミングするうちに、依然として非左翼を自称する渡辺が、大きな声で「この公演を、メーデーに倒れた人々に捧ぐ！」と叫び、まだ留置場にいるあさやのドラを打ち鳴らして芝居は始まった——。

（同前9　一九九二年一月）

腹ペコの腹たちまぎれに「血のメーデー」に関連する話をすこし続ける。

さきごろテレビで、南京大虐殺はあったのかなかったのか、というような話題をふくむ番組を見た。目の前で同胞が虐殺されたのを私は見たのだ、と激高する老齢の中国人に対して、問題はそれが通常の戦闘行為の範囲内でないと言い切れるかだ、と冷徹に答える日本人評論家（たぶん）が印象的だった。

あきらかに通常の戦闘行為を逸脱している、という確実な証拠がないかぎり、いわゆる南京大唐殺の事実は証明されない、ということのようだったが、あるいは、私の誤解があるかもしれない。――アメリカの原爆投下に関して、それは戦争の早期終結のため日本人にとっても必要かつ有益だったのだ、と理解しているアメリカ人はすくなくない。が、その彼らは原爆投下の事実そのものを否定しているわけではない。が、南京事件の場合は、どうか。

私の芝居にかかわった美しい女優さんが、ね、南京大虐殺ってほんとはなかったんでしょう？　と言うのを私は聞いたことがある。戦後のさまざまな事件に関しても、似たような「常識」が、かなり蔓延しているような気が私にはする。今年（一九九二）の正月二日、ふじたあさやの家に数人の友人が集まり、私は彼から「血のメーデー」当時の話を少し聞いた。

彼は入学したばかりの早稲田大学で、所属したばかりの劇団自由舞台の一員としてメーデーに参加した。人民広場（皇居前広場――宮城前広場とも言われた）にデモ隊が入って行くのを、警官隊は妨害しなかった。道を開けて通した。

横を警官隊が追い越して行き、前へ回った。それから催涙弾を打ち込んで来た。柵を越えて芝生の中に逃げた。皆興奮した。どういうリーダーが煽動したという類の印象はない、自然発生的に、広場の中央へ押し返そうという機運になった。

人波で、さきのほうは見えない。銃声がした。皆わっと伏せた。そのとき四、五十メートルさきに腰だめの姿勢で拳銃を発射している警官を、彼は目撃した。それから夢中で逃げた。途中経過は省略して――彼は後頭部を警官の警棒で打たれて失神した。気づいたときには広場は倒れた血を流して昏倒している人々だらけだった。やがて「怪我人はいないか」と呼びかける人々が来て、助けられてトラックに乗せられ、赤羽橋の病院に運ばれた。そこも血だらけの怪我人で満ちていた。手当てを受けて家に帰った。翌朝逮捕されたのは、病院のカルテによってだった、と彼は後で警察当局から聞いた。

その彼の手帳に記されたメモから、神楽坂署の警察官が早大へ行って揉め事になり、抗議に座り込んだ学生たちに警官隊がおそいかかって、また多数の負傷者を出したのが早大事件である。

神楽坂署に留置されたあさやは、なかなか出て来なかった。彼は、留置されている間にいくつかの和歌を作り、筆記は許されないので、記憶して後にそれを記録し、一号しか作らなかった私たちの同人回覧誌に載せた。その二～三を紹介する。

「人民広場に傷つけるわれを見て／気の毒という看守もあり／改心せよという看守もある」

「カチガタンゴトンチンギイと開いて／ギイドンカチンガタンコトンカチと閉まる扉であ

る」

「日本とソ連とどちらが可愛い／と言いし検事の目にただならぬものを感じ／ただならぬ気持ちで／じっと見守る」

当時の私の日記からも、多少引用する。例によって記憶違いがあり、合同演劇勉強会公演「プラーグの栗並木の下で」は、四月二十六日に初演、再演が五月二日に予定されていたわけだ。

五月三日。何人もから直接に聞いて、大体状況は頭の中でまとまった。後頭部を三針縫った藤田をはじめとして、合演のK、E、Iなど、いずれも急進分子ではない、むしろノンポリに近い男たちがニュース・ソースであることは、以下相当信頼すべきデータだと思う。（中略）

皇居前広場への入場形式。――普通の会場への入りかただった。入って並んだら、警官隊がさーっと風上へまわって行って催涙弾を投げた（F、I）。

警官隊の発砲については――はじめは威嚇だった、次にまっすぐ向けて撃った（I）。初めから威嚇とは思えなかった、はじめ立って撃ち、次に膝立て撃ちをした（F）。はっきり向けて撃った、俺たちも狙われた（E）。

デモ隊の組織度については――こっちは烏合の衆だ、数では多数でもすぐ浮き足だってしまう。ピストルをはっきり向けて撃たれたらおしまいだ（K）。学生はとにかくまとまっていた、が、本能的なものですよ（F）。二度目に広場を追い出された時、皆憤慨して自動車をひっくり返したりしはじめた。あれ軽いもんだね。五～六人でやるとすぐひっくり返る。もっとも俺はそういうことしちゃいけないと思ったがね、興奮しちゃってるからどうにもならない。

自動車破壊班があったか――右のKや、麻布の後輩の高一のY、高二のTなどもひっくり返しに加わったこと、また他の証言からも到底そんな組織があったとは考えられない。『九人一組』のうんぬんという毎日だったかの報道にいたっては笑いものだと思う。（中略）

朝日・毎日・読売いずれも食い違いがはなはだしいが、各紙共通な面がある。事件の発火点について最もしかりで、どれ一つとして、その点を明確にしているものがない。わずかに、デモ隊がまっすぐ二重橋へ突入した、で、警官が慌てた、とあるものがあり、暗に警官がさきに飛びかかったことを弁護している。（中略）一番甚だしいのは今日の読売で、経過を忠実にたどるといいつつ、一言も警官の発砲についてはふれず、催涙弾もさんざんやったあげく「止むをえず」使用したことになっている。（中略）

次々と来る報告に稽古はとても出来ず、帰ったらK先輩がカンカンに怒っていた。むろん「暴徒」側に対してである。徹底的に処断するという検察庁の態度にぼくは賛成だな、徹底的にやらなくちゃ駄目だ、と語気荒く述べていた。すこし議論した。

Kさんの根底には「民主警察信頼」の迷信がある。一度徹底的に不快な目に遭わされないかぎり――いや、その時も彼は、それも共産主義者たちが植えつけた人間不信だというだろう。（後略）

長くなったが、この事件が私たちに与えた影響は大きかった。メーデーでは広場の石を投げたりお堀端に駐車している自動車を引っ繰り返したりしたわけだが、関連して起きた早大事件では、座り込んだまま無抵抗に徹した学生たちに、警官たちの警棒が襲いかかった。当時の学生たちの左翼化にかなり貢献したことは間違いない。ずっと後になって、新聞記者時代に、私は早大事件のとき警官隊の中にいたという警官から、偶然話を聞いたことがある。いやあ、あのときは俺たち、朝飯しか食わされてなくてねえ、腹ぺこの腹立ちまぎれにぶん殴ってやった、というところもありますなあ、と彼は淡々と話した。

ついでに、当時の自動車というものの尊さといったら、大変なものだった。私は学校を出てわずかの時期新聞社の社会部にいたのだが、芝居の道にすすむべく退社を決意したとき、社の自動車で東京の道を走りながら、ああこれで俺は、一生もう自動車ってものには乗れないかもしれないなあ、と覚悟したことを明瞭におぼえている。

そしてさらに数年ののち、かの六〇年安保騒動のおり、新劇人会議に属する俳優で自分の自動車を持っているのは現東京演劇アンサンブルの本郷淳たった一人だった。私は彼の車に乗せてもらって、新宿・渋谷・品川などゼネスト決行中の拠点駅を次々に回ったものだが、夜の東京なんて、本当に無人の野を行くようなものだった。

今紹介した日記のすぐ次の頁には、こんなことが書いてある――

「五月四日。『パリのアメリカ人』と『山びこ学校』を見る。

『パリのアメリカ人』は一つのスタンダードとして史上に残るミュージカルであろう。しかし、『踊る大紐育（ニューヨーク）』とくらべては、なにか『大紐育』のほうに愛着が残る――（後略）」と、『踊る大紐育』のヴェラ・エレンのほうが、レスリー・キャロンよりもいい、としながら、なおかつ延々と『パリのアメリカ人』の見たままを、カット割りなどにも触れながら、情熱をこめて書き綴っている。

私は『踊る大紐育』から、ミュージカル映画のファンになった。音痴を自認する私は、将来ミュージカルの舞台を演出するようになろうなどとは、夢にも考えていなかったが、この映画の、ことに一人バレーの稽古をする「ミス地下鉄」ヴェラ・エレン嬢を、ようやく探しあてたジーン・ケリー水兵が、故郷の町の話をしながら（二人は実は同郷で同じハイスクールを出ている）踊りだすデュエットに、いたくしびれた。人目のないところでよくこのシーンのステップの真似をしたものだが、踊りの才能なんかあるはずがないと思いきめているから、踊りを習おうなどとはさらさら考えなかった。

『踊る海賊』などジーン・ケリーの映画は探して見た。フレッド・アステアは姉がファンだったので、自分とは遠すぎる世代の人のような気がしていた。姉ときたら、私ジンジャー・ロジャースに似ていない？　などと言っていたものだ。私とは正反対に、何事も器用な姉だったが、何といっても少女時代は戦時中だ。彼女がギターをいじっていたのは覚えているが、まさかタップまでは手も足も出せなかったろう。

それにしても私にとって、見た映画の真似をするなどとは、子ども時代のチャンバラ映画以来の経験だった。誰もいない部屋で、かつて「一人チャンバラ」にふけったように、こんどは「一人デュエット」を踊った。この時期の私には、ジーン・ケリーがヒーローだった。『マルタの鷹』などのハンフリー・ボガートもよかったし、ジミー・スチュアートの『出獄』が良くて、新聞記者になりたくなったりもしたが。

ミュージカルのことはさておいて——要するに「血のメーデー」についての熱の入った記述の次に、というより殆ど並んで、同じく情熱的にミュージカル映画について自分が書き綴っている事に、自分でも驚いたのだ——

「プラーグの栗並木」に戻りたい。

「プラーグ」の舞台稽古中に、裏方をやっていた仲間が寄って来て、いいぜ、君、ピーター・ローレみたいな俳優になれるんじゃないかな、と私に言った。ピーター・ローレと言ったって、今はわからないだろう。『カサブランカ』の冒頭部分で、ボガートにドイツ特使の旅券を預け（実は彼が特使を殺した犯人らしい）、じき官憲に射殺される旅券屋の小柄な男だ。ドイツの舞台俳優でアメリカに亡命したかなり高名な名優だが、当時はそんなことは私も私にそれを言った男も知らない。ボギーに似ていると言われるはずはないので、要するに私は、結構うれしかった。おなじ一座に、ジェラール・フィリップやアントン・ウォルブルック（髭を付けた渡辺文雄は、かなり似ていた）、そしてさらにピーター・ローレがいるのも悪くないではないか。

日記によれば、私はかなりこの芝居のチーヒーさんという役に入れこんでいたようである。が、芝居全体のストーリーは、一向に思いだせない。詩人チーヒーさんは、スペイン戦争に三年行っていた人物らしい。『カサブランカ』のボギーの役（リック）も、スペイン戦争にかかわる過去の持ち主だった。しかし、当時の私は、スペイン戦争について、ほとんど興味をもった記憶がない。実に四十年近く経った一九九〇年に、スペイン戦争にただ一人参加した日本人ジャック白井について「れすとらん自由亭」なる芝居を書くまで、私はスペイン戦争についてほぼ完全に無知であった。

が、私はこの芝居で、奇妙な経験をした。私にとって奇妙、かつ重要と感じられる経験だったのだが、他の人々にとっては——ことに俳優を業とする人々にとっては、至極ありふれた経験なのかもしれない。

芝居のたぶん終わり近く、私のチーヒーさんが、渡辺文雄演ずる悪役を、怒鳴りつける場面があった。彼の後ろ姿に向かって怒鳴ったような気がする。初演の四月二十六日、そのシーンになると、自分の意思とかプランとかとはまったく別に、凄い声が出たのである。あそこはよかったぜ、どきっとしたよ、とか仲間たちは言ってくれた。

類例を強いて求めると、私は運動経験は学生運動だけだと答えるほどスポーツ経験の乏しい人間だが、草野球の経験が全然ないわけではない。安打なり四球なりで出塁する。当然盗塁を狙う。足が速いほうではないから、真剣にチャンスをうかがう。そういうとき、不意に誰かに背中を押されたように走りだしてしまうことかある。私のわずかな経験の範囲では、そんなとき、盗塁は成功している。足が速いね、と褒められたことさえある。

この場合も「誰かに背中を押されたように」という感覚に近かった。渡辺たち仲間の台詞を聞いてタイミングをはかる、という余裕がまったくなく、思わず声が出てしまった、という感覚だった。

　ナチを憎むチーヒーさんの思想性を、君が完全に理解したから、あの声が出たのだ、と思想性の高い仲間の一人（たぶんYという男）は言ったが、絶対にそんなはずはない。とくに大きな声ではなかったと思う。要するに悪役の渡辺をどきっと怯ませる声を、そのとき私は出さねばならず、それが何とか果たし得たというに過ぎない。それだけのことなのだが、当然のように五月二日の再演では、うまく行かなかった。

　うまく行かなくても、つまりドキッと怯ませるような声が出なくても、芝居の構造上そこで悪役が怯むような構造になっていれば、チーヒーさんの声が情けない声でも、芝居は進行し、観客は納得する。つまり役者がどんなに下手でも、とりあえず成り立つ芝居の構造というものがあるらしい、と、そのあたりから私は考えはじめた、と言えるかもしれない。

　照明が不備でも、装置がなくとも、そして芝居がどうしようもなく下手くそでも、とりあえず成り立つ芝居を書かないと、われわれの現実ではどうしようもない、といういわば覚悟を私は持たざるを得ず、そしてまた同時に、例えばあのときの——チーヒーさんの——「あの声」が出ないと成り立たない芝居、というものもまたあるはずだ、と私は感覚するようになっていたという気がする。

「背中を押されたように」走りだしてしまう、という経験は、人生のなかでその後も何度かあり、いつも成功したなどとは、とても言えない。じつのところ、私はあまり後悔する習慣のない人間なのだが、それでも、とぎれとぎれに残存する昔の日記などを読むと、若い日の自分に対して口惜しく残念な気がすることはある。どうやら、私の背中を押したのは、いつの場合も幸運の神ばかりだとは言えないようだ。――が、それにしても、近年の経験では、芝居を書いていて行きづまったとき、不意に訪れて私を救ってくれる通常ヒラメキなどと言われるものの正体も、かつて背中を押してくれたものと無縁とは考えられないような気が、私にはしてならない。

「農村調査」に赴く

直観とかインスピレーションとかは、ただ待っていても訪れてくれるものではない、と、スタニスラフスキーは考えた。自然に霊感が訪れてくれたときはオンの字で、その命ずるままに演じればいい。しかし、滅多にそんなことはない。では、すこしでもより多く、それが訪れてくれるためにはどうすればいいか――と考えたのが、彼の「システム」なのであるらしい。

飛行機が飛び上がるには滑走路が必要なように、よく準備された確かな道が必要であり、それは身体的行動（フィジカル・アクション）の線だ、というようなことを彼は言う。それは、あるいはまた、鳥を呼び寄せる鳥寄せの笛にも例えられる。

直観とインスピレーションは、命令によってやってくるものではない、それは熱中した状態の時に姿をあらわす、では何が感情を熱中させるか、自分の内面的・外面的行動における確信だ、確信は真実があって初めて得られる、うんぬんとスタニスラフスキー氏は説く。「すべての役の図式は、ほぼ次のように構成される――五～十の身体的行動があって、場（シーン）

の図式は出来上がる。三十〜五十の大きな身体的行動が集まって五つの幕になる、という具合に」「今日は身体的行動全体が信じられない、という場合にはどうしたものか、たとえその一部分でもよいから信じたまえ。君はデズデモーナの演技者に熱烈に接吻することができないだろうか？　ただ身体的に、熱烈な接吻をすることは？　一瞬間でいい、思い起こしたまえ、もし自分が花婿だったらどんな接吻をしただろうかと。この段階ではそれ以上何もない。しかたない、それ以上はなにもないのだ。ただちに次のモメントに移りたまえ」（スタニスラフスキー『オセローの上演についてのノート』牧原純訳より）

彼の影響下に成立したアクターズスタジオで、しばしば喧伝された誤解（とリー・ストラスバーグは言う）に、男女の性的なシーンをふくむエチュードの噂があるが、それはこの「身体的行動――熱烈な接吻」あたりに基礎があったのかもしれない。『オセロー・ノート』はスタ氏の最晩年に書かれたものだ。

私は演技論を展開するつもりはない。しかし、自分の関わって来た芝居について、ことに自分の書いた芝居について語ろうとすると、避けては通れない。前回に触れた「これからの芝居に脚本はいらない」問題の、ある意味で繰り返しを、私は二十年後に今度は自分が主体となって試みた。台本をいっさい書かないで、九州の大衆演劇出身の沢竜二氏たちといわゆる「口立て」芝居を作ったのだが、それは言わば逆方向からのアプローチだったわけだ。

さて、さまざまな問題を抱えながら、私たちのサークル「合演」の仲間は、その五二年夏、山中湖畔の中野村に「農村調査」に赴いた。それほどの人数ではない。私は信頼する定村忠士に従って出かけたのだと思う。他の大学生や、高校生もいた。このときもふじたあさやが同行したのか、途中からの参加だったか、とにかく彼と私のこの夏の経験が、二人合作の「富士山麓」という芝居になって、翌五三年の「五月祭」に初演となる。

小学校の板の間に泊まって、煙草も一日何本と定められる。たしか二本か三本。ただし刻み煙草は自由に吸ってよい。食事は極端に切り詰めたものだが、栄養学料の女子学生がカロリー計算をしているから大丈夫だ、とのことだった。「農民は労働者を本能的に信頼するが、学生は信頼しない。口を開かない」と、リーダーが指導し、われわれは学生らしく見えないように気を使った。

学生は学生であることによって役立つように、という方針はその後たとえば「砂川闘争」あたりから登場したもので、なおこの頃は、学生である身分を隠し否定することが支配的な傾向だったようだ。なにぶん上とか中央とかのことは一切わからないし、自分たちが一体ここで何をやるのかも、私などは知らなかった。ただ、定村たちを信頼していた。

この村の階級支配関係をつかみだし、当面の敵は誰であるかを指摘したビラを撒いてサッと引き上げた、というのが結果だったわけだが、現地の人々は驚いたことだろう。なんともわからない連中がニヤニヤほほ笑みを浮かべながら話しかけ、根ほり葉ほり聞き回ったあげく、幻灯会を開いて「山城一揆」などという幻灯紙芝居をやって、ビラを撒いて行ったのだ、なんだあれは、ということだったろう。

が、参加した各人にとっては、それぞれの収穫があったにちがいない。途中で、お茶大と外語大の学生が来て、私たちは近くの梨が原の開拓部落で、夏の間幾日か子どもたちを教えているのだが、手伝ってくれないか、というような話を持ち込み、早速私は乗ってそっちへ出かけた。これが「富士山麓」の直接のきっかけになった。

当時、キャンプ・マクネアと言って米軍の基地・演習地があり、その米兵目当てのオンリーさんたちが山中湖畔に多く、梨が原でも養蚕のための部屋を彼女たちに貸している家が少なくなかった。子どもたちへの影響を当然教師たちは憂え、梨が原の子どもを守る会、というようなものが組織され、東京の大学生たちがやって来た、というわけだったのだろうと思う。私たちのグループがいわゆる党の指導下にあった（に違いない）のに比較して、彼らはより一般学生に近く、理論ないし理屈にはあまり強くなかった。

行ってみて、驚いた。薄い板壁の向こうはパンパンガールと言われる諸嬢の居室で、家族は狭い部屋に身を寄せ合うようにして暮らしている、という家が多い。どこの家も極めて貧しい。戦時中、満蒙（満洲・蒙古）開拓団として大陸にでかけ、命からがら帰って来て、ここに入植した人々である。豊かな土地ではない。そこに米軍が来て、女たちが来た。すごい状態になってしまった。

子どもたちに国語や英語を教えたり、お話を聞かせたり、幻灯をやったり。子どもたちとはすぐ仲良くなった。私は子ども好きである。風采のあがらない私を、子どもたちはどこでもあまり警戒しない。

ちょうどその集落で、なにかを決定する話し合いがあった。それが何か、今思い出せない。

大したことではなかったような気もする。が、ともかくそこには農業を優先したい人々と、目先の娼婦たちからの収入に頼る人々とがいて、しかし、そのそれぞれの心も常に揺れているのが現実だった。そんな中で、一所懸命私たちは農業優先派を支持してしゃべりまくり、そのときの話し合いは一応われわれの支持する側の主張が通った結論が出た。

どんな闘争にも、あまり勝ったことがない。勝負にもあまり勝たないし、くじ引きの賞品などは絶対にちかく当たらない。が、このときは、ささやかながら勝利だった。わずかながら現実が動いた、と思った。それも自分の手で。――もしかすると、おれには能力があるのかもしれないぞ、と思った。

東京へ帰って、不思議な感覚を味わった。音楽である。梨が原の、かなり凄惨な、と言っては当たらないかもしれないが、深刻な現実にしばらく身をおいていたあと、東京の喫茶店に入ると、そこには軽やかに歌があり花があって、耐えられずに出て来てしまった。要するに、音楽が耳に入ってくれないのだ。

やがて、クラシックなら耳が受けつけるようになり、つぎに軽音楽、という順序で次第に慣れた。病気が治ったわけである。そのとき私は、たぶん、その病気を治したくはなかった。しかし、治った。――その経験などから、おそらく私は、深刻な状況にあるときほど、軽薄な流行り歌の類を口ずさむようになったのだと思う。

（同前10　一九九二年二月）

「村役場」「富士山麓」

大学演劇コンクール

続けて「血のメーデー」事件に触れたが、面白かったのは二度とも、使用されている写真は、結構デモ隊側が攻勢に見える点である。

新聞社・出版社の編集方針が偏っている、とも別に思わない。広い人民広場の大勢の中には、果敢に戦った部分があったに違いない。それをカメラが捉え、編集者はそれを採用したまでだろう。

それらの写真は「暴徒と化したデモ隊」うんぬんの記事のたしかな裏付けになったかもしれない。が、参加した私の友人・知人たちの意識が「暴徒」と遠く隔たっていたことも、また確実な事実である。

さて、これは前回分の訂正に属するのだが「血のメーデー」と同じ年の、つまり一九五二年夏、山中湖畔の中野村に「農村調査」に赴いたとき、リーダーは私たちにこう指導した——「農民は、労働者を本能的に信頼する（階級的に同志だからだ）が、学生は信頼しない（階級的に敵だからだ）」——そこで私たちは学生である身分を隠して、つまり変装して村を歩きまわる、ということになったわけだ。右のリーダーの言葉の中で丸括弧にいれた部分は、今回補った。この辺の文章が前回曖昧だった。

もう一度、さて——一九五二年夏の富士山麓中野村調査の収穫は、サークル合演としてはまず、定村忠士作「村役場」一幕の上演となって表現された。

一種の計画魔である渡辺文雄は、自分が大学を出るまでに三つのことを実現したい、と言った。一つは都内各大学の演劇サークルの横の連絡機構である「大学演連」を作ること、もう一つは、東大に演劇科を作ること。さいごの一つは忘れた。

ともかく最初の一つは、渡辺や定村ほかの行動力によってたちまち実現した。演劇科のほうは、私たちの在学中には実現しなかった。今はどういう段階になっているのか知らない。あっという間に成立した「大学演連」の、最初の事業（だったと思う）の大学演劇コンクールに、合演は「村役場」で参加した。

私は公演の制作、つまりプロデューサー兼大道具だった。私は見かけによらず手先が不器用で、少年時代工作では怪我ばかりしていたし、大道具の製作に鋸や金槌を振るうことなど敬遠していたのだが、なあにやればできるさと遠藤利男あたりにおだてられて、なかば自棄っぱちで挑戦した。

これはまことにいい経験だった。不得手なことに体当たりして、なんとかなったときの快感は忘れがたいが、だからといって不器用が器用に変わるわけのものではなく、「村役場」の舞台装置が、私より器用な人間たち多くの参加を得たにもかかわらず、あまり結構なできでなかったのは、今も申しわけなく思っている。

遠藤には、社会主義エゴイズムってあるんだぜ、と言われたのである。自分ではさ、皆のために俺は汗出してやってるんだ、って思っていてもさ、それがエゴイズムになってる場合ってさ、あるんだよ。

なるほど、と思った。自分のどこがどうエゴなんだ、と反発あるいは納得する前に、ともかく人の言葉に従って見よう、と思った。どうだ、制作やってくれ、大道具叩く奴がいないがどうだ。いいよ、やって見るよ。わがままな私のサークル生活の中では、結構大事件だった。

「村役場」の筋は、要するに夏の調査の目的が「その村の階級関係を掴みだして当面の敵をあばく」というものだったから、その線に大筋では沿っていて、悪い村長の正体というか本質というか、最後には村人がそれをあばいて村長をやっつける、というものだったと思うのだが、違っていたら定村君、勘弁していただきたい。

「演劇は歴史の弁証法をもっとも良く表現する芸術の一つである」というオスノスとかいう人の言葉が流行ったのは、もうすこし後だったような気もするが、ともかく日本の現実に関する日本人民の闘争についての「当面の方針」なるものは、劇作法とも一致している、ということだったのではなかったかな。

悪徳村長を演ずる渡辺が大いに受けて、審査委員長中島健蔵先生（先生にはその後も大変にお世話になった）はこう言った。や、プロが出てきたぞ、という気がするんだよな、けど、あれだろう、千田是也のフォルスタッフ見たんだろう、似すぎてるぞ——つまりプロっぽすぎるのが欠点だ、というわけだ（当時千田是也演ずる「ウィンザーの陽気な女房」のフォルスタッフが評判だったのだ）。

その点、劇研の素人っぽさが爽やかである、という結論になって、東大代表は劇研になり、彼らは各大学の予選を勝ち抜いた代表校があつまる本選でも、早稲田・日大・明治など演劇名門校をやぶって見事に一位を獲得した。私どもは主に裏方で手伝った。

しかし、一位になった劇研の連中より巧いことは巧いと評されたのだから、われわれの鼻は低くなりようがなかった。本選の各大学の上演も、制作の立場上全部見たが、どうも自分たちが段違いにうまく思われ、野球は駄目でも芝居は俺たちがぶっちぎりのトップだ、と自惚れたのは私や渡辺だけではなかったはずだ。

芝居は滴(したた)ってなきゃいけない

「富士山麓」は、ふじたあさやと二人で書いて、まず一九五三年の五月祭に本郷で上演、つぎにあさやの属する早大の劇団自由舞台が大隈講堂で上演した。書きはじめたのは正月ぐらいだと思うが、最後の場面は稽古に間に合わないので、直接ガリ版の原紙に鉄筆で台詞を書いた。二人で構成を立てて、一、三幕をあさや、二、四幕を私が書いた。あさやは筆が速くて、私の第二幕が半分もできないうちに、もう三幕ができ上がってしまう。それに彼が書くと短い。私のは長い。でき上がってみると量だけでいえば五分の四ほどを私が書いた勘定になるので、割に合わないと文句を言ったものだが、実は、今回何十年振りかで読み返して見て、驚いた。劇の導入部分である一幕、短い繋ぎの場であるように見える三幕が、実にいいのだ。

私の担当した部分は、要するに理屈をコネる場である。二つの意見が対立して、激論して、秤の分銅は大きく一方に——主人公たちの不利に——傾くのが二幕であり、最終的に対立が深まり破局に達する——味方の敗北が決定的になる——かに見えるが、内容的には味方もまた、確実に力を増しつつある、という希望をふくんだ結末が、四幕である。

あさやと私の資質の違いは、当時からこんなに明らかだったのだな、と思った。私はその後も議論と理屈の芝居を書きつづけ、それを好む観客もまた多少は存在した時代があった。――むろん、いつの時代も圧倒的多数は「芝居に理屈はいらない」派である。保守政権以上にこの派の優位は動かない。揺らいだことさえない。

前に書いたことだが、宇野重吉さんに――お前な、芝居ってものはこう、自然に滴ってくるような所がなきゃいけねえ、お前のにはそれがねえ――と私は言われたことがあり、そのとき私は、ないところが私の取り柄です、などと答えたものだったが、まことに私の芝居は――というより私の好きな芝居には（結局自分の好きなように書くことしかできないものな、芝居は）風に吹きさらされて、乾ききった唇で絶叫しているようなところが、どうもあるようである。

あさやが大学一年の終わりに書いた「山麓」の部分を読んで、こいつは滴っていらあ、と私は感心してしまったのである。念のために言うが、私は滴る芝居――つまり、生きて息づいていて、しっとり色っぽく露気があるってことなんだろうなあ――を全否定しているわけでは、さらさらない。ときには、助平だから、そんな芝居を思うさま抱きしめてみたい、と思ったりもする。

当時の唯一の革命的党派某党の「新綱領」に忠実だから流行ったという労働組合向けアジプロ劇というものを私は見たことがないが、最後にインターナショナルが歌われてうわっと盛り上がった、という話は聞いたことがあった。

客席から怒号が飛んだ。がんばれっ、と言っているのだった。もう幕切れだ。舞台の役者たちはボロボロ涙を流している。こういうとき私は泣かない。すくなくとも感染しないように努める。とにかく芝居が終わったら、できるだけ早くすべてを撤去しなければならない。いわゆる舞台装置だけではない。つい今までここを劇場にしていたところの、幕やワイヤや柱などをことごとく撤去して、翌朝神聖な法学部の講義がなされる教室に戻さなくてはならない。まだ観客たちが立ち去らぬうちに、私はするすると柱に登って、ワイヤを外すなど、つまり劇場を消滅させ始めた。

あのときの熱気はなんだったのだろう、とときに私は考えることがあった。このあと私は、チェーホフに凝った。そしてブレヒトである。私は、情熱と興奮のクライマックスシーンといったようなものが、好きではない。だから、ということでは必ずしもあるまいが、こののち私は「富士山麓」初演の幕切れのような熱気と興奮に包まれたことはない。本当にずっと後になって、私はふと思うことがあった——あれは「大衆演劇」というものに似ていたかもしれない。——「大衆演劇」という言葉の定義その他は、いずれ書くことになるだろう。

劇作家になろうと決意

一九五三年の夏、軽井沢の河合家別荘を訪れたとき、私はすでに某党員であり、なんだかすでにかなりの闘争経歴があるような気分で、浅間の地震研究所問題というやつに取り組んでいた。これは本当に珍しく勝てた闘争のなかの一つだった。

へんな時代だった。このころの学生運動を総体として叙述するのは誰にもむずかしいに違いない。長く続いた大分派闘争が終わって、私の友人たちの多くが続々復党する。以前の活動が目ざましかった奴ほど復党が困難なようだった。その中にまじって自分がいつ中の人になったのか、覚えていない。日記などの記録もない。

ほとんど抵抗はなかった。普通はなぜ入党を希望するかについて、長い文章を書かなければならないのだ、と聞いたが、私はなにも書かなかった。文学部班の会議で理由を聞かれて、ええ……ひとりでなく、いっしょにやらなきゃ駄目だ、と思ったわけで、というようなことを僅かにボソボソと言って、まあ、いいだろう、ということになった。「富士山麓」という芝居をすでに書いていたことが、「自己を語って入党の決意におよぶ」文章の代わりと認められたのかもしれない。

私に「遠くまで行くんだ」(『真田風雲録』所収、三一書房、一九六三)という作があって、その中のフランス共産党に関する部分は、ほとんどそのころの私の経験の反映である。また、ずっと後年に『白樺の林に友が消えた』(冬芽社、一九八三)に、私は登場人物の一人に、こんなことを語らせている——

「六〇年代以降の学生運動の諸君は(中略)何かにつけてまとまって行動することが多いようだね(中略)だけど、われわれの場合は、ちがうことが多かった。ひとたび、当時われわれにとって唯一の政治党派であると思われたところの組織に属すると、となりの戦友が、今どんな闘争に取り組んで何をやっているのかまるでわからない場合もあった。上からの指令を受けると、たった一人、未知の山奥へでも谷あいにでも踏み込んで行く。峠二つ越えた向うの村には戦前からの同志がいるはずだ。彼と連絡をつけ彼と協力して――が、はずというだけだ。（後略）」

未知の山奥も、谷間もほとんど存在しないかのような昨今からすると、まことに隔世の感がある。叙述の足を速めなければならないし、先へ行こう。

私たちのサークル合演は、「きけわだつみの声」の構成・朗読をやったり、モスクワ芸術座の記録映画の上映会を企画して失敗（突然大使館の機嫌が変わったのだ）したりもしていたが、遠藤利男の指導で「桜の園」をエチュード形式で稽古したのが、私には大きな影響を与えた。

一幕の幕開き、エピホードフはドゥニャーシャに近づきたいが、ロバーヒンがいる。たとえばそこを、いかにして彼を越えて彼女にタッチするか、単純な身体的行動にして、まあ一種のゲームのごとく展開する。やがてヤーシャが割り込んでドゥニャーシャの取りっこになる。

エピホードフ役の私は、ヤーシャ役のX君より機敏さとスピードにおいて勝り、ドゥニャーシャ役のY嬢に早くタッチできたりする。エピホードフという人物にはそんな機敏さがないからこそ彼であり「二十二の不幸せ」であるのだから、こんなエチュードには意味がない、と結論するのは早い。エピホードフはおそらく一度も盗塁を試みたことのない走者ではないのだ。果敢に試みるがいつもスレスレのところで刺されてしまう「不幸せ」な男かもしれないではないか。

卒業間近いころ、渡辺文雄がまた突拍子もないことを言いだした。みんな、就職をやめて集団でどこかの劇団に入らないか？　おれたちならきっと、あっという間にその劇団を、実質的に乗っ取ることができるぜ。渡辺にはどうやら、すでに意中の劇団があるようでもあった。それならいいな、と身を乗り出したのは、しかし私ぐらいのものだった。皆芝居をやりたい、しかし皆あまりにも貧しく、まず就職をしなければならなかった。定村の場合は養わなければならない多くの弟妹がいたし、私自身にしたところが、首を長くして私の卒業・就職を待ちこがれ、親子二人の安定した生活を夢にまで見ている母がいる。自分だけのことではないのだ。それに、日本は朝鮮戦争のおかげで猛スピードで復興しはじめたとはいえ、まだ街は焼け跡だらけ、新劇の俳優志望の青年たちは肉体労働で食い扶持を稼いでいた。

あれが実現していたらどうなったかな、と考えることもあった。当時のわれわれに集団で乗り込まれた劇団のほうは、いい迷惑だったろう。左翼系の劇団には大政治には弱くとも小政治には熟達した方たちがおられたようだし、とても乗っ取りなどということは不可能だったに違いない。それにしても、それほど当時の私たちは生意気の塊だったのであり、私は現在も、教師や先輩の言うことなど聞こうともしない生意気な学生を見ると、ついつい寛大になってしまう。

ほとんど最後の集まりのことだ。池袋の岩崎隆次郎の家で、当時三國連太郎に似ていて彼よりいい男だ、とされていた宮原敏光（ＮＨＫ）が、実はおれ、結婚するんだよ、と、「富士山麓」でパンパンガールを演じた美貌の女性の名をあげ、えーッと皆そろって畳の上に引っくり返った。彼と彼女の間にできたお嬢さんの宮原芽映（えばえ）君は、今歌を歌ったり本を書いたり、近年私のミュージカルのほとんどで、作詞をしてくれたりしている。

色恋沙汰にふれたくないが、大学時代のはじめから恋人がいたとは前に書いた。まったく溺れて、凝って、他のことが何も存在しなくなってしまうような時期が、私にはずいぶん長かった。銀杏並木で女のことで流血の惨事、なんて恰好いいのではないかな、本学はじまって以来の不祥事かな、などと思ったりしたものだが、実際には誰とも争うことはなかった。

結局彼女も去って行き、多少ごたついて私は皆に迷惑をかけたが、要するに私が悪かったのだ。だいたい自由分散主義的傾向と指摘されていて不良党員だった。

芝居もやめ、就職することになった。いくつもの新聞や放送局を受けたが皆落ちて、結局東京タイムズ社に入った。社会部に配属され、すぐサツ（警察）回りに出されて、結構働いた。大新聞でないだけに、ここの生活は楽しいことが多かった。当時から競馬の記事には定評があったが、私はついに馬カンを持てないままだった。今も、競馬のことはほとんど知らない。ディック・フランシスを読むくらいである。街を歩いていて映画の看板が目に入っても、遠いことのように感じられた。友人たちの誘いで、たまに芝居は見た。岸田國士氏が亡くなられ、最後の演出の「どん底」を見に行くと、座席にひっそりと氏の写真が飾ってあった。

矢代静一氏の「壁画」も見た。主役の女優さんが色っぽくて素敵だということのほかはまるでわからなかったが、友人が脇腹をつついて、あそこに作者がいるぞ、と言った。色が白く度の強そうな眼鏡をかけた神経質そうな人だった。あれが新進劇作家か、と印象に残った。女優さんは渡辺美佐子さん（初舞台）だった。

社会部長が言う。おい鴻巣、きみ映画が好きだって？　女優は誰が好きだ？　はあ、八千草薫なんかいいですね。八千草？　ああ、ありゃ劇作家の矢代静一の恋人だろう。私は飛び上がるほど驚いた。——のちに私は「そのとき私は、よし、劇作家というものになってやる、と決意した」などと書いたことがあるか、まさかそれほどのことはない。が、かつて麻布の演劇部に入った大きな動機が、年に一度東洋英和女学校の講堂で公演するためだったように、私がついに惹かれて行く、いわば抗しがたい魅力の源には、いつも女性が関わっていたとは言えるかもしれない……。（終）

（同前11　一九九二年三月）

みんな、素敵な人だった（抄）

「みんな、素敵な人だった」
(『悲劇喜劇』早川書房、2006 年 7 月～ 2010 年 10 月)

《戯曲篇》

「長い墓標の列」

どうして芝居に入ったか、についてなら、まあ答えやすい。もののハズミ、という側面もある人が多いだろう。しかし、なぜ芝居を書くようになったか、と聞かれると、難しい。音楽や詩・小説は天才がないと無理だが、劇作家なら勉強次第、と聞いて、ことの当否は別として、それに勇気づけられた部分もある。——当否は別、と言ったが、今僕なりの説明を加えるなら、戯曲とは広義の〈詩〉の一分野と心得、そう願ってもいるけれど、なにぶんこの業界も結構広くて、と、とりあえず申し上げておくほかはあるまい。——が、そのころそんなことはわからない。

学生時代のサークルで、寄宿寮生活のスケッチを森本薫「みごとな女」辺にカブレた台詞で綴った一幕を提出したら、ドラマがない、と一蹴され、翌年夏の「農村調査」（混同されがちだが、文工隊や山村工作隊ではない）の経験から、調査に同行したふじたあさやと「富士山麓」を書いた。サークル内ではなお批判の声が高く、これでこののち芝居が書いていけようなどとは、とても思えなかった。（「ぼくの失敗　私の下町3」（テアトロ二〇〇〇年十一月号）に、当時の様子がかなり反映している）

それにしても当時、

「これからの芝居は、戯曲なんて、いらないんだよな」

と、しみじみ語ったのは、学生演劇のリーダー的存在だった早大の左近允洋(さこんじょうひろし)さんだ。スタニスラフスキー・システムの「身体的行動」「エチュード方式」が学生演劇サークルの先端部分を席捲しはじめていた。簡単な設定から始め、演技者はその設定の中で自分の感性で語り、動く。そのエチュードが繋ぎ合わせられれば、すなわち脚本である。

台詞はどうなるんだ、と僕は聞いた。かなりショックを受けていたことは言うまでもない。新宿駅構内の喫茶店だった。

それは、俳優の創造性しだいさ、とたぶん彼は答えた。そして、付け加えた。――だって、そのときその場でいちばん必要な言葉が、要するにいい台詞なんだから。

こんにち、スタニスラフスキー・システムはリアル専門の戯曲尊重派と単純にレッテルを貼られているごときだが、当時の印象が強烈な僕などには、まことに違和感がある。彼は、演技者の自発的創造性に、とことんこだわったんじゃないのか?

ただし、その線（脚本無用）の舞台の成功例を、僕は目にすることもなく、慌ただしく卒業して新聞記者の生活に入っていた。半世紀を隔てて見れば、皆それぞれの誤解を積み重ねていたのかもしれない。左近允さんも、僕も。

さて、仲間の批判がなお胸に重く溜まって、あまり思い出したくない「富士山麓」が、ぽつぽつ専門劇団で上演される機会があった。結局それが縁で、新聞社をやめ、大阪へ行った。

大阪時代は『日刊工業新聞』という業界紙の配達をしていた。早朝に東京から届く新聞を自転車の荷台にずっしり積み、タイヤのゴムチューブでしっかり縛る。北浜から南へ向かって、購読者（会社か事務所）のポストに新聞を入れて行く。高く積んだ新聞は重く、いったん傾きだしたら一人ではどうにもならない。強い風や雨の日などは、車が倒れ、チューブが弛んだら、悲惨だ。そんなとき、助けてくれるのは同じコースを回っている行商の類の人びとだった。学生やサラリーマンは駄目だ。マーク・トウェインも書いている、貧乏人を助けるのは貧乏人だけだ。

で、東京へ舞い戻って、芝居の裏方をしながら「長い墓標の列」を書き、竹内敏晴さんの全面的な助けを得て、「山本安英とぶどうの会」（以下、ぶどうの会）上演用の改稿を作った。竹内さんは「ドラマ」をどう掴むか、掴みだすかについて心を労し、分かりの悪い僕を倦まずたゆまず励まし続けてくれたのだと思う。そのころ、新日本文学発表稿を、早大劇研が大隈講堂で、六時間かけて上演してくれた。そのとき初めて朝倉摂さんに会った。まるで少年のような、可愛く美しい人だった。

ぶどうの会公演は実現し、大阪公演もあったが、劇作家というものになれた気は、まったくしなかった。『日本昔話集成』（関敬吾）からネタを探した浅薄なラジオドラマの台本を書き、木下順二師匠にこっぴどく叱責された。山本安英さんは「トラオオカミなんて獣が、ほんとにいるんですかねえ」と、木下民話劇の造語を、とは知らずにそのまま無断使用した迂闊を指摘されたが、放送に主演してくださり、このネタは後にバレー台本になったりした。——が、芝居がわかった、とか、これからどんどん書ける、という気分からは遠く、これからどうしたらいいか、むしろ途方に暮れていた。

そのころ、オペラ「夕鶴」の全国ツアーの舞台監督だった。北海道の旅だったと思う。前の舞監だった荻野隆史郎さんの推薦で、劇団民芸の水品研究所の生徒が三人、スタッフに入って来た。まあ俳優のアルバイトだが、経験もあるし、大丈夫だから、という荻野さんの言葉どおり、裏の仕事をこなす手つきは、なかなか要領がよく、達者なくらいだった。

その彼等が、移動の列車の中で、ふいに言う。

「あの、ぼくら、劇団作ろうと思ってるんですけど」

三人の名前は岡村春彦に内藤勲、そして米倉斉加年だった。

（「みんな、素敵な人だった」5　そして芝居を書きはじめた①、二〇〇六年十一月）

「長い墓標の列」ぶどうの会上演（一九五八）について、当時江藤淳さんが書いた劇評に、こんな意味のことがあった。

作者の意図に反して、か、にもかかわらず、か、ともかく主役のヒロイックな山名教授（河合栄治郎教授がモデル）よりも、師である彼を裏切る悪役のリアリスト城崎助教授のほうが魅力的なのは、いかにも皮肉なことだ、うんぬん。江藤さんはおそらく劇を善悪の争闘と見る西欧正統の伝統に、当然、この作者も立とうとしているものと思われたのだろう。

が、作者の僕は、そのようには立っていなかった。立つことができなかった、といったほうがいいだろう。むしろ自覚的意図的に対立者の役に身を入れて書いた部分もある。さきに述べた〈書きためたセリフ〉のメモの一つ、たとえば――

「破られなかった誓いって、あっただろうか?」は「誓いは死んでも守る、それが人間だ」と言い募る主人公に対して（師弟決裂の場面に）変形して使用した。こう書いてみると、いかにも失恋のせりふだが、まあ、いいだろう。当時の用語で「否定的形象」のほうに親身になる傾向は、その後も結構一貫している。

〈身につまされる〉ことは、芝居の魅力の重要な部分で、でなければ〈突き放す〉こともできはしまい。で、それは他人の〈身になる〉ことが基本だろう。すると、対立葛藤する双方に〈身を入れる〉というのは、なんというか、因果なことだ。（何年か後「オッペケペ」という作で、僕は幼稚ながらも、この辺のことに向き合おうとした場面がある）

言うまでもないことだが、わが国の近・現代演劇は、ほぼ西欧文化の文脈のただなかにある。原爆が落ちるまで続いた世界戦争の後、欧米には次々と名作が生まれた。識者は言う、なぜわが国には生まれないか。伝統がない、あるいは弱いからだ。では、われらは世界の伝統をわが伝統と心得るしかないのではないか。そんな声が当時は高く語られていた、と思う。

「長い墓標の列」については、大学内の争いなどしょせんコップの中の嵐にすぎない、という類の、あまりに予想通りで苦笑してしまった紋切り型の評価もあり、上演劇団も分裂の兆しがいよいよ強く（だって「この芝居の切符は売らないほうが正しい」って中堅俳優までいたんだから）、作者の意気の上がろうはずもない。当然次作の目当てもなく、オペラの裏方と学校放送の台本等の仕事に戻っていた。

放送局の演出家には「木下さんの台詞は立っとる。君のはベタッと寝とる」とか、よく言わわれたなあ。原稿を拡げて目の高さに平行に持ち上げて見て、オレの、寝ているのかなあ、おい、とつぶやいたりしたのは、ま、クサッていたのですな。

北海道の列車の中に戻る。オペラ「夕鶴」の旅公演だった。

「なんだって、劇団を作る?」

びっくりした。なぜって、ちょうどそのころ、俳優の養成所なり学校なりを出た卵たちは、既成の劇団のどれかを受験し、それぞれ所属していくのが常だった。春に大学の新卒生が会社に就職して行くように。――平和は結構だが、なんで今どきの若い連中、自前で事を起こそうという根性がないんだろう、と思っていた。

だから、すぐには信じられない。そんなこと言ったたって、大変だぞ、と、むしろ水を掛けた。

「ぼくらね、宮本研さんの『反応工程』やりたいんです。それと、福田さんの『長い墓標』」

口を切ったのは、よく見ると端正な二枚目の岡村春彦さんだった気がするが、花王石鹸型の顔の中央部が凹んだ米倉斉加年さんは、奥に引っ込んだ唇を懸命に突き出すようにして、熱弁をふるっていた。

それでも、つぎに会ったのは、いわゆる六〇年安保のデモの中だった。

(同前6　そして芝居を書きはじめた②、二〇〇六年十二月)

「記録No.1」

出かけなきゃ、という気が、なぜか強くした。で、出かけた。つまりそれだけの話だった、という気がする。

その日の、寝坊の僕だからかなり遅い朝、一九六〇年五月二十日の新聞を、駒込の四畳半のアパートで拡げて、何のかのと考える前に、まず靴を履いていた。が、どこへ行けばいいのか、当てがあるわけではなかった。

新聞の第一面が伝える記事は、前夜十九日深夜の国会会期延長、そして十分後の安保条約特別委決議、衆院本会議の承認決議にいたる、政府与党が数を頼む「強行採決」――そののち年中行事と化して〈常識の範囲内〉となった事どもの「事はじめ」だったと言っていいだろう。

なぜそんなことが当時ショックだったのか。ばかだなあ、と笑われて当然だが、そのときは、大切な原則が踏み破られた、という気がしたのだ。戦後の、おそらく圧倒的多数にとって貧しく苦しかった日々の、あたかも代償のように思われないでもなかった何かが、今無価値のもののようにポイと捨てられるのを見る憂鬱。まあ、そりゃやっぱ愚痴だぜ、と言いたい僕も、僕のなかにいるけれども。

当時の僕は、とっくにどんな組織にも属していなかったし、出入りしていた劇団と言えばぶどうの会だったが、そこにこの種の焦燥あるいは軽薄を受け止めてくれる相手がいるとは思えなかった。とりあえず、都電で田村町の交差点へ行った。国会は目と鼻の先である。

想像を超えた人々の波があった。顔見知りを見いだすのに、あまり時間はかからなかったと思う。デモの列からひょいと抜け出て来た男が、文化関係ならいまあの辺だろう、と指して、すぐ戻って行った。どこの、どういう知り合いだったたか、覚えていない。この日ふらふらと迷い出て来たおそらく無数の同類の、彼もその一人だったのだろう。やがて、人の渦の向こうに、映演総連の旗が見えた。

新劇人会議の準備会とでもいうべき会合に僕はそのまま参加、情宣部という役どころで慌ただしい日を送り、その間「彦市ばなし」(新宿第一劇場。木下順二先生は「安保批判の会」の中心的存在で超多忙のなかを、稽古にも出席された。殿様役の守田勘弥さんが飄々とした風格だった)の稽古が終わるとすぐデモに飛んで行くなどのうちに、六月十五日が来た。

『歴史への証言——六・一五ドキュメント』(著者代表海野普吉、日本評論新社、昭和三五年七月刊、以下略称『証言』)は、僕の目撃した国会第二通用門前付近における「維新行動隊」と称する右翼の「安保批判の会」デモ隊列に対する襲撃事件について、当時の状況をよく伝えている。興味のある方は図書館等で同書に当たってくださるといい。日本演出者協会編集『戦後新劇——演出者の仕事②』に、菅孝行さん(当時俳優座養成所十二期)との対談で、多少触れている。

その日は、デモ行進の隊列に、とにかく一般の人々の参加をできるだけ呼びかけよう、ついては恐怖心を抱かせないように蛇行(ジグザグ)デモは禁止、関根弘作詞・林光曲の「立ち上がれ」などの歌を主体に、明るく楽しく、という方針。情宣部の僕の仕事は、沿道の人々に呼びかける言葉たちの原稿を、状況に応じ即席で作ってマイクを握る女優さんたちに提供すること。そのとき新制作座提供の宣伝トラックの上にいたウグイス嬢たちは俳優座養成所の十期・十一期というまだ卵たちばかり――今演出家でもある東京演劇アンサンブルの志賀沢子さんもいたような気がする。

呼びかけに応じて行進に加わる人々を、宣伝トラックの前に入れる。日比谷公園を出発したとき零に近かった自由参加の人々は、面白いように増えた。子連れの主婦とか、どの組織にも無縁とおぼしい人々が、国会正門付近では二百五十名に達した――と『証言』は伝える。襲撃する側にとっては、相手のもっとも弱い部分である。

実のところ、襲撃はまったく予想していなかった。行進は遅々としか進まなかったから、第二通用門前の広場の平河町方面に「維新行動隊」の旗と黒服の男たちは目についたものの、一握りの数だし、まさか、と思っていた。いきなり振り回される旗竿がトラックの荷台に叩きつけられて、あわてて身を伏せた。鶯たちは悲鳴をあげた。

『証言』の記録によれば襲撃は四次にわたったようだが、印象では山が二度あった。詳細は省略する。右翼の男たちは一般参加や若い女優たちが目立つ劇団関係の部分を襲撃し、一方的に殴打される人々が逃げ場を求めて国会の低い鉄柵を越えて構内に転げ落ち、何人かはその内部の有刺鉄線（肩の高さ）もよじ登って内部の警官たちに助けを求めた――それに警官たちがまったく応じなかったことが、人々の憤激を呼んだ。

以上の描写でも、隔世の感があると思われた向きは多かろう。そう、鉄柵も低かったし、殴打され出血した人々が構内に入ることも出来た。言い換えれば、内部の警官隊も、国会警護の任務に反しない範囲で、足元の怪我人を救護することは十分に可能だったし、眼前の暴行を止めるために、一部の人数を割いて外に送ることも容易だったはずだ。数百人の鉄カブトの機動隊のうち、たとえ十人でも制止に動けば、流血は大幅に軽減し得たと僕は思うが、彼らは動かず、暴行は続いた。

学生時代の多少の経験では、こんな場合まず隊列の女性を中に入れ男性が外側に、旗竿を横にスクラムを固めるしかなかった。そのように指示を叫んだのは当然僕だけではなかったはずだが、混乱のなかで、見事に適切に行動したのが青芸（劇団青年芸術劇場）の諸君だった。岡村春彦さん米倉斉加年さんたちの作った劇団である。総勢二十人、青いネッカチーフを翻して機敏に行動する彼らだけが、あのとき頼りだった――という強い印象の記憶がある。

国会構内の警官隊が動かなかったのは、命令に忠実だったからで、それは正しい、という意見がある。僕のこれまた僅かな新聞記者のサツ回りの経験でも、警察官の服務規程についての知識はある。『証言』巻末資料から引用すれば「急訴に接したときは、勤務の当否、管轄の内外にかかわらず、迅速、機宜の措置をとらなければならない」ので、眼前に展開する惨状に、彼等が眉も動かさないように見えたのは、いかにも異常かつ奇怪な光景だった。

宣伝トラックの上に、男は僕一人で、マイクを握るほかはない。僕が警官隊に呼びかけ、ついに罵倒しはじめたのは理解していただけるだろう。君達はそれでも人間ですか、と口走っていた記憶がある。――後になって、この時のことを書いた文章が、木下順二先生に、あんな非常状態のさなかにそんな観念的な言葉を吐けるものか、リアリティがない、と評され、でも本当だったんだからしかたありません、と答えた。――さらにずっと後年になって、萬屋錦之介さんの連続テレビ「破れ傘刀舟」が、毎回のクライマックスで「てめえら人間じゃねえっ」と口走るのに接して、ほら、まんざら観念的でもなかったじゃないか、と――これはやはり余談だ。

警官たちをしてそのとき服務規定や人情等を超えてまったく動かなくさせた命令の内容は何か。ただ「動くな」の類だったとするのは不自然だ。日本人の体質等に帰するのも違うだろう。――おそらくそれは「これは戦争なんだ」という命令的教示を含むものではなかったのか。

デモ隊はわが国の侵略を狙う国際共産主義の手先であり、敵の味方はすなわち敵、結果的に敵を利するものはすべて敵、という思考形式は、むろん当時の彼等にかぎったものではない。ひとたび「戦争」となれば、日中戦争の大陸で、村の女子どもも便衣隊に見え、ベトナムでは誰もが「ベトコン（武装共産ゲリラに対する南ベトナム政府およびアメリカ側からの蔑称）に見えた」と、帰還した兵士たちは語る。そのようにあのとき、鉄カブトの人びとには、すべてが見えはじめていたのか。

被害を受けた劇団人、ことに女優たちは、口々に警官は助けてくれると思った、と語った。だから哀訴し泣訴した。しかし彼等にとって彼女たちも「敵」だった。「戦争」モードに入っていたのだから、おそらく。

その夜にかけて、女子学生の死をふくむさまざまの惨事が起きた。深夜、教授や研究者の少数のグループに「みなごろしだ」と叫んで警官隊が襲いかかった。重傷を負った級友の一人は、被害届の提出も拒否、沈黙の砦に閉じこもった。

より若い世代（学生など）からの批判もあった。警官たちに「助けて」なんて、ほんとナンセンスですよね、ぼくらそんな擬制を見抜いてるところから出発してるから、はじめっから、うんぬん。

そうかもしれない。それを理解することができる。でも「哀訴」「泣訴」した人たちをあざ笑う気にはならない。今も、なれない。

その後、トラックには乗らなかった。劇団青芸の諸君と行動を共にすることが多くなった。まだ二十代だったし、蛇行デモで周囲を挑発したりしたが、乗ってくれたのは三期会のち東京演劇アンサンブルの諸君だけだったような記憶がある。

青芸諸君の感性は、今のべた「若い世代」のそれに通じるところがあり、それが驚きでも新鮮でもあり、刺激になった。僕は彼等の第一回公演「和泉屋染物店」「海の勇者」の稽古場に顔を出し口も出し、まあオマケとして「記録No.1」というシュプレヒコール劇を書き、観世榮夫さんをまきこんで演出してもらい、二人で特別劇団員になった。

「記録No.1」は原則として劇団員が自分自身を演じ、彼等自身の劇団作りから安保デモへの参加討論等を軸にした構成劇で、方法としては、一人だけの意見は一人が、複数が一致の意見は複数によって、全員一致は全員の同時発声によって表現する、という程度のものだが、後の「群読」につながる芽は、あるいはあったかもしれない。

「記録No.2」はなかった。かわりに林光さんの示唆による「遠くまで行くんだ」を僕は書き、榮夫さんが演出して、第二回公演となった。

（同前7　そして芝居を書きはじめた③、二〇〇七年一月）

「遠くまで行くんだ」

僕の芝居は、セリフを書き溜めることから始める。一度書いた台詞についこだわってしまう、などの弊害はあるかもしれない。僕の芝居の欠陥、不出来、失敗等々、すべてそこに一貫して繋がっているのかも。だが、どうもこれしかできなかった。

芝居書きにもいろいろあるが、自分の言いたいことを言うことに急で、そのために芝居のまとまり等々を犠牲にしてしまうタイプがあり、それが典型的に君だよ、と言ったのは小田島雄志さんだった。

本人の意識はちょっと違うので、僕は面白い芝居を書きたくないわけじゃない。自分の言いたいことを表現するのに徹するほうが、たぶん要領よくまとまった芝居より、もっと面白いのじゃないか、と、多年思って来ただけのことだ。つまり、そういう芝居のほうが、僕は基本的に好きなのだ。むろん大いに反省もしているし、そいつが独りよがりだってことさ、という声も自分の中で聞こえないわけではない。この病根はかなり深い。

「遠くまで行くんだ」(一九六一年五月、青年芸術劇場初演、俳優座劇場。活字初出『新日本文学』同年七月号。作品集『真田風雲録』三一書房、一九六三)に戻る。そのころ書き溜めていた台詞とは、それに拠って書いたと記憶する台詞を紹介するほかに道がないのだが、たとえば次のようなものだ。

「大工がのみやかんなを自分の手先のようにっていうがね、そのときは、その道具でしかものを感じられなくなってるんだよ。世界にかんなを通じてしか触れることができない——」「手袋をはめているのを忘れるとき、指の間をグラスがすべり落ちる——慣れちゃいけないんだ、ぴったりあった手袋に」

これは「コミュニズムもやはり大きな道具なのさ、おれにとって。使いでのある道具なんだ」という古参党員ジェラールが、近くアルジェリア戦争(当時なお継続中)に行かなければならないフランス軍兵士のジャン(若い党員)に語る言葉。作品集の解説で林光さんが指摘しているように、むろん彼は「党」についてだけ語っているのではない。

対するジャンの台詞は、戯曲を書くときに自然に出て来たのだろう。

「きっと、ぼくの手袋は野球のグローブのように大きいんだ——はめたままで恋を語れといわれても、出来そうもない——」

ずっと後にミュージカルについての対談で知り合った竹田青嗣さんの『自分を知るための哲学入門』(ちくま学芸文庫、一九九〇)に、こんな箇所がある。

「思想とは本来、なにか隠された奥深く高尚な真理を告げるものではなく、人間どうしの相互了解の可能性を押し広げるためのひとつの技術にすぎない」——当然、僕が誤解して我が田に水を引いている可能性は否定できない。

ジャンは岡村春彦さん、ジェラールは高橋征郎さん、再演では僕が演じた。高橋さんが悪かったわけじゃない。彼はより重要な役にまわった。ついでに、自作の舞台出演歴はこの作だけだ。初演では兵士Aだった。

青年芸術劇場（以下、略称青芸）は、劇団民芸の水品俳優養成所の三期生二十人が、劇団の採用試験を受験しないで結成した。民芸の人々がすべて好意的であったわけではない。それでも公演の初日（たぶん）、滝沢修さんが俳優座劇場の切符窓口へやって来て、よく響く声をあたりに轟かせた。

「あの、劇団青年芸術劇場の切符を一枚」

エールを送って下さったわけである。

公演は成功だった。楽日には、舞台袖から覗くと立ち見の御見物衆のなかに入江洋佑さん（東京演劇アンサンブル代表・当時）の顔も見えて「映画スターも来たぞ」と、盛り上がった。そのころ洋佑さんは大映の青春映画で人気だった。

小沢栄太郎さんも来た。

「あの下手くそさは、ただならない」

と（むろん非難の意味で）何かに書かれたと聞いて、よし、うちの機関紙にも書いてもらおう、と、当時青芸の印刷物にはだいたい僕が責任を持っていたので、早速連絡した。小沢さんはびっくりしたようだったが、その貶した文章の転載を許可してくれた。われわれの機関紙のその号の

同じ頁には、大島渚さんの文章も載っていて、

「芸術は長いかもしれないが、人生だって結構短くはない」

という一句が印象に残った。そんな記憶がある。

小沢さんの言葉も、大島監督のも、その後よく思い出して、考え込むことがあった。——下手よりはうまいほうがいい。が、時に〈ただならない〉下手くそさでなければ語れないこともあり、また人生は、あっという間の〈長さ〉でもありはしないか、などと。


芝居の反響が文芸誌などにも伸びて行くので、その点はいい気分だったが、うんざりするようなことも増えた。芝居の主人公たちはアルジェリア戦争に赴くことを拒否、脱走する。当時のフランス共産党はその行為を認めなかった。この芝居に対して日本のその筋から非難があったのは、当然だ。しかしうんざりしたのは、——たとえばある学校に呼ばれて話をしに行くと、生徒がすっくと立ち、あなたは何故、このような反動的な芝居を書いたか、と質問する。話を聞いているうちに、わかった。僕は聞いた、あなた、僕の芝居を見たんですか、それとも、読んだ？——彼は首を振った。ただ彼の信頼する政党の機関紙の評論だけに基づいて、僕を攻撃したのである。

岸田戯曲賞の季節が来て、なぜかその年はほかに候補がなかったような気がする。「遠くまで」だけが対象となり、かつ落選した。それはいい。そんな時期だったから、反対が多いにきまっていると思っていた。

落選理由が、これは原作があるから脚色であって作ではない、というものだった。——それに僕が怒った、というのは正確ではない。なぜならたとえば映画『座頭市』シリーズは、子母沢寛氏の掌編で初めて座頭の市の名が登場するゆえに、今日にいたる全シリーズに原作者として氏の名を冠しなければならないという。力関係とか、この問題、幅が広い。

六〇年の秋に、林光さんが『祖国に反逆する』（淡徳三郎編著、三一新書）という本を読め、と持ってきた。帯には「フランスで即日発禁の書」とある。モーリエンヌというおそらく匿名の「脱走兵」という小説（となっているが事実の記録らしい。出版社は原稿を郵便で受け取ったという）の翻訳がほぼ内容の半分、あとは淡氏の主にアルジェリア戦争に関する解説と、実際の脱走兵たちのインタビュー等の資料である。

三人の主人公、党員とキリスト者とノンポリ学生それぞれの名もそのまま採ったし、この書物なくしてはスタートできなかった。はじめは素直に脚色のつもりだったのだ。それが、原作にない要素がどんどん拡がった。

その一つの軸は、大学の先輩鈴木道彦さん（プルースト『失われた時を求めて』の訳者）のパリの経験と、アルジェリア人の書簡（このときまだ僕はパリを知らなかった）で、鈴木さんは作中の日本人イトウになり、アルジェリア人のマームッドやヤケールが登場した。もう一つは僕自身の、むろん日本の体験である。——結果として〈その筋〉を激怒させたのは、むしろこっちの部分だったようだ。「脱走兵」には党の細胞あるいは班会議の場面はない。

当時のわれわれに、上演前から結果が予測できたわけはないが、『祖国に反逆する』の脚色と名乗るのは躊躇した。淡さんは当時高名な平和運動家である。こっちはまあ見事に無名だし、彼の名に頼りたくない、とかの気持ちも（意見も）あった。「脱走兵」のモーリエンヌ氏には前記の事情で連絡のとりようがない。現在の僕なら別の判断があり得たかもしれない、とは言える。

つまり、岸田賞選考委員会の決定に、異を唱えるつもりはなかった。しかたない、と思っていた。が、委員諸先生のコメントを読むと、お一人を除いて、どなたも「原作」を読んでいらっしゃらない。ああ、またしても。

やっぱりなあ、これだけのものがいきなり出てくるわけないと思ってたよ、原作があるのかあ、という嘆声のような評価は、むしろ好意的というべきなのだろうか。海の向こうの人に半分やるわけにもいかないし、というのもあった。

要は、Hさんという戦前からの高名な劇作家に、判断を一任されたようなのだ。そのHさんだけが原作を読み、ストーリーを紹介する文章を書いていられる。

仰天したのだが、そこには主人公は「三人の共産党員」とあった。原作とも戯曲とも、話が違うのだ！

（同前8「遠くまで行くんだ事件」①、二〇〇七年三月）

事実は、三人の主人公の一人が党員、一人がキリスト者、一人がノンポリ学生であることがミソの話である。これはいくらなんでもひどくはないか、と僕はひそかに激怒して、かつ決意した、こののち、同賞受賞の話がもしあっても、選考委員が同じである以上は拒否しよう、と。まあ、自分一人の胸に固く秘めていればよかったのだが、根がオッチョコチョイで、放送関係の季刊誌に、その決意を書いてしまった。後にひけなくなってしまったことになる。

そして、ずっと時間は飛んで、十年も過ぎたころ、当時の駒場の家に、テレビ局の方が用事で尋ねて見えて、名刺をいただいたら、あのH委員と同じ姓だった。珍しいご名字ですね、と申し上げたら、果してご子息だった。

さまざまな話のあとに、僕は「遠くまで行くんだ」の思い出を話した。十分時間も経っているし、いいだろう、と思ったのだ。そのくらい、Hさんのご子息が誠実に感じられた、といってもいい。

ご子息の顔色が変わった。私は父を尊敬している、父は一度たりとも、お話のような不誠実をしたことはない、ありえない、と真剣に語られ、僕は自分が恥ずかしい人間のような気持ちに誘われた。

その晩、沈痛な声音で電話がかかって来た。父に話したところ、顔色を変えました、そうか、彼はやはり傷ついていたのか、と申しました。あれ（「遠くまで」）を落とさなければならない、そんなことが、一度だけあったそうです。いずれ手紙を書くそうです。

やがて、Hさんから毛筆の書簡が届いた。引っ越しの折りなども、大切な手紙だからと大事にしまいこんで、今も見つからない。が、そのうちきっと出てくるだろう。事柄そのものはご子息が健在のはずだから、ある程度証明できるだろう。

書簡の内容は、主として「その後私は、思想的立場を同じくする文学賞の類にしか、関係しないことにしている」というもので、Hさんの誠意そのものを疑いようはなかった。

では何故「主人公は三人の党員」のような、あり得そうもない間違いが生じたのだろうか？ Hさんはその後間もなく、七〇年代の中頃に亡くなられた。今となっては確かめる術もないが、今だからこそ、いちおうの推理と解釈はくだせそうに思う。

（同前9「遠くまで行くんだ」事件②、二〇〇七年四月）

Hさんは、おそらく当時、ある政党に属していられたか、あるいは浅からぬ関係にあられたのだと思う。その政党は、強い影響力を、諸方面に——文化関係に特に、と言い得るかどうか、僕にはわからないが——戦後のある時期まで、芸術関係の集団や個人に、強い影響力を持った政党は、ほかにはなかった、ということはできるだろう。（今日も存在するそれは、当時とまるで違うと僕は思うから、誤解を避けるため拙作をふくめて文芸作品に例の多い「前衛党」の呼称を、必要に応じて使用する）

新劇はアカだ、と言われた時期がある。しかし、その影響はこんにちしばしば誇大に評価されすぎてはいないか。大多数の新劇団がその影響下にいたわけではなく、一糸みだれずその統制下にあった、などということはない。

六〇年六月十五日、その日安保デモに参加したすべての人びとが、幼児の手をひいた主婦たちも含めて危険分子ということは、当時当然あり得ないと判断するのがむしろ常識だろう。しかし、警備出動の機動隊の側には、例の〈敵を利するものはすべて敵〉という思考パターンが作動して、人格はしっかり〈戦争〉モードに切り替わっていたのではないか。それが半世紀を隔てた今日からはことに、容易に指摘できるように思うのだが、当然その思考パターンはそちら側ばかりのことではない。

話を拡げすぎると事が曖昧化する危険がある。暗黒の中世における教権支配のごとく、前衛党の文化方針は新劇団を支配していた、という理解は、誤解だ。——が、一部において、目前の政治目標（選挙等）のために文化芸術関係の集団に対して「大衆団体の引き回し」と呼ばれるような事態があったこともまた、事実である。

僕は、学生時代のわずかな時期しか、その組織の内部を知らないし、新劇関係の組織ではどうだったか、まったく知らない。ただ、党の機関紙で公に批難され、にもかかわらず評価を得つつあった「遠くまで行くんだ」が、文化関係のどこぞの細胞会議（あるいはその下部の班会議）で、話題に——もしくは、若手の演劇人の一部に見られる危険な傾向、として議題になったのではないか、と思う。

戦前からの名ある演劇人Hさんが誠実な人柄であることは、疑う余地がない。彼は自分の誠実を賭けて前衛党に同伴していたのだと思う。

「遠くまで行くんだ」の、主人公の一人ジャン（友人に「世界で一番信頼できるジャン」と言われている）の「入党シーン」。不器用なジャンは入党の決意の理由を同志に問われて「要するに——いっしょにたたかわなきゃ、って思ったんです」と答える。

ずっと時間が飛んで、「ぼくの失敗――私の下町3」の冒頭近く、主人公甲野泰治の夢あるいは幻想で、過去の「入党シーン」がある。双方がよく似ているのは、僕の体験に基づいているからで、フランスのことを僕は知らない。

おっちょこちょいの僕と、友人に「世界で一番信頼」されているジャンとは、まるで比較にならないが、しかし誠実なHさんは――これは、まったく僕の空想だが――ジャンにことに身を寄せて拙作を読まれたのではないだろうか？

「遠くまで」の細胞会議のシーンには、ジャンの恋人エーヴを含めて五人の党員が登場するが、ジャンの主要な葛藤（この場合党の「レーニン主義的原則」に忠実に、兵士としてアルジェリア戦争に赴くか、それを拒否するか）について政治的に深く関わるのは二人で、ここからHさんの「主人公は三人の党員」発言が出て来たのかもしれない。

Hさんはどれだけか党の意向を背負って、岸田賞の選考委員会に出席されたのだろう。かなり老齢の方もいられた筈のその選考会の雰囲気は、想像もできないが、判断はHさん一人に委ねられた。他の委員の事情も、推理のしようがないが「やっぱりなあ、こんなのがいきなり出てくるわけないと思ったよ」というある委員の発言は、案外、リベラリストの皮肉という側面を持っていたのかもしれない。

実は僕は、Hさんからのお手紙に、その時の〈その筋〉の意向なり要望なりが、具体的にどのようなものだったかをどれほどか明かして下さるのではないか、と期待していたのだが、そこにはまったく触れていられなかった。ただ〈その後自分は思想的立場を共にする文芸賞の類にのみ協力することにした〉という箇所に、力点がかかっているように感じられた。

そのときは不満だったが、今は、このほかにはありようのない誠実なお答えだったのだろう、と思う。Hさんは、拙作の中の量的には大きくはない細胞会議シーンや党員同志の対話に強く関心を持たれ、そのためにその部分こそが主筋であるという印象を抱かれてしまったのではないか。それもHさんの誠実の一つの表現だし、誤読もやはり一つの読み方なのだ、と今は思わないわけに行かない。

Hさんの葬儀に行き、ご子息と目が合った。――それだけの話だが、そんな話を、すこし後に宇野重吉さんに話したら、

「ふん、いい話じゃないか」

と言った。

宇野さんも、前衛党に複雑な記憶があるらしかったが、聞く気にはならなかった。

「遠くまで行くんだ」の再演は、大隈講堂で一度、あと一橋講堂だったと思う。出演者としての僕は、ほかの仕事で開演三十分前に一橋のボイラー室のような楽屋に飛び込むようなことがあり、そんなとき本気になって怒るのは米倉（斉加年）君だった。青芸は、自主独立を旨としていたぶん、マナーにはきびしかった。大隈のときは、風邪を引きやすい僕は、高熱を出していた。――で、この後、集中力と健康の持続を必要とする舞台には、立たないことにした。

（同前10「遠くまで」と「真田風雲録」前後、二〇〇七年五月）

「真田風雲録」

六一年に、僕の知るかぎり大阪労演の発議で、俳優座系スタジオ劇団の合同公演、演出は千田是也さんという企画が、舞い込んで来た。

大阪労演は、今ほとんど演劇鑑賞会（演鑑）という名になってしまった勤労者観客組織の草分けである。岡田のオバチャンこと文江女史を中心に、尾崎信さんたち僕よりは多少年長の青年たちが頑張っていて、その頃京阪神で一月以上の公演が打てる実力だったはずだ。

僕にとっては、自分を芝居の世界に引き戻す決定的要素になった「富士山麓」の関西新劇合同公演を成立させたのが大阪労演だし、大阪暮らしの間、よく芝居を見ていたが、大概は岡田女史に見せていただいたのである。――なんのかのと理屈を言える場合ではなかった。喜んで脚本執筆を引き受けた。「真田風雲録」（一九六二）である。

子どもの時から猿飛佐助が好きだった。忍術に憧れた。彼や霧隠才蔵たちがなぜ徳川家康を仕留めてしまわなかったのか、残念だった。この題材は六〇年のうちに三十分のラジオドラマ（JOKR）に書いて、青芸のメンバーが出演した。

最初の作品集『真田風雲録』の解説で林光さんが書いているように（この「解説」は、これまで僕について書かれた最上の文章だと今も思う）「安保闘争は大阪夏の陣にタイムトラベルを敢行」というところが、このラジオドラマにも確かにあったので、前作「遠くまで行くんだ」で攻撃を受けた記憶と緊張感も生々しい頃のこと、きっとこいつはボツになるだろうなあ、と半ば以上覚悟しながら、お腹の大きい家内のそばで寝そべって、それでも自分のギャグに自分でクックツ笑ったりしながら、書いた。

徳川を攻めるのでなく豊臣を守る、という大阪城幹部の一人、大野道犬が、暴走した真田隊の行動を難詰して、

「敵を利するものは、つまりは敵。味方のなかの敵なんだ――敵だっ」

と、急速にエスカレートして行くあたりの感情的論理あるいは習慣は、今日も定番的に見受ける風景だろう。

金井さんの指令で、書き上がった原稿を持って千田先生に会いに行った。先生が読み終わって、いいじゃないか、と言ってくれたときが、すなわち僕が劇作家らしきものとして出発できた瞬間だったかも、と今も思う。

発注元の大阪労演の幹事会では、大変だったようだ。結局、千田演出による修正を期待して、という条件でＯＫになった。が、千田さんは修正しなかった。

新聞評が芳しくなかったことは覚えている。反体制の既成政党筋から「未来への展望を欠き、かつ体制側をよろこばせる作品」とお墨付きがあったようで（前記、林光さんの「解説」）、この影響は実に長年月続いた。

が、ご見物衆は喜んで下さった。当時は時代劇の武者が「南蛮渡来の楽器、ぎたある」を抱えて登場するだけで爆笑という、まあ有り難い時代だったのだ。出演者たちも面白かったようで、京都公演中、渡辺美佐子さんから、

「うちの劇団（新人会）に書いてくれない？」

と言われて——輝くように美しい美佐子さんに頼まれて、断る選択肢が、あろうはずもなく、次の「オッペケペ」（一九六三）につながる。

「真田風雲録」は、岸田賞で問題にもならなかった。何かの雑誌で「年間ベストテン」の次点（つまり十一位）だったと覚えている。

（同前「遠くまで行くんだ」事件②、二〇〇七年四月）

一九五〇年代の終わりから六〇年代の始めごろにかけてのそのころ、NHKラジオの学校放送の台本を書く「作家」の仲間に、井上ひさしさんも僕も属していた。彼はなお本名の廈（ひさし）さん。ふじたあさやさんは、学生時代からストレートに放送作家の仕事に入っていたから、この道では先輩だ。

ある夕刻、テレビ（仕事の必要上、あちこちに迷惑をかけて無理算段で買ったのだ）から、あの歌詞が流れて来た。

「泣くのはいやだ　笑っちゃお」

ご存じ「ひょっこりひょうたん島」主題歌の一節。台本は井上さんと山元護久さん。まぎれもなくボーマルシェ「フィガロの結婚」の、辰野隆訳「泣くが嫌さに笑い候」で、なんというか、ジンと来た。同じ時代の空気を感じた、とでもいえばいいだろうか。自分もこの番組書きたいな、と思った。

そのころ、僕はこんな歌詞を書いていた。

「どこにも花園はない
どこにも青い鳥はいない
——かどうだか知っちゃいない——」

NHKテレビ「創作劇場」に、僕は「三日月の影」（『真田風雲録』所収）に続いて「どこにも——ない」という脚本を書き、そのタイトルバックに流したと思うが、そのさきの歌詞も、本の内容も覚えていない。

覚えているのは、最初の二行を物憂いダミアふうのバラードふうに、次の一句でがらりっと転調して陽気に、と狙い、かつ願ったことだ。が、歌詞についた曲は、三行目以降も平坦なブルース調で、がっかりした。が、まあ世の中そんなものさ、と早くも妥協を覚えて苦情も言わなかった、と思う。

ところが、旬日ならずして、電波に乗って日本の津々浦々に流れたあの歌に、仰天した。もう話が読めていた向きも多かろう。植木等さんの歌声だ。

「あなただけが、生き甲斐なの——」と、しっとり歌いはじめ、突然がらりと変わって「テナこと言われてその気になって」と来る青島幸男・萩原哲晶コンビの傑作である。

ショックだった。思えば青島さんの歌詞は、始めの二行はキャバレーの女の言葉で、次からが騙された男の心だから、作曲家も当然がらりと変えたくなる。そうでないとおかしい。僕のはその点、構成上の必然性に乏しく、作曲家を責められない。と、分かっちゃいても悔しくて、もう一度やった。

「織田信長の謡いけり
人間わずか五十年
夢まぼろしの如くなり
かどうだか知っちゃいないけど――」

今日多少人々の記憶に残っている（と言われることのある）「真田風雲録」主題曲。林光さんの曲は、軽快なディキシーのマーチ。「テナこと言われて」式のドンデンはないが、これはこれで満足だった。

言いたいのは、たぶん同時代の感覚のようなものがあって、たとえば情緒纏綿（てんめん）、嫋々（じょうじょう）たる節回しを突然正反対にひっくり返す趣向の歌を作りたい、とは、そのころ少なからぬ人びとが、同じ時期に思っていたのではないか、そのさい、どっちが先かは、本質的な問題ではないだろう、ということだ。言い換えれば、同時期多数の潜在または多少顕在した「テナこと言われて」的志向が、名曲「ハイそれまでよ」を生み出した。

戯曲「真田風雲録」のなかで、真田隊のもっとも若い部分、根津甚八が「自己規定が必要なら、おれたちはまさしく浮浪人」と言いつつ「あっちへふわふわ、こっちへふらふら、が、それがなぜ悪い？――現在がっちりとは何者でもあり得ないということは、すいすいうだら何者でもあり得るのだ」と弁舌を振るう。いうまでもなく、青島さんたちに対するオマージュである。

青島幸男さんは、日本橋東華小学校（今はない）の一年下。堀留町の仕出屋さんの子だから、私の生まれた小網町二丁目とは学校の反対側になり、小学校時代の交流は全然なかったが、彼が参議院議員になってから、雑誌の座談会か何かの帰りに二人で新宿に寄って飲んだ。夜更けの靖国通りを彼はいい機嫌で歌い踊りながら歩き、通行人に声をかけられると、よっ、と気安く応対、そのあとを僕は小さくなって歩いた。だって、恥ずかしいじゃないか。

「真田風雲録」は、歌が十一曲もある「歌入り芝居」である。この芝居の影響がさまざまにうんぬんされるようになったのは、音楽の役割が大きかったこと、間違いない。演出の千田是也先生は、オレ「ずんぱぱっ」（前掲「真田隊マーチ」の囃子ことば）なんてわからないから、ヒカ（林光）ちゃんと君にまかすよ、といっさい口を出されなかったので、僕は勝手にスタッフに任命された気分で、毎日稽古場に出た。

ふじたあさやさんと書いた「富士山麓」には歌はなかった（と、思う）が、つぎの「長い墓標の列」には、ある。主人公の大学教授山名庄策が好きな歌が、ヒット映画『愛染かつら』の主題歌「旅の夜風」で、彼が右翼学生の襲撃を受けたあと、書斎でそのレコードをかけると、観客は爆笑した（「花も嵐も踏み越えて、行くが男の生きる道」）。

カットしろ、と言われた。大学教授らしくない、という。ミスマッチというわけだ。カットしないで突っ張れたのは、ネタがモデルの河合栄治郎教授の実話だったからだ。その後すぐに大学教授と演歌の組み合わせなどは、常識化した。

「遠くまで行くんだ」で「可愛いあの子が、ヨ、ホホ！」なる「プレスリー・ナンバーの影響歴然（林光さん評）」の福田ソングが、光さんの力で誕生する。

（同前11　同時代の空気——音楽の面から、二〇〇七年六月）

蜷川幸雄さんと彩の国さいたま芸術劇場が拙作「真田風雲録」を上演する運びになったとき、友人たちがこもごも、「よかったね」「よかったですね、ほんとうに」と、言ってくれた。なんだか長患いの病院から退院したときのような気がした。蜷川さんは、僕が今も講師を勤めている桐朋芸術短大の学長である。大昔は、僕のテレビ脚本に彼が主演したこともあった（「異聞はがくれ」NHK福岡、一九六四。福田善之娯楽劇集『しんげき忠臣蔵』所収。三一書房、一九七〇）。

友人たちが心から喜んでくれるのが、僕の喜びでないはずはない。手を触れるものがすべて黄金に化するという伝説のミダス（マイダス）王を連想した。友人たちには名演出家の目にとまったことだけで、金メダル級の慶事かもしれない。そういえば、彼の昔のあだ名は「キンちゃん」だった。むろん伝説の王様と関係はない。若き日の蜷川さんの風貌が、人気スターだった中村錦之助（萬屋錦之介）さんと似ていたのだ。

半世紀近い時間を、何というか、長持ちして来た理由とかを、僕がとくべつ深く考えてもしかたないだろうが、その第一は、井上ひさしさんの過褒だろう（『裏表源内蛙合戦』あとがき。新潮社、一九七一）。半世紀のうち半分くらいは、井上さんの言葉の影響力だけで、人びとの記憶に辛うじて止まり続けたのだろう。また、岡部耕大さんが彼の劇団「空間演技」で繰り返し取り上げて下さったのも大きかった。そのほか、大勢の皆さんのおかげをこうむっている。

蜷川さんの今回の上演には、顔見知りの桐朋の卒業生や学生も参加している。そのためばかりではないが、若い演出者たちの変化と成長に関心があった。

七年ほど前、桐朋演劇科三十三期生の試演会で、僕の演出で上演したことがある。その同じ学生たちの専攻科修了公演を、蜷川さんが担当した。細かく神経の行き届いた親切な演出で、ニナガワといえば荒事の達者だと思い込んでいたイメージが、そのとき変わった。

だから、心配はしていなかった。今回の出演応募者には、つるりとした抵抗のない優等生ではなく、存在じたいがノイズであるような若者を求めた、という意味のことを稽古が始まる前の記者会見で言っていたが、僕の理解では、それは演ずるものの自発性に、どれほどか依拠することと無縁ではあり得ない。

もっと昔に、ある演出家が、赤い花でも彼が青いと言えば、ほんとうに青く見えちゃうのだ、と出演者が言っているという話を聞いた。

その花が実は青いのに諸種の事情で赤いと見なされ、あるいは思いこまされている場合——ああ、そんな類のことはこの世の中、実に多い——正体を見抜き、発見することによって、なにほどか状況を動かしうるのが、演出家というものかもしれない。その《花》が《古典》でも、いい。

が、その場合も、芝居というものの勝負どころは、ご見物衆の心にどう届くかであって、最終的に表現を担当するのは俳優諸姉諸兄であること、変わりはない。

僕の事情で、舞台稽古まで稽古をのぞくことはできなかった。初日と、楽日、都合三回見た。演技空間のほとんどを《泥》で埋める、と決めたのは初日の一週間ほど前だそうである。舞台稽古のとき、演出者たちのすこし後ろにいた僕の席まで、泥の塊が飛んだ。それが僕のTシャツにつけた跡を、記念に大切にしようかと思っていたが、つい忘れて洗濯機に放り込んでしまった。

稽古の最終段階で、つるりとした、抵抗のない優等生的状況に、若者たちが落ち込みかけていたので、とスタッフの話から想像した。殺陣の稽古は早くから熱心にしていたと聞いた。熟練して、鮮やかになり、美しく華麗なアクション・シーンになりかけていたのかもしれない。

僕もチャンバラが好きだから、よく思う。刀の重さを出したい。両刀を腰にしたら、ずしりとこたえるはずだ。実際には困難かつほとんど不可能とわかっていても、なにか方法はないか。

——芝居はたしかに嘘だが、大事な嘘をつくための必要な基礎というものは、ある。

そこで、たとえば《泥》だ、と、おそらく蜷川さんは考えたのではないか。重く粘りつく、滑る、転ぶ泥。

初演の千田是也演出では、美術の高田一郎さんの話だと、十勇士たちが走りまわる階段舞台を、普通の蹴込み七寸を八寸にした、つまり、少しずつ飛び上がらないと、階段を上がれない。それが若さを表現する補助線たり得た、と高田さんは言う。千田さんの一種の《泥》だったのかもしれない。

初日の客席で、高田さんは僕の左隣だった。右隣は、ハヤカワ演劇文庫の解説を書いてくださった北村薫さん。本当に芝居（歌舞伎や新派も）に詳しい北村さんは、直木賞をとったところ。誰が彼に最初に戯曲を書かせるか、楽しみだ。

若い諸君の表現は、カチカチだった舞台稽古から初日への、飛躍と言ってもいいほどの変化に、感心した。演出者は、錬金術師でないのと同様、魔術師ではない。君たちの自分自身の表現についての、手掛かりや足がかりを、準備してやることができるだけだ、と、いちおう言っておこう。

自分の芝居が上演されている日々は、いつも気になるものだ。そろそろ幕の開く時間だな、と、埼玉の与野を遠く離れた川崎（僕の自宅）から、そのとき何をしていても思った。

楽日の舞台は、かなりの忠実度で初日の再現だった。若者たちの変化を明瞭に指摘できないのは、諸君のせいというより、僕の体調のせいだ。蜷川さんと僕の感性の違いも、あるかもしれない。僕には毎日の変化と発見を偏愛する傾向がある。

三時間十分は長すぎる、という件について。

いうまでもなく、自分の書いた台詞がカットされないのは嬉しい。若い諸君がなんとか喋りぬいてくれると、感動する。その点、感謝感激、と言ってしまえば、おしまいだが、演出もする人間としては、問題はそれほど単純ではない。

実を言うと、一場面カットする案を出した。「風の巻　その四　大野修理徴兵の事」（『ハヤカワ演劇文庫』福田善之1）である。

カットの理由は、まあ語られている内容が、ちょっと小っ恥ずかしいからだが、蜷川さんはこれも復活した。舞台でこのシーンを見ると懐かしいし、やはり有り難かった。

でも、すこしでも短い方がいい、と思った理由は、それだけではない。

この時期に、一つだけ芝居を見た。井上ひさしさんの「組曲虐殺」である。井上さんはつねに観客の関心をしっかりとつなぎとめる仕掛けを、つぎつぎと繰り出す。凄味を感じる。

少年時代に、一幕物の傑作を多く書いた菊池寛が、

〈戯曲の本質は「対立」とか「危機」とか言うが、要は「?·」である〉

と書いているのを読んだ覚えがある。

「?·」とは、今舞台上に起きている事柄は何か、次はどうなるのか、この関係はどう変わり、何が生まれ、そして……と、謎と変化と発展そして発見にいたる興味を、何が何でも持ちつづけさせることを意味する。

その「?·」に関して、井上さんは「組曲虐殺」でも、間然する所がない。突然、僕は不安になってしまった。オレの作品はどうなんだ、いったい？　蜷川さんが稽古中の「真田風雲録」は、大丈夫なのか？

ここには、どんな客でも引っかけて引っ張れるような「?·」がない。仕掛けらしい仕掛けがない。まあ、お霧の妊娠事件ぐらいしかない。演出家、どうするんだろう？——この心配は劇場スタッフに伝言した。彼に届いたかどうかは知らない。

殺陣は、長すぎた。僕なら縮めてる。が、うっかり段取りを削ると怪我をする。蜷川さんは、熱心に稽古を重ねた若者たちの顔を見ていると、切るとは言えなかったのかも。

で、結果は、僕の周囲にも、長さを感じない、とはお世辞にしても、長かったけれど持った、という声が多数だった。すると、なにが戯曲の頼りなさを補ってくれたのか。――それは、やはりまず若い出演者たちの熱っぽい表現だろう。これは青春劇だと作者も思っているが、青春は謎や仕掛けをさして必要としない季節なのかもしれない。

楽日の終演後、演出者は、

「五倍だな、いつもの五倍、苦労した」

と語っていたけれど、いい顔だった。

長くてときに古臭いテキストを、若者たちの感受性と肉体を通じて、どれほどか輝かせるという困難に賭けて、どうやら、時化た海を乗り切ったような――そんな顔かな。

（同前42　また「真田風雲録」のこと、など、二〇一〇年一月）

「オッペケペ」

「遠くまで行くんだ」（一九六二）「真田風雲録」（一九六二）と、下手ッピで気障な福田ブシは増幅する。すでに触れたように渡辺美佐子さんに「風雲録」旅公演の京都の居酒屋で依頼されて「オッペケペ」を書くことになり、まず考えたのは、〈おしゃべりな芝居を書いてやろう〉と、いうことだった。

当時の僕の感覚では、日本の芝居はやたらに「間」や「思い入れ」が多かった。中学以来の親友ふじたあさやが、たぶんまだ学生時代に、初めて芝居にラブシーンを書いたというので興奮して読ませてもらったら、テンテンとト書きばかり。「――(見つめる)」「――(寄る)」「――(耐える)」というわけでつい吹き出してしまったことがある(ごめん、勘弁)。しかし、自分が書けば、やはり随所に「間」とか「――」とか書かないわけにいかなかったし、書いてしまう時代だった。で、「オッペケペ」第一幕は、間やテンテンがたぶん一つもないはずである(二幕からは反動のように増えたが)。

そんなことは、むろんたいしたことではない。が、そのためには、明治の言葉を知らなくちゃ、とまず思った。資料といえば木下先生の書斎から借りて来た『新派の六十年』(柳永二郎)だけで、それ以上に民権派の壮士・書生たちが政治活動を弾圧されて演歌の読売りや芝居をはじめ、日清戦争(明治二七～八年)時に戦争劇で当てて後の新派劇になって行く史実に、深く分け入って行く興味はなかった(今思えばそこに問題があった、と言えなくはない)。

当時の小説などを探し、読みふけった。なんとか言葉を知りたい、かなわぬながらも感染し、曲がりなりにしゃべりたい(喋らせたい)と思った。なに、同じ日本語だ。

で、筋立ては。――美佐子さんにはいい加減なことを喋っていたと思う。サルトルの「汚れた手」みたいな芝居にしたいんだ、魅力的な若妻のジェシカがあなたでさ、うんぬん。たしかに川上音二郎(や角藤定憲)を思わせる城山剣竜をエドレールに、架空の青年愛甲辰也をユーゴーに見立てる意識はあったが、いつものことで、書いているうちにそんなことは忘れてしまう。忘れなければ、もうすこし整った芝居になったかもしれない。

この芝居は、先にテレビドラマを書いていた。大学時代芝居仲間の指導的演出家だった遠藤利男が、当時名古屋のＮＨＫにいて、彼の演出、中村賀津雄（現、嘉葎雄（かつお））さん山形勲さん他の出演で放映され、好評で映画も企画され、深作欣二監督と「風雲録」脚本トリオ（小野龍之助・神波史男と僕）でシナリオも作ったが、没になった。（そのとき東映の偉い人が言った言葉には、感心した「このシナリオはテーマがロングである。だがアップになったら、制作できん」なるほど）

痛烈な政治批判の「オッペケペ」節で人気を博した元民権派壮士の一座が、明治二七〜八年の日清戦争では国権派の主張たる戦争賛成に転じ、戦争劇で大当たりをとる。その舞台に、主人公の青年が昔ながらの「オッペケペ」の扮装で飛び出し戦争反対を叫んで、観客から罵倒される——という大筋は、テレビドラマですでに出来ていたが、僕にとって「芝居を書く」という仕事は、そこから始まる長い長い言葉の格闘技である。

唖然とした。お名前を出すわけにいかないが、僕の結構敬意を払っていたある評論家の先生が、テレビドラマも見て下さっていたのだが、

「あそこまで出来てたら、あと芝居にするのは簡単だろう」

とおっしゃったのだ。

わからなかった。これから山に登ろうとしているのに、もう登ったようなものじゃないか、とは。激励して下さっていたのだ、と今は思うけれども。

そののち、僕はシェイクスピアやブレヒトたちの例を知ることになる。シェイクスピアの多くの作品に、話の元ネタがあることは、広く知られているけれども、今日、作者のオリジナリティについて（著作権に通じる）は、一般に筋立てこそが重要視される傾向が、かなり強いような気がする。

シェイクスピアは何故シェイクスピアか？　その「表現」によって。――その「表現」の最も重要な部分は「言葉」によって、成し遂げられている。元ネタあるいは筋立ての脚色変更、換骨奪胎のなかに、むろん彼はいないことはない。そこにもシェイクスピアの天才は現れている。

しかし、僕の愛するシェイクスピアは彼の言葉によってこそ、ほかならぬ僕の前に（胸に、心に）立ち現れている、と僕は感じ、かつ信じている。

もちろん、たとえば映画脚本におけるシノプシスの位置、あるいは権利が問題になるという現実が、主として映画産業との関連において存在する。シナリオ作家協会に属している者としてその重要性は否定できないし、するつもりもない。思うのだが、シェイクスピアにだって、次にどんなホンを書くんだ？　と問われて、答えないわけにいかなかった時と場合があるだろう（『恋に落ちたシェイクスピア』という映画、僕は高く評価する）。おそらく彼もまた時にシノプシス・ライターでもあったのだ。が、繰り返すがシェイクスピアは彼のまず言語表現によってシェイクスピアなのだ。その強調が、今日のシノプシス・ライター諸姉諸兄を傷つけることになるのだろうか？――ならないことを、深く祈る。

どんな言葉を「オッペケペ」において書いたか。

（同前12　「オッペケペ」のせりふ①、二〇〇七年七月）

「オッペケペ」（初演一九六三）には、こんな台詞がある。小田原の劇場で、新入りの座員愛甲辰也は、舞台に上がって来た地元の代議士を傷つけてしまうが、その刀（真剣）が座長城山剣竜のものだったことから、城山が逮捕され、一座は興行中止。芝居小屋の静かな夜の楽屋で、沈みこんだ辰也が、老役者の雛丸一家と食事をしながらの会話。

「ぼくは、芝居が好きかどうかわからないんだ。（略）役者というものは、どこか信用できん気がするんだ。どうして、あんなにいろんな役が出来るんだろう、一人で——いい役も、悪い役も。そしてそれぞれに本気で。（略）自己の信念に正反対の人間にあれだけ扮し得るということ、あれだけ真剣に心からほとばしるように台詞を発声し得るということは、やはり信用ならない、あてにならない人間で先生（城山）があるということなんだ、なんじゃないかという気がする」

「（略）いずれ、ぼくの信条に正反対の役をぼくが演じなければならぬ日がくる。そのとき、ぼくはそれが演じ得る自分を見いだすってことになるだろう。それがこわいんだ、ぼくは。なぜなら、ぼくはおそらく、ぼくの信条からは否定すべきその人物のなかに、きっとどこかに共鳴する部分を見つけてしまうんだ。そして演ずる——演ずるうちに、ぼくのなかで、その共鳴する部分がしだいに大きく育って来る、ということはないだろうか。（略）そのために、それと反対の、つまりぼくが正しいと信ずる信念、それがしだいにいくらかでも力を弱めて行きはしないか。（下略）」

そんな辰也に対して老いた雛丸は言う。

「あんた、好きになりそうだよ、芝居が。もう、毒が身にしみてる」

半世紀近い時が過ぎた今も、僕の辰也に関する感想、つまり、彼に言ってやりたいことに、さして変わりはない。――そうなんだよ、因果な稼業なんだ、芝居って。で、限りなく人生に似てて。

シェイクスピアにとって、おそらく当時ユダヤ人の金貸しは何ら同情すべき存在ではあり得なかったと推定されるにもかかわらず、彼のシャイロックは、魅力的でさえある。それがシェイクスピアの業、あるいは因果だったのだ。シェイクスピア、あるいは僕の感覚する芝居、好きな芝居にとって、そうなのだ、と、傲慢にも、今は思っている。

「オッペケペ」で、かなり知られるようになったのは、次の台詞だ。――政府の高官との酒席で、城山剣竜はオッペケペを捨てると宣言する。そのあとの「両国あたりの川端」の場。剣竜の妻お芳（次の幕では愛甲辰也の恋人）は、言う。

「なんか――みんな――ぜんぶ――すごく、ちがっちゃってるじゃない――ちがって来ちゃってるじゃない――（激しく）おかしいじゃない――」

日本劇作家協会編の『現代日本の劇作――一九六〇年代ＰＡＲＴ２』の、ダニエル・ガリモア氏の翻訳によれば、

It's just not right（Fiercely）It feels all wrong.

ということになる。訳者への感謝をまだ表していないので、このさい、深く感謝しておきたい。僕の台詞に対するシャープな批評だと素直に思った。翻訳とは必然的に多少批評なのかもしれない。

（同前13「オッペケペ」のせりふ②と観世榮夫さん、二〇〇七年八月）

「袴垂れはどこだ」

「『オッペケペ』以後は商業演劇に転じたため、作品はない」とあったりしたが、「オッペケペ」（一九六三）のあとが「袴垂れはどこだ」（青芸、観世榮夫演出、一九六四）である。

ナニ劇からカニ劇に転じるなどということが、どの程度あるものか知らない、僕の場合は非商業的小集団のための仕事が中心でなかった時代はない、うんぬんと書いたことがある。（「わが日録」悲劇喜劇八五年五月、評論集『劇の向こうの空』読売新聞社）

六〇年代の終わりに、当時の既成大手新劇団と仕事をする興味が持てず予定もない、と言ったことがあり、またそれに続く時期のある年、旧作の再演が重なったりして、大劇場の仕事が多かったことが、実に一年だけ、ある。そのあたりが「商業演劇に転じ」うんぬんの記述の根拠になったのだろう。これを書いたMさんも、間違いなく尊敬に値する人だった。

「袴垂れはどこだ」は、初めて平均的な好評を得た。青芸の諸君が「体操の青芸」と自称するほど身体の動きに自信を持っていたので、それを芝居に取り込むなど、もっとも座付き作者的な心配りをした記憶がある。「オッペケペ」で渡辺美佐子さんのいる新人会に入り浸っていたから、福田氏はもう青芸には戻ってこないよ、と声が上がっていると聞いたりしたせいも、あったかもしれない。

この作の言葉(せりふ)について。木下順二師匠の、いわゆる「木下民話劇」は「木下方言」で書かれているとされているが、固定的な方式があるわけでなく、ほとんど作品ごとに個別の工夫がなされている。その細心さは、とうてい真似も出来ない。「おんにょろ盛衰記」で「方言辞典を引きまくって」書いたと先生自身が言われた方法を猿真似して、民話ネタのラジオドラマを書き、その杜撰(ずさん)さをこっぴどく怒られた。

「袴垂れはどこだ」のネタは、竹内実さんから都電の中の立ち話で聞いた中国の掌編で、民話というわけではないが、時代を「平安から室町までのいつでも」と設定した以上、現代語では書きにくい。上演時の青芸パンフには、木下方言を〈かならずしも発展形においてではなく〉継承しようとした、などと書いた。

なぜそんなことを書いたか。演劇史上にたぶん名高い〈未来形において発展的に〉という類の表現は、まことに美しい。が、僕の好みじゃなかった。たぶんそのせいだ。それから、木下流の厳密さも、ときどき僕にはちょっと眩しかった。多少いい加減でもいいから、立ち止まるよりも、ひょろひょろとでも歩こう、と、この年代のはじめに思い決めたせいもある。

この公演は、予定した作家の新作が間に合わず、急の代打で、ともかく急いで書かねば間に合わなかった、という事情が、いちばん大きかったかもしれない。木下先生は、公演パンフの座談会に宮本研さんらと出てくださった。

秋浜悟史さんが、ご自分の方言（むろん東北の）に引き寄せて上演なさったこともある（劇団三十人会、一九七三）が、なんといっても芝居の筋は〈いつか義賊の到来によって救われると旅の法師の言葉を信じて待ち続けた村人たちが、ついに自ら義賊袴垂れを偽称して旅に出る〉というもので、さる評論家氏によって「ゴド待ちもの」と分類されたりして、デヴィッド・グッドマン氏による英訳（JAPANESE DRAMAAND CULTURE IN 1960s The Return of the Gods）もある。

当然ながら、というべきか、近年は話題になることもなかったが、さきごろ突然、文学座の鵜沢秀行さんの演出で同座研究所生徒の上演（サイ・スタジオ、二〇〇四）があり、びっくりした。鵜沢さんはシェイクスピアも喋れるような若手を育てたいのだが、恰好の日本語台本が少なく、前からこれに目をつけていた、と言われた。彼の生徒たちの語る「袴垂れ」の台詞群が、なかなか魅力的で、忘れていたものに出会ったような——というより、はじめて自分の台詞を聞くような新鮮な体験だった。何だ、オレの台詞、まんざらでもないじゃないか、と、鵜沢さんと若い彼らが、思わせてくれたわけだ。こんなこともあるものだ。

（同前15「袴垂れはどこだ」・歌舞伎の名優たち、二〇〇七年十月）

壮士・書生演劇から新派の発祥につながる時代を材料にした「オッペケペ」は、新聞評（佐藤忠男さん）で初めて褒められた。他紙にはしかし「劇は軽量」（尾崎広次さん）と書かれて、劇って何だろう、とまた考え出しもしたけれど、その同じ年には、竹内実さんから都電のなかで聞いた中国の話がヒントになったラジオドラマを、劇団青芸の事情で急遽芝居に拡げた「袴垂れはどこだ」が、観世榮夫演出・林光音楽とのトリオで上演。このあたりで、やっと好評が増え、氷がすこし弛んだかに見えて、「袴垂れ」に岸田賞の話が来た。

「『オッペケペ』ではなく『袴垂れ』というところに、選考委員たちの意を福田君は汲み取ってもらいたい」と茨木憲さんのコメントがあった。他に二人の方の作品が同時授賞ということで、そのお二人に不快の念をお与えするのは、まったく本意でなかったが、やはり、予定通りに辞退させていただいた。

田中千禾夫先生から翻意を促す電話がかかった。千禾夫先生の諄々と説かれる言葉に抵抗することは難しく、よほど翻意したくなったが、それはあまりにも恰好悪かった。ひたすら、すでに選考委員への批判を公にしているので、と繰り返すほかはなかった。

「白水社あるいは雑誌『新劇』に含むところはありませんね」「はい、全然ありません」と、お答えして、それで一応事は終わった。

二年後、岸田賞の選考委員に、宮本研・矢代静一・八木柊一郎・山崎正和の諸兄とともに僕も名を連ねたが、僕のような不精者にはどうにも重荷で（だって、舞台を見ないとホンが見えない脚本が、急速に増えていたし）、四年で退任した。

結論的に言うが、賞の辞退などは、するものじゃない。そのあと三十年、賞に縁がなかった。

（同前9（「遠くまで行くんだ」事件②、二〇〇七年四月）

「魔女傳説」

「福田さんて、『調べる』なんて言うんだよね」

と、唐十郎さんに笑われたことがある。唐さんは「鉄仮面」を書いたとき、ボアゴベ（たしか）の小説との関係を問われて「ボアゴべってなに?・」と反問した（と、本人から聞いた）くらいの人だから、関係資料に当たったりはしない（と思う）。が、僕にしても「オッペケペ」の時など、柳永二郎さんの名著『新派の六十年』のほかは何も知らず、当時の言葉と雰囲気を知りたくて「佳人の奇遇」など小説を読みふけっただけだ。ささやかにタイム・スリップするための、僕なりの勝手な方法だった。

が、しかし「魔女傳説」の場合ばかりは、そうはいかなかった。題材は「大逆事件」であって、当時の「平民新聞」その他の復刻を丹念に読んでいると、研究者の方たちとは異なる発見もあり、それで「調べ仕事」が面白くなり始めた。

芝居は石川啄木を思わせる青年が、検事の一人（実際は弁護人平出修）から、検事聴取書・予審調書を極秘で読ませてもらう形で事件とその歪曲の大要が語られ、それに幸徳秋水（劇中、行徳伝三郎）と管野スガ（彼女のみ実名）の恋愛で同志を失って行く経過がからむ。タイトルの魔女とは渡辺美佐子さん演ずるスガのこと。

条件は一つ。ちいさな空間でやりたい。

劇団青芸の劇団員だった佐藤信さん、それから一度他の劇団に行ったけれど、考え直して青芸に来る予定にしていた清水紘治さん樋浦勉さんたちは、青芸解散後、文学座に行っていた串田和美さん吉田日出子さん、また俳優座養成所の一期下（十五期）の斎藤憐さんらと、劇団自由劇場を作り、榮夫さんはそこに参加、僕はといえば、まあ応援団か親戚のおじさんという感じだったのだが、麻布霞町（西麻布）から六本木の坂を上がる途中のガラス屋の地下の、定員六十人だかの小さな空間に、僕はすぐ馴染み、好きになった。

この空間に美佐子さんが立ち、彼らと芝居をする、というイメージで胸がはずむ思いだったが、結局、願いは果たされず、劇場は朝日生命ホールになった。登場人物が多いし楽屋が狭い、と説得されたが、このころまでの数年、虚名が出ていたことのしっぺ返しという要素がより強かった気がする。福田なら少しは大きな入れ物で、というわけだ。

新聞の予告記事で明治天皇暗殺計画うんぬんと知ってのことだろう。右翼から脅迫状めいたものも来た。あまり切迫した危険を感じさせるものではなかったような気がする（現物は岩波「世界」編集部が持って行った）。それでも万一襲われるとしたら、美佐子さんが一人舞台鼻に立つシーンだろう、ということになって、かぶりつきの席に二人、関係者が警護役で座ることになった。客席から彼女に飛びかかる凶漢があったら、身を挺して防ぐ心意気である。二人の名はゲンさんこと山元清多（劇作家）さんと佐伯隆幸（学者・評論家）さん。屈強な若者というには甚だ遠かったが、幸い公演中何事もなかった。

しかし、四月だというのに大雪があった。東京中の劇場が概ね休場したなかで、朝日生命ホールにはかろうじて出演者やスタッフが全員たどりついたので、上演した。当然ながらかなり少ない観客に、前のほうに集まってもらって、まるで中ホールのなかにガラス屋地下のミニ劇場が出現したようだった。雪のせいで、新宿もしんと静まりかえっている。あの夜が最高の舞台だったと思う。全体に好評とは言えない芝居だったが、たまたまこの日観劇した方にはいい印象を残したようだ。

別の日だったが、僕の芝居のファンだという女子学生が、男友達をつれて訪ねて来た。彼は、当時熾烈だった闘争の一つで逮捕され、留置場から出て来たその日に、彼女は彼を「魔女傳説」に連れて行ったのだという。

彼女は彼を喜ばすつもりだったのだ。しかし彼は僕にいう、「なんだかとても遠い気がして、とうとう眠っちまったもんね、おいら」

そうだろうな、とは思った。僕にも遠い昔、基地反対闘争の現場から都会へ戻って、どうにも馴染めなかった記憶がある。彼はまた言う。「ああ、幕間芝居っていうの？　あれは面白かった」

「袴垂れはどこだ」から、休憩（幕間）のあと、幻想とか夢とか、肌合いの違う短い場面を「幕間狂言」としてはさむことがあった。「魔女傳説」の場合、石川啄木のノートから事件当時の新聞社編集室の場面を「番外」として、演出助手の佐藤信さんが演出した。信さんは「状況劇場ふうにやっていいでしょ？」と言って、いろいろ試みた上に、登場人物の股間に太いバットのようなものをぶら下げた。

「ぜんぶあれでやりゃいいんだよな、ヨカチンチンでさ」と言ったのは、また別の若者だったと思う。信さんの演出は面白かったし、その場の稽古を見るのは楽しみだった。が、ぜんぶ、という発言にはさすがについて行きかねて、わりと無原則的に〈何でも好き〉だった僕も、考え込んだ。


あのとき、芝居を書き上げてすぐ、せめて六七年中に、僕が熱望した地下の小劇場で、上演できていたら、どうだったか。そんな空想は無意味だろう。僕の未熟がより早く露呈しただけかもしれない。が、人にも作にも、適当な時と所があることは間違いない。

佐藤信さんが劇団青芸の研究生になる一年前には、唐十郎さんも、青芸にいた。定刻の一時間前には稽古場に来て、一人で掃除をしている人だった。ノートに細かい字でびっしりと横書きにした戯曲を見せられたことがある。

「どうしてあのころ、僕の才能を認めなかったのさ」

と、彼が人気作家になった後で言われたが、字が細かい上で鉛筆が硬くて薄くて、読めたものじゃなかった。つまり、よく読まなかったのだ。ともあれ、僕の怠慢は弁解の余地がない。その反省の上に立って、現在桐朋の生徒の書く芝居は、できるだけ読むことにしている。しかし、どうして皆、唐さんのように小さな字で横書きなんだろう？

だが、もし当時僕が唐さんの芝居を精読していたら、事情は変わっただろうか？　なんとも言えない。

（同前18「魔女傳説」のこと、または時代の移行について、二〇〇八年一月）

「変化紙人形」「夢の渡り鳥」「傀儡族縁起――お花ゆめ地獄」

中村賀津雄（現、嘉葎雄）さんから電話がかかって来た。

「清川虹子ってどう思う?」ちょうど若山富三郎さん主演の極道もの映画を見たところで、それに女親分で清川さんは出てていた。「いいんじゃない、パンチがあって」とか答えた。これが一九七〇年のこと。

清川さんは九州の大衆演劇で「女沢正」として知られた人の一代記をやりたいと言う。当時まだご健在だった女沢正さんの息子さんが沢竜二さんで、僕が書き演出した「あほんだれ一代」（東横ホール）で、彼は主人公の息子、すなわち自分の役で出演した。

この公演で、いろいろなことを知りはじめた。テレビでも知られたYさんは、こんな芝居に出るとあなたの名にかかわる、と忠告されたと僕に語った。なぜだか知らない。清川さんの夫の役は、高名な喜劇人のSさんだったが、舞台稽古からの参加だった。

彼の役は、素人がいきなり舞台に出て、代役で「勧進帳」の義経をつとめる破目になる。彼は「いかに、弁慶――」の一言だけを言えば、あとは四天王たちがカバーしてくれる筈だ。が、緊張の極に達した彼は「イカに――」と言ったきり、あとが出ない。プロンプターの声も聞こえない。そこで僕の書いた台詞では、苦しまぎれに「――タコ」と続けてしまう。

舞台稽古に駆けつけたSさんは、慌ただしく食事をしながらはじめて台本に目を通す。彼は一瞬の迷いもなく言った。「こら、いかに――べんとう、やな。こうしよう」そして、初日、二日目と、彼はその台詞を「いかに、べんとう」と言い続けた。客席に笑いは起きなかった。(二日間待ったのが、演出家として「待ちの福田」と言われだす所以かな)

三日目になって、僕は楽屋に参上した。あの、いちど、ホン通り言って見ていただけないでしょうか。

僕を助けたのは唐十郎さんである。彼はそのとき映画『銭ゲバ』に主演していて、Sさんも共演していたらしい。Sさんは突然言いだした。「あなた、唐さんをご存じだそうですな。うかがいましたよ、いや、失礼しました」

その日、舞台でSさんは「イカに――タコ」と忠実に言った。笑い声が起きて、ほっとした。Sさんとはその後お会いする機会もなかったが、まちがいなく素敵な人だったのだと思う。ついでに、彼の判断のほうが正しい場合もある、と僕は認めるにやぶさかでない。

この芝居が縁になって、清川さんの紹介で江利チエミさんのコマ劇場公演の演出をした。それで「チエミさんに見出された人」とこの業界で呼ばれることになったのだが、僕はコマ劇場での仕事が気に入っていた。コマは東宝演劇部の支配下ではなく、ちょっと番外地のような感じと、それにスタッフの若さがあった。いずれにしても、このつきあいがミュージカル「ピーター・パン」(一九八一〜八八)につながって行く。

沢竜二さんとは、こののち朝倉摂・立木定彦・吉行和子の諸氏と制作グループ「立動舎」公演として「夢の渡り鳥」シリーズを、彼を中心に、七二年から何回か続けた。沢さんたちの言う「大衆演劇」とは、当時「ドサ回り」や「旅芝居」と言われていて、彼らの持つ観客との密接なつながりに圧倒されると同時に、どんな脚本をどう演技して毎日を生きているのだろう、と関心を持った。

正直なところ、どうしていいか、わからなかったのだ。自分の中に、何が残っているのか、信じるべき何が、そして、人と繋がり得る何が。——自分の中の「せりふ書き」の方法とか、ともあれその回路のスイッチをすべて切って、沢さんたちの身体に積み重なっているものを知りたかった。

彼を中心に即興劇も、いっさい台本なしのフル「口立て」芝居に挑戦したりもした。これは、今日の舞台はなんとかなったかな、と思う日には、ご見物の中の知識人に、実は台本があるのが見え見えですよね、と笑われたりした。出演者は緊張のあまりみな下痢をしていたというのに。

七四年に、糸操り人形の「結城座」に出会う。いわば前衛的な仕事を続けていた十一代目結城孫三郎（現、田中純）や両川船遊（現、十二代目孫三郎）の身体の中に、伝統芸能の蓄積が豊かにあり、それを斉藤憐「八百町お七」（一九七三）劇中の見事な台詞回しに見て驚いていた。こいつらだ、と思った。

木下順二「おんにょろ盛衰記」を、テレビの大河ドラマ「太閤記」で共演してその集中力に感心していた緒形拳に参加してもらって、僕の演出で上演した。これで初めて木下先生と山本安英さんに褒められた。

勉強になることばかりだったが、作曲は文楽のT・Eさんで、驚いたことに、作曲は稽古初日、全員顔が揃ったところで始める。「ああ、ここは○○（有名な義太夫狂言の名）のどこそこで、そうそう。それからここは××（まったく別の狂言名）のあそこを」と、無知な僕の感覚では、既成曲の切り貼りとしか思えない。そののち西欧芸術の華たるバレエにしたところが、基礎ステップの組み合わせを基本とすると知り――そのあたりで、ハタと膝を打つように納得したことがある。

「劇作家は作家といっても、それは歯医者が医者とは呼べないようなものだ、削ったり継いだりしているだけだから」と、作家のどなたかが発言されたのに、秋元松代さんが怒り狂っていられたのを覚えている。つまり芝居の脚本も、世間からはしばしば、そのように理解されることがあるもののようだ。ちなみに、僕は過去の自作の台詞を新作に使うことはあり、「妖精たちの砦」もラジオドラマ「闇市天国」や結城座の人形・人間混淆劇「夢童子ゆめ草紙」の部分を含んでいるが、主題がそれを必要としたわけだ。

結城座との協同作業は二十年余に及んだ。僕を導いたのは先代（十一代）孫三郎だが、一貫して中軸となって支えてくださったのは、結城座のおかあさんこと太夫竹本素京さんだ。十一月十八日にこの世を去られた。

「おかあさん、三味線、さっきと間がちがうじゃない」

とゲストの女優さんが抗議すると、おかあさんは切り返す。「当たり前だろ、芝居の〈間〉はいつも違うんだ」

時には険しくもなるそんなやりとりから、どれだけ多くのことを学んだことか。冥福を祈るほかはない。

（同前19　70年代と『戦後』の初心のこと、など、二〇〇八年二月）

〈当面かつ当分〉いわゆる新劇の主流とされる部分と仕事をするつもりがない、という意味の発言をしたのは、おそらく七〇年だと思うが、それが、今までいたところを捨てて知らないどこかへ身を移す、という類のことを意味するとは、考えもしなかった。歌舞伎座などの仕事は、岡倉士朗先生の助手として五〇年代から馴染んでいたし、六〇年に劇団青芸に参加するまで、どこにも所属したことがない。生活は、主にラジオ・テレビを書いていた。いつも、同時にいろいろなことをしていた、としか言いようがない。

年譜的に摘記することを許していただけるなら、七〇年『しんげき忠臣蔵』（俳優座、三一書房）の翌七一年『変化紙人形』で、朝倉摂・立木定彦・吉行和子の諸兄姉との「立動舎」制作の仕事が始まり、七二年から「歳忘れ興行」として「因果噺一寸法師」七三年「焼跡の女侠」（以上作品集『焼跡の女侠』所収）七四年「夢の渡り鳥」（『新劇』七六年一月）七五年「続・夢の渡り鳥」七六年「酔ひどれ菩薩」（山上伊太郎シナリオより）以上、立動舎制作、紀伊国屋ホール他。

いわゆる大衆演劇出の沢竜二さんを中心に、台本のない口立て部分を含む「演歌ミュージカル」など、今どき当たり前のごとき趣向が、当時は実験的大衆劇とか冷やかされて、振り返ればしみじみお先っ走りの「アンテ・フェストゥム」型、統合失調症親和性体質のなせる業だったかもしれない。興行的にもしだいに困難が増した。

重なって糸操り人形「結城座」との共同作業が始まり、長く続く。七四年、木下順二作「おんにょろ盛衰記」演出。七八年「傀儡族縁起――お花ゆめ地獄」七九年「忠臣蔵・四谷怪談」前編、八〇年、同後編。八二年「文明綺談・開化の殺人」（以上『福田善之傀儡劇集・お花ゆめ地獄』所収、三一書房）。八四年「ゆめ地獄――お花の逆襲」（説教節「さんせう太夫」より）八五年「夢童子ゆめ草紙」（「かるかや」より）八六年「ある人形芝居の一座による《ハムレット》」八七年「夢女ゆめ暦」八九年「ハルとフォルスタッフ」（『ヘンリー四世』、一、二部より）

劇場は結城座稽古場、八四年から武蔵野芸能劇場。先代（十一代）孫三郎（現、田中純）の考えで、原則的にジャーナリズムに広報しなかった。――近頃お前はいったい何をしとるんだ？ と問われることもあったが、自分としてはここでの仕事に充実感があって、気にならなかった。ともに故人となられた結城雪斉・竹本素京ご夫妻のお蔭が大きかったことは、言うまでもない。

（同前29　70〜80年代のこと、また、消えた友のこと、など、二〇〇八年十二月）

「白樺の林に友が消えた」

たぶん一九八二年に、俳優座劇場の倉林誠一郎さんから、芝居を書け、と言って来た。嬉しかった。倉林さんは、あの六〇年六月十五日に、新劇グループのデモの責任者の一人だった。彼が頼りになった記憶はまったくないが、それはまあ当然だろう。

約束の期日にあと半年というとき、突然話が壊れた。

「だってお前、役者が集まんねえんだから、しょうがねえだろ」と、倉さんは言う。

僕にしてみれば、もう集めてありますよ、と言い返したかった。つまり、まだ本が完成しないままに、自分でキャストを集め演出する、という癖がついていたのだ。

僕のまだ出来ない本の代わりに、別役さんの旧作を上演する、と倉さんは言う。別役さんを僕は尊敬しているから、その名を出されては、撤退するしかなかった。

しかし、その芝居は書きあげた。「白樺の林に友が消えた」という外題で、青年座アトリエ公演として採用してくれたのは、「真田風雲録」の制作者だった金井彰久さんだ。

制作担当は水谷地助義さん。このチラシで「FUKUDA　IS　BACK」という惹句が使われた。八四年一月。

（同前28　「ま」と「あいだ」付けたり、ほか、二〇〇八年十一月）

フクダ・イズ・バックというからには、僕はどこかへ行っていて、それが帰って来た、ということでなければなるまいが、僕自身にそんな意識が乏しかったことは、これまでも触れた通りである。

とはいえ、そういう言説（福田は××以後商業演劇に移ったので作品はない、という類の）が語られていることは十分承知していた。が、それさえももし、お客さまが僕の芝居に興味を持ち、劇場に足を運んでくださるキッカケになり得るなら、と——この芝居では制作の責任（再演時）も負った僕が、多少の居直りも含めて、覚悟していた、とは言えるだろう。

『白樺の林に友が消えた』は、はじめ「友ごろし」と題するつもりだった。広告を依頼した友人から、この題名では不可能と聞いて、改題。《Friend Murder Casea sentimental mystery drama/思い出に。そして、仲間たちに》と添え書きをつけた。アーノルド・ウェスカーの『友達』（フレンズ）を意識した副題あるいは添え書きだった。意識した、ということの内容は、この場合多少の反撥も含んでいる。

久しぶりのリアリズムふう戯曲で、この題材に関するメモは、一九五〇年代からのものだ。「L高原」となっているのは、僕をふくめて何人かの若者を救ってくれた河合家の信州の別荘のあるところ。上演時（一九八四）そこにそのままあった椅子や机などをお借りして、舞台に載せた。

桐山襲さん（『パルチザン伝説』『風のクロニクル』）が気に入ってくれて、彼を通じて知った小島光さんが本にしてくれた。標題作と前後して上演した結城座の「ゆめ地獄　お花の逆襲」「夢童子ゆめ草紙」を併収した『白樺の林に友が消えた』（冬芽社）は、今度読み返して、恥ずかしいところも多いものの、面白かった。古本屋でもお目に掛かれまいが、興味を持ってくださる向きがあれば、ありがたい。帯も清水邦夫さんの言葉と別役実さんのと二種類ある。改めて両兄に感謝。

芝居の評価は、岡部耕大さんが「また議論劇が流行る」と雑誌に書いてくれたが、あるベテ

ラン評論家氏は、

「もう二、三本、書いたらな、空気も変わるさ」

と、あれは慰めたのか、励ましたつもりだったのか、「返り新参」に心得を諭してくれたのか。総体に反応は鈍く、議論劇も流行らず、僕は国民信用金庫から金を借りて再演を強行したが、切符を売る厳しさを改めて痛感。経費の引き締めは多年の友人からケチよばわりされる結果になって、消耗。借金は二年かかって返した。本も売れなかった。

「れすとらん自由亭」

一九八〇年代の最後の年、スペイン戦争にただ一人参加した日本人のことを芝居に書け、という話が来たときは驚いた。劇作家では八木柊一郎さんが有名だが、五木寛之さんら、スペイン市民戦争（Civil War）については大勢の熱心家がおられる。こうした場合、僕はあまり興味を持たない。だって、知りたいことがあれば、その人たちに聞けばいい。必要なとき必要な本を読めばいい。——だが、どうやらそのときが来てしまったようだった。

福原圭一さんに会った。彼は舞台芸術学院から「ぶどうの会」最後の研究生、そして演劇集団「変身」から三期会（のち東京演劇アンサンブル）。彼のほうでは僕を知っている。僕のほうでは覚えていない。

ただ一人参加した日本人とは、ジャック白井。彼のことを知る資料はあまりない。函館生まれらしい。彼に会ったことのある人は、そのときも一人しかいなかった。石垣綾子さんだ。福原さんに連れられて、八十歳すぎてなお瑞々しく若々しい彼女に会って、話を聞いた。

彼女がアメリカへ渡って、画家石垣英太郎夫人になる以前、東京の広い広いお屋敷で、彼女は病身の青年に恋をし、妊娠した。が、身二つになるまで、親族の誰にも気づかれなかった、と言う。そんな広い屋敷って、どんな家だ？

その死産だった嬰児は、彼女の親友が新聞紙に包みボストンバッグに入れて、都電（市電）に乗って処理に行った、という。道で、犬に吠えられて困ったって、と、彼女は淡々と語る。彼女の目を見ていると、何でも信じられそうな気がした。

彼女とジャック白井との関わりは、僕の戯曲「れすとらん自由亭」の通り、と言わないまでも、かなり近い、と僕は信じている。本を書き上げてからも、彼女から苦情はなく、初日の舞台ににこにこと登場していただけた。

福原さんは、ジャック白井のドキュメンタリー・フィルムを作ろうとして、白井の見たものを自分も見てみようと、アメリカからスペインを取材した経験を持つ。彼は、なぜジャック白井に？——福原さんが高校生のとき、バイト先で知り合った年長の先輩が、こう言ったという。もしスペイン戦争の結末が、反対だったとしたら——共和国とそれを支持する国際旅団をふくむ人々の側が勝利し、フランコ将軍とそのバックのドイツ・イタリアの側を敗北させることが出来ていたら——

「きみの親父も、死なないで済んだかも知れないな」

彼が三歳のとき、彼の父は満州から出征して死んだ。僕の父の死は僕が六歳のときで、これは兜町の証券取引所で場立ちの最中の卒倒（脳溢血）だ（『私の下町——母の写真』参照）。彼の母は戦争を憎み、僕の母は株を憎んだ。おかげで僕は今も株の暴落に愉快の念を禁じえないが、不謹慎かな。

それにしても、だ。現代史の重要なターニング・ポイントの一つであるに違いないにしても、今どき（一九八九）どれだけの人々が関心を持つだろうか？——福原さんや演出者の熊井宏之さんの情熱に動かされながらも、なお、なんてアナクロ（時代錯誤）な人たちなんだろう、ま、そこがこの人たちのいいところであるにしてもさ、という感想を持たないわけにはいかなかった。まさか、この作品が、こののち現在に続く僕の仕事の、一つの出発点になろうとは、予想もできなかった。

（同前30「レストラン自由亭」、その一、二〇〇九年一月）

ジョージ・オーウェル『カタロニア讃歌』（新庄哲夫訳、ハヤカワ文庫ＮＦ）は、一九三六年夏、スペイン内戦の勃発で現地に赴いた著者が、義勇兵として参加した塹壕生活とバルセロナ内戦の日々の記録だ。彼の記述は自分の見たもの体験したことに、こだわり続ける。まさにそのことによって、第一級の史料であるとともに、不朽の古典となり得た、と僕は思う。

階級のない社会、平等の国。それを彼らは見た。

それはかげろうのように儚い、短い時間のことだった。三七年には様変わりを始めて、戦争に対する無関心層が急増し、金持ちと貧乏人、上層と下層という〈社会的区分〉が復活する。バルセロナでは労働組合対警察隊の銃撃戦に始まる党派の「内戦内内戦」に、オーウェルも巻き込まれた。一瞬の夢が美しかっただけ、その引き換えのように愚かで無残な事態だった。

「れすとらん自由亭」の〈塹壕討論〉の場は、その直後の時期。モスコウのレーニン学校で研修を終えて着任した政治委員（コミッサール）ボブ・フランクリンは、塹壕暮らしの兵士たちにとって、当面の強い不満は食事であり、コックとして経験ゆたかな日本人ジョニー白井が炊事班の責任者となることを、皆が望んでいると知る。なにしろジョニーの手にかかると、貧しい食材から結構な食事が魔法のように生まれるのだ。

しかしジョニーは拒否する。俺はたしかにコックだ、ここへ来て四ヵ月、炊事班をやった、もう十分だ。俺はスペインに、ファシストと戦うために来たんだ。

恒例の〈塹壕討論〉が始まる。兵士たちはこもごも言う、餅は餅屋だ、何でも専門ってことが大事さ、男に子どもが生めるか？――他の兵士は言う、ついこないだまで人間を支配するのが専門って連中もいたぜ、王様とか、貴族、教会もね。

大男で善人の機関銃手ケニーは言う。ジョニー、お前、炊事班にいると、ざっくばらんに言っちまえば、似合うからな。才能とか、やっぱ、人種的なものもあるんでねえの？　ま、マシンガンは、このケニーに任せて、な？

しかし、ジョニーは頑として首を縦に振らない。ブロンクスの電気工ピーターが、彼に味方する。

「君たちは、いや、俺もさ、俺たちはジョニーに、ファシストとは俺たちが戦う、君は俺たちのために飯を作れって言ってるんだ。それを彼が拒否してるのは、彼の内面に理由があるんだ、きっと。（「個人の内面か」と冷やかす声）それがもしなかったら、そもそも彼かここへ来た理由がなくなっちまう――そういう何かなんだ。俺たちは、それを尊重しなきゃならない。（「なんだ、そりゃ？」）わからない。ケニーの言ったように、人種的な何かかもしれない、もしかすると。――でも、そのわからないってことを、大事にしたいんだ、おれは」

「なぜ？」と、大学出の兵士がさらに突っ込む。ブロンクスの技術労働者は答える。「だって、それが《自由》じゃないのか？　人間の」

（同前31　《平等》と《自由》と「れすとらん自由亭」その二、二〇〇九年二月）

「れすとらん自由亭」では、前半と後半で極端に評判が分かれた、と書いた。

前半支持の代表は、本郷淳さんだった（「真田風雲録」初演の〈かわうその六〉）。

「フクちゃんな、後半〈塹壕〉の討論で、いいこと言ったつもりだろ。でもな、あんなこと、何でもないぜ、ないんだぜ」

屁でもないぜ、と言ったのだったかもしれない。

淳さんは、そのころ僕が愛用していたダブダブのグリーンの、米軍用（ふうの）ジャンパー（なんて、今は言わないんだっけ？）が気に入らない、と言う。

「そんなの、着るな。おれ、いいの買ってやるよ。身長、何センチぐらいだ？」

と、彼はそのとき、実際の僕の（当時の）身長より、四センチほど低く見積もった数字をあげた。僕は前にも、用意された舞台衣装が、まるでツンツルテンだったことがある。が、彼の善意は疑いようがなかった。結局、コートは買ってくれないまま、彼は逝ってしまった。

後半を支持してくれたのは、斉藤憐さんだ。

「なんで、前半のアメリカの場面なんて、要るのかな」

やがて、彼は「夜明けのマンハッタン」を書いた。彼は後半の塹壕討論の発展形においてではなく、むしろ一蹴した石垣綾子さんのアメリカ時代に材を求めて、自分の世界を展開した。そんなことを思い合わせると、僕の仕事もまんざら無駄ばかりではなかったかな、と思ったりもする。

（同前32　「希望——幕末無頼篇」のこと、二〇〇九年三月）

階級のない社会、平等の国。——一九三〇年代のスペインで、ジョージ・オーウェルやゲルダ・タロー、またジャック白井も幻視したかもしれない一瞬の陽炎を、さまざまの時や所のなかに、僕も垣間見ようとしていた、といえるのかもしれない、と、今は思う。

「希望——幕末無頼篇」

「希望――幕末無頼篇」の主人公、高杉晋作についての興味は、幼いころからだった。

アラカンこと嵐寛寿郎さんのファンになったのは「鞍馬天狗」のせいだったろうが、彼に「決戦奇兵隊」という映画があった。筋もなにも覚えていないのだが，こんな場面があったような気がする。

奇兵隊に応募した農民・町人に、隊長は命じる。これからは互いに、君・僕と呼び合うんだ、いいな？

隊員は答える「へい、旦那」「旦那じゃない、君だ」「へ、へえ、でも、おら、キミなんて、とても」「おらじゃない、僕」「すみません、旦那、じゃない、ボク、ちごうた、キミ」監督丸根賛太郎、一九四一年（昭一六）日活京都。太平洋戦争が始まった年の映画だ。

《君》とは、①もと地方豪族の尊称②天子また主君③あなた、などなどとあり（岩波古語辞典）《僕》はシモベ・下男、主として男性が自分をさして言う語（新潮国語辞典）。みな結構古くからの用例があり、尊敬と謙譲の意は十分含まれているが、吉田松陰をはじめとする松下村塾一門の意図あるいは心情は、わが国でも洋語のような普遍的代名詞――ＹＯＵで二人称はすべて片づくような――を、作りたかったのではないか。

ともあれ、高杉らの奇兵隊創設に、戦時下の小学生が《平等の国》イメージの匂いを嗅ぎ取ったなどとは、滑稽にしか聞こえまいが、僕の母は宮城のブリキ屋の娘で、戸籍のない旅の印判作りと駆け落ち（彼は僕の生父ではない）した彼女から、幼い日の僕は平等の心だけは植えつけられた、と今も思う。

高杉の平等思想じたい眉唾だ、彼はあくまで上士の身分から奇兵隊を発議したのだ——とは今日もむしろ定説のようだが、根拠は彼が藩政府で提出した稟議書に「畢竟は匹夫も志奪うべからずに候えば（略）止むを得ざる窮策」に御座候、うんぬんとあることによる。

僕は長い間にどのくらいテレビ番組等の企画書なるものを書いたり関係したりしたかわからないが、何の制約もなく真ッ正直に本音を吐露し得た記憶なんて、一度もない。テーマは愛情、それ以外はダメ、と局の方針が決まっていたりするところに、現実批判や変革の志が眼目だと声高にいう企画が、通るものか、通らないものか。今のことは知らない。ずっと幸福なのかもしれない。

が、頭の固い上役や旧弊な幹部に新しいプランを呑み込ませる苦労は、いつの世も同じだろう、と、この件については何度も書いた。つまり、僕は企画書の文言がそのまま提案者の本音で常にあるなどとは信じない。それが常識だろう。

しかし、歴史の先生は言う、作家が書くのは自由さ、しかしわれわれは証拠となる史料がないものを取り上げるわけにはいかない。「止むを得ざる窮策」と明記した文書がある以上、それを判断の基礎にするしかない、それが学問である。かくて、正史は伝える、高杉晋作は上士の限界を超えなかった、と。

「希望——幕末無頼篇」では、奇兵隊をやがて武士階級へと上昇するための階段と理解して怪しまない軽輩出身の隊員たちに、晋作は言う。

「おお、わしは武士が好きじゃ。武士とは、爽やかで、いさぎよくて、大義のためには命をも捨てる、それが武士ちゅうもんて思うて育った。——命が捨てられるなら、身分が捨てられなくて、どうする？——身分ぐらい、たかが」

　きょとんとした顔を見合わせる一同に対して、彼は続ける。自分は奇兵隊を、身分にかかわらず同様に相交わるものとして作った。士分でないものが士分になって、今までの仲間の〈上に立つ〉ためじゃない。それぞれの身分・特権を捨てて、同じあたらしい《何か》になる——が、そのイメージを彼は明確に表現できない。おのずと支離滅裂に似る。

「晋作：松陰先生が言われた《草莽》でもええ（略）先生は《人民》とも云われた、それでもええ。言葉は何でもええ。（先輩志士——モデルはこの時の奇兵隊総督赤根武人——を指して）あんたは、幕府のかり出した三十六藩十五万の軍勢に、二万の長州軍は勝てんというた。わしもそねぇ思う。（略）しかし、負けぬ。（略）防長二国の人民は、五十万じゃ（略）爺ィも婆ァも、わっぱも、そこにいて、そのままで戦う、兵隊になるのじゃない——ああ、わからんか、ぬしら！」

　隊員たちは言う、しかし、八月の外国連合艦隊との馬関戦争のとき、毛唐どもは破壊したわれらの砲台から、大砲を分捕って行った。そのさい、わが国の人民どもはぞろぞろ出て来て、敵が船に積み込もうとするのを手伝ったじゃないか。

　晋作も頷く。上海で見た光景とよく似ちょる——先生はよう言うとられた、欧米諸国が日本を植民地にしたら、日本には乞食が多いけ、やつらまず貧民院を作るじゃろう。捨て子が多いけ孤児院を、病院を作るろう。日本人はどんどん外人を慕い、従い、尽くすじゃろう。

　先輩志士はしみじみと説く、君は、いや、誰しも、上に立ちたい、その力が欲しい。その望みを持てばこそ、血のにじむ努力、辛抱、我慢も、好きで好きでたまらんけ、ほかの事は何も見えんごとなる――わしゃ自分がそうじゃけ、そうでない人もこの世にはおるちゅうことを、認めねば、大事にせねば、と、いつも思う――

するよ、晋作は不意に、別のことのように言う。わしゃおなごが好きじゃ、好きで好きでた

その言葉は、もちろん一同に通じない。

藩政府に対する蜂起をよびかける晋作に、首を縦に振るものはいない。一人が言う、死ににに行くようなもんじゃ。晋作が即座に答える、それさ、それをしよう、言うちょる――人民が植民地を選ぶなら、しかたない。そのときは、その前に、死に場所を得ておくしかない――

久しぶりにこの時の公演記録ビデオを見た。不評だけが強く印象に残っていたので、意外に面白く見た。出演者は皆よくやって下さっている。林光さんの音楽がいい。こんなのを書いてくれていたのか、と、今ごろ感動した。

演出は観世榮夫さんで、ご自身のスケジュールで稽古時間が十分とれなかったのが残念だったろう。楽日祝いの席で、なによりも是非再演を、と発言されたが、とてもそういう雰囲気ではなかった、としか言いようがない。青年座には西島大さんがいて、劇作家の先輩として、いつも親切にして下さる。僕が心安立てにタメ口っぽい言葉遣いをすると、

「おい、オレ、先輩だぞ」

ぴしりと窘(たしな)められる。

この時も僕の側にぴったり寄り添って囁く。

「おい、挨拶は短くな、短く、感謝の言葉だけで」

たぶん、不評が劇団にもたらす芳しからぬ雰囲気について、気を使っていられたのだろう。

僕は、だから大きな声で、

「ありがとうございました」とだけ言って、ぺこりと頭を下げた。打ち上げの僕のスピーチでは最短記録だ。

「よし」と、大さんは言った。

僕も面白い芝居を書きたいと思っている。ただ、問題は、自分に面白いことが、ご見物衆にも面白いとはかぎらないことだ、とは、何度か書いた。生涯つきまとうだろうそのズレ行きが、この芝居のときは、とりわけいちじるしかったようだ。むろん、時間の経った今では、反省するところもある。

奇兵隊を扱った芝居や映画は多いが、結成の瞬間を見せられたのは初めてだ、と晋作の御曾孫高杉勝さんに指摘されたが、その場面を下関の娼家にして、七段目（忠臣蔵の）張りに三人侍を出したり、自分では面白い仕事だった。多少異なる時間や所に起きた事件を一場面に圧縮する作業は芝居につきものだが、この場合ことに快感があったのは、正史に対して敢えて稗史（はいし）を作る誇りのようなものと、関係があったかもしれない。

題名の所以について一言。少人数の決起に踏み切った晋作の台詞だ。雑誌で揶揄するような短評を受けただけだが、敢えて紹介する。

「晋作：希望とは、うずくまった虎のようなものじゃ、と（略）飢えて、追い詰められて（略）

小さく小さくうずくまった虎（略）脅え、孤独に苦しみ、目だけがらんらんと光っている虎。それを希望という。そねェな絵を、たしかに見た、上海で」

（同前32「希望――幕末無頼篇」のこと、二〇〇九年三月）

「幻燈辻馬車」

『れすとらん自由亭★希望』（現代企画室、一九九三）の「あとがき」にも触れたが、「自由亭」「希望」と続けば、もうこれで芝居の注文は何処からもあるまい、と思っていたら、広渡常敏さんから「幻燈辻馬車」の話が舞い込んで来た。

僕は芝居はまず言葉だと思っているから、シェイクスピアがプルターク英雄伝の一節などから名作を生み出したごときありかたが、芝居書きとして望ましい基本だと心得ているところがあって、いわゆる文芸作品の脚色等は敬遠することのほうがむしろ多い。むろん例外はあって、幼少時から深い影響を受けた作品群には、積極的に挑戦したい気持ちもあった。

そして、山田風太郎さんと広渡常敏さんの組み合わせとなれば、話は別だ。広渡さんに甘えて自由に書かせてもらったが、結果としては、後に述べる《馬車》の表現について以外は、タリ（広渡）さんはほぼ直さなかった。

すでに病床にあられた山田さんの代わりにご家族が劇場に見えられたようで、面白かったと家人は言っている、と、山田さんのお手紙にあった。

十五年を経て、山田風太郎さんの『同日同刻　太平洋戦争開戦の一日と終戦の十五日』（ちくま文庫）を、僕は桐朋短大演劇科で、二〇〇七年度前期の教材に取り上げた。学期の終わりには、何人かが短いながら戯曲、あるいはその素材のような原稿を提出、これまでにない反応だった。

自分の芝居の稽古にはたいがい立ち会って来た。観世榮夫さんの場合には、いつもいっしょに作って来たような実感があった。タリさんには、はじめての経験をさせてもらった。あまり稽古場に来るな、と彼は言う。

来ても、役者と話をするな、と言う。役者が迷うからだ、と。当然、僕は不満だったが、しかたない。いっさい発言は差し控えた。

が、彼が過激な民権壮士たちにヘルメットをかぶせる、と言いだしたときには、猛反対した。さまざまな色のヘルメットを着用した学生たちが無残な内ゲバを繰り広げた記憶は、そしてそれに心を痛めた痛みは、すくなくとも僕のなかでは、まだ遠くなったとは言い切れなかったから。

たしかに山田風太郎さんの原作にも、赤軍派に言及した箇所がある。僕は広渡さんに訊いた。で、何色のヘルメットをかぶせるつもり？

タリさんは、あっさり答えた。「もちろん白さあ」

彼にとって、白が無色透明を意味するらしい、と気づいた。今思うと、僕が間違っていたのかもしれない。しかしその時は、ともかくヘルメットをやめてくれ、と切望するほかのことはできなかった。結局、タリさんは僕の切願を聞き入れてくれた。

きっと彼は、途方もなく純粋で、純情な部分を、生涯しっかりと手放さなかったのだろう。あるいは、この巨大な象のような存在の、ごく一部をしか、僕は撫でていなかったのかもしれない。

タイトルでもある「馬車」をどう舞台上に表現するか、という問題。僕も、作り物の馬車や馬を登場させる気はなかった。僕の基本的な考えかたは、人間たちが馬車を作ること。そう、電車ごっこや騎馬戦の方法である。

この芝居では、つぎつぎと登場人物が鬼籍に入って行く。その死者たちが、黒衣をまとって馬車を構成したら、と考えてみた。ただし、舞台上でうまく行くかどうか、まったく自信はなかった。

タリさんは劇場（ブレヒトの芝居小屋）の側面に、回転する車輪を照明的映像として投写する、というシンプルな方法をとった。このほうがよかったかもしれない。もし将来、この作を自分で演出する機会があったら、事情しだいで、この方法をとるかもしれない。彼はなんといっても熟練の演出者だった。

が、今も空想はする。黒衣の死者たちが作る馬車に乗って、あるいは囲まれ包まれて、会津落城から西南戦争を経て死に損なった老残の馬車屋干潟干兵衛や学者の錦織晩香が、大勢の幽霊たちとともに、すでに幽鬼と化しつつ爆裂弾を抱いて「加波山とやら」へ疾走する光景を。『れすとらん自由亭★希望』に収めた三作は、ある時期から自作を自分で演出する習慣をつけた僕には珍しく、観世榮夫・熊井宏之・広渡常敏と、友人ではあるが先輩の演出家によって演出され、またいずれも初演のみで再演の機会に恵まれないことについても、共通している。

が、一冊の戯曲集にまとめてみて、これまでにない印象があった。とりあえず、主題の共通性とでも言っておけばいいのだろうが、なんら意図したわけではなく、作品たちが自然にこんな一種の纏まりを示したわけである。


（同前33　「幻燈辻馬車」のこと、など、二〇〇九年四月）

「私の下町――母の写真」

「私の下町――母の写真」（一九九四）は、僕の母を中心に身近な世界を描いている。きわめて近い、と言えるかもしれない。事実、書くのにあまり苦労がなかった、と記憶している。

だが、この芝居の重要なポイントに、主人公甲野初が、宮城県から駆け落ちして来た旅の印判彫り工藤豊の、というより、彼をふくむ仲間たち《旅の種族》の正体は、という謎がある。その謎は、自分もわからないまま書いた。書くことによって、あるいは、謎を解く手がかりが得られるのではないか、と願いながら。

家の仏壇には「隆山清徳居士」という位牌があって、母はそれを「ご先祖さん」と呼んでいた。先祖と言うからには、何代前のどういう人物か、と知りたくなるところだが、それには僕は幼かったこともあり、また迂闊なタチでもあって、不審を抱いた覚えがまったくない。位牌の裏には俗名伊藤清とあったという記憶がある。

今の僕の知識では、その伊藤清さんは母の前夫であり、姉の父親である。彼の死後、兜町の株屋の番頭をしていた福田利三郎と母との間に生まれたのが、僕。

生父福田利三郎の働いた株屋の名を「ボート」と言った、と、父方の親戚のうち例外的に母と親類づきあいを続けていた館林の山口進さんから聞いた。兜町に本社のあった『日経新聞』（以前は『中外商業新報』）なら、当時の群小証券会社のこともわかるのではないか、と期待したが、ついに空しかった。元日経記者の川本雄三さんは、ずっと「ボート」という名を気にして下さっていたが、彼も山口さんも、故人になった。

姉の父（だと思う）伊藤清さんのことは、ついに手がかりもつかめていない。ただ彼が〈戸籍のない男〉だった、と知られているのみである。

旅の印判彫りなら、たぶん木地師の系統だろう、とその筋の研究家の方に教えていただいた。国枝史郎の作品などにも出てくるように、旅の種族のうち木地師の集団は、かなり結束の固いものがあったようだ。そしてその類のいわば《旅の民》は、一九六〇年代初頭を最後に、日本列島から姿を消す。

いずれわかってくるだろう、と思っているうちに年月が過ぎて、もう諦めざるをえないだろう。一番の原因は、僕自身に熱意が乏しかったことだろう。

僕の自伝的要素を含む作品として「私の下町――母の写真」が新聞に報道されたために、前記山口進さんとも連絡がとれ、館林の福田家の墓に詣でることもできたのだが、墓の裏面にたしかに福田利三郎の名があった。そして、歴代男子はみな何三郎とかの名がついている。

僕の本名（戸籍名）が鴻巣（母の姓）泰三であることについて、長男なのになぜ三の字がつくのか、不審がられたことは多い。その理由は、ここにあったわけだ。

では、なぜ泰三郎ではなかったのか。べつに突っ込んで考えることもなかった。

簡単に言えば、庶系であるために、郎の字をつけることが憚られたのだろう。憚ったのは誰か。むろん父だろう。が、母も承知だったに違いない。

そんなことを、必要があって戯曲を読み返して、改めて気づき、すこし気になった。今ごろになって。

母方の親戚筋が一致して、あんなおっかねえ人はいねがった、と母のことを言う。いわば彼らに君臨していた母のイメージが、僕にもある。

つまり、今も母について、新しくわかってくる部分というものが、ある。

僕の学生時代から、役の系図を書け、という〈役作り〉の勉強法があった。子を知るには親を知り、そのまた親を――とサカノボッて行くわけだ。想像力の訓練には役立つかもしれない。僕はやったことがないし、生徒にもすすめない。

サカノボリ型の体質ではないのだろう、と思っている。現に自分の親のことさえわからないのだもののな。

（同前36〈わからない〉ことについて、など、二〇〇九年七月）

「漱石の戀」

漱石は生涯、芝居と相性が良くなかった。「明治座の所感を虚子君に問われて」「虚子君へ」（一九〇九）など痛烈かつ痛快な観劇記があり、前記従兄弟の蔵書で読みながら僕は声を立てて笑ったが、すでに幼いながら歌舞伎ファンだった僕は、その頃から愛する二つ、漱石と芝居とに引き裂かれる思いを覚えていた、と言えないことはない。

幼い、と言えば、ロンドンから帰って帝大の講師（教授ではない、念のため）になる漱石こと夏目金之助を「金太郎とか金之助とかいう馬の骨同然の奴」と呼んで排斥運動を行ない、そのまま中退してしまった学生たちの一人が、新劇の祖の一人小山内薫である。

小山内氏たちの運動は、愛する小泉八雲ことラフカディオ・ハーンが大学を去るのは、新任の夏目なにがしに追い出されるのだ、と理解したためらしい。当時なお外人教師はすこぶる付きの高給取りで、文部省としては新帰朝の夏目金之助ならハーンの給料の僅か二割弱で雇える、という台所の事情があったようだ。何にしても漱石の責任ではない。

が、むろん不快でなかった筈はないだろう。カラーの襟を高く立て先細の靴を鳴らして颯爽と現れた彼の講ずる「文学論」は、文学とは「F＋f」なり云々と「物理学の公式見たような」もので、R・ハーンの叙情的な英詩鑑賞にうっとりしていた学生たちを、おおいに顰蹙させた。

（僕は「F＋f」は演技論に解釈できるなあと、いつからか思いはじめたが、それは別の話だ）このあたりも、いかにも漱石らしい依怙地と強情である。なお、今日でも『文学論』は岩波版全集でもっとも売れていない一冊だそうだ。

が、漱石は変わり身も早かった。次の学期からはシェイクスピアを講じて、教室は学生が廊下にまで溢れる盛況と一変したと言う。

拙作「漱石の戀」（俳優座で「ロマンス――漱石の戀」として一九九五年上演、演出は島田安行さん。同年「悲劇喜劇」三月号に発表、九七年三一書房『漱石の戀・夢、ハムレットの』刊行のさい改題）は、そのあたりの、つまり帰朝してから専門作家となるまでの漱石を、『道草』を主な材料として書いたが、某日刊紙の文芸欄コラムで「劇作家などに漱石がわかるわけはない」と言わんばかりに（いや、たぶんそう言っていたのだろう）一蹴されて、以後話題になったことはない。

が、今にいたっても、劇作家なればこそわかる、という面が、漱石になくはない、という気がしている。字で書かれた言葉の群れを俳優の語る言葉に起こして行くと、見えてくることもある、と信じている。

漱石はいつも不機嫌だった。しかし意地でも、ユーモアを忘れたくはなかった（のだ、と思う）。今日の目からは、紙幣に顔が描かれたり、「坊っちゃん」が不滅のベストセラーだったりすることから、彼をいわばエスタブリッシュされた、主流あるいは体制の具現者とさえ見なすことが怪しまれないが、彼の生きた時代には、文芸の主流はとうとうと自然主義だった。つまり、漱石はむしろ孤立していた。

戦後、江東区の焼け跡にようやく建った姉の家で、半分千切れた戦前の古雑誌（女性誌だった）をめくっていると、後世に鴎外は残るが、漱石は多少の短いものを除いて、おそらく二十年（だったと思う）で忘れ去られるだろう、うんぬん、という文章があって、中学生の僕にショックを与えた。正宗白鳥という名を覚えた。

石川啄木（朝日の校正係だった）の早すぎる死を悼んだ漱石も、四十九歳で死んだ。啄木も漱石も、むろん狂気のゆえの死ではない。が、なにがしかの精神の病に対する親和的な気質の持ち主だったことは確かだろう。僕が「漱石の戀」で追求してみたかったのは、彼の狂気だ。漱石のそれが分裂病（統合失調症）系親和気質のものか、それとも躁鬱病系か。古くは『漱石の病跡』（千谷七郎、勁草書房、一九六三）ほか、多数の著書・研究があるが、今日有力な説が何かは知らない。

実は僕にも確たる意見はない、と言えば、医者でも研究者でもない素人が何を生意気な、と笑われそうだが、そこがそれ、芝居を書くについては、なにがしかの推理、あるいは感覚を持たないでは不可能なのだ。だって、役者と話ができないじゃないか。

（同前26　夏目漱石のこと、「素人と黒人」ほか、二〇〇八年九月）

「夢、ハムレットの」

芝居で思想が、あるいは思想だって、語れるのじゃないか、と思ったことがある。笑わば笑え、〈いま〉の人びと。

思想を語るとは、おおむね社会主義（的）思想を広め、もって世を啓蒙変革せんとするものである、と見なされた時代があったことを、僕も多少は知っている。そんな話ではない。社会劇というものが、総じてあまり好きではなかった。学生時代に書いた芝居が、その傾向のものだったから、その派に分類されていたが、テレビ番組でも、その傾向のものには馴染めなかった。

振り返って、生計の資はその多くを放送作家として得て来た。シナリオ作家協会からシナリオ功労賞なるものをいただいたが、書いた映画台本は、ほんのわずかだ。芝居の収入は、むろんたかがしれている。収入を基準にして職業の呼称を定めるなら、僕はまずラジオ・テレビの脚本家だった。

で、僕の若い頃、社会派テレビ番組とし「判決」シリーズというのが著名で、長続きもしたと思う。が、一度も書いたことがない。正確には、頼まれたことがない。

そんなものかもしれない、とは思う。僕だけのことではないだろう。

学生時代に、さる左翼の活動家がアメリカン・ポップスが好きで、当時流行の「ボタンとリボン」（ボブ・ホープ主演『腰抜け二挺拳銃』の主題歌）をいつもくちずさんでいたことから、米国文化に侵されたスパイだと摘発された、と聞いた。

馬鹿馬鹿しい、と思う。が、ことは、いつも〈馬鹿馬鹿しい〉で済むとはかぎらない。

一九八六年に、結城座で「ある人形芝居の一座によるハムレット」を上演した。この座特有の人間・人形混淆劇である。

ある大衆劇団（旅芝居）の一座の後継者の青年が、廃墟となった都市に復員して来る。一座は「ハムレット」を上演しようとしていた。青年はそのまま主役として稽古に入り、彼と一座が「ハムレット」を稽古あるいは上演し続けるうち、戦後という時間のあらかたが過ぎてしまう。劇の途中から、この一座にもテレビが入り、以後、戦後のさまざまな事件の断片を映しつづける。それが舞台で進行中の内容と、有意に相照応する場合もあり、まるで無関係なことが批評になることもある。

その頃この手法が結構気に入っていて、なにか重大事件があると、すぐニュース画面を録画しておく癖がついた。

有名な第四独白の小田島雄志さん訳「このままでいいのか、いけないのか」が、発想の基礎にあった。私のハムレットは、小田島訳を意識的に誤解（ただし諒解のもとに）して、

「このままでいいのか！――いけないのかっ――」

と、暗闇のなかから客席に向かって叫んだ。このときのハムレットは結城一糸さん。

いつか人間の芝居でもやりたいと狙っているうち、機会が来た。木山潔さんが、戦後史を芝居にしたいと言う。それ、僕にやらしてください、と飛びついた。

「壁の中の妖精」「私の下町――母の写真」と好評が続いたので、木山さんも寛大になっていたのだろう。劇団協議会主催、都民芸術フェスティバル参加の企画も通って、「夢、ハムレットの――シェイクスピア作・小田島雄志訳の悲劇による幻想」として、九六年三月俳優座劇

場ほかで上演が実現した。結城座版から十年目だった（『漱石の戀◎夢、ハムレットの』三一書房、一九九七）。

結城座バージョンと構造はほぼ共通しているが、その上に〈思想〉を載せてやろう、と企てた、と言えば、いかにも軽薄だが、つまり〈戦後史〉を、どれほどか〈戦後思想史〉にしたかったのだ。

繰り返し書いているが、僕は木下順二先生の「風浪」に最も動かされ、いつか自分の「風浪」を書いてみたい、と思い続けていて、いまだ果たしえていない、という思いが強い。もっとも近年の「颶風のあと」（二〇〇八）もその一つだ。

この「夢、ハム」の内容のすべては、要するに〈病人〉だったにすぎない主人公《彼》の、見た夢。その中で登場人物たちはさまざまな〈思想〉的書物の断片的引用を口走る。たとえばエルシノア城中で《彼》の手にしている書物は『死にいたる病』らしいのだが、ポローニアスが「なんのこっちゃ」と呟くのは、まことにもっともだ、というほかはない。

このころ『ソフィーの世界』（J・ゴルデル）が出てよく売れたようだったし「戦後の私たちにつむじ風のように吹きつけた《思想》の言葉の群れを、結構露骨に語る芝居」（前掲『漱石の戀◎夢、ハムレットの』私の「あとがき」）も、あったっていいのでは、と考えたわけだったが、結果は——まあ、失敗だった。

芝居は現実と夢とのあわいの海に漕ぎだす船で、積み荷はなんでも載せられる、と何度も書いた。積み荷しだいで乗務員の心は勇み立ち、船足も軽くなるかもしれない。といって、船を海に浮かべ推進させる動力が積み荷にあるわけではない。それは、やはり広義の詩だろう、と今も思う。

（同前37「夢、ハムレットの」のこと、など、二〇〇九年八月）

「新・ワーグナー家の女」

たかべしげこさんとは、名古屋の放送劇団で、二、三度仕事をしていた。その一つに、トーマス・マンの短編『マリオと魔術師』のラジオドラマ化（NHK名古屋、一九七〇）があった。

その魔術師は、催眠術を得意とする手品師と言ったほうがいいかもしれないが、舞台に呼び出す観客を自由自在に操って、客席の観客を爆笑させる。若い青年には醜い老人が自分の恋人に見え、知識人の男はその術にかかるまいと努力しながら、他の人びと同様に、魔術師の意のままに手振り足振り踊りだして行く。

ナチス・ドイツに席巻されて行くヨーロッパの状況が、作者にこれを書かせたのだろう。

僕の脚本作者としての仕事は――というほどの仕事はしていないが、「オッペケペ」（一九六二）で、日清戦争時に、民権派の壮士たちが雪崩をうって国権派に転じて行った「史実」に、すくなからぬ衝撃を受けながら、なおその形象化が未熟なままだったことをいわば借財の一つとして感じ続けていた僕としては、かなり乗って書いたラジオドラマの一つだ。ただし、答えがいくらかでも出せているわけではない。

魔術師は言う。「自由」はある、「意志」も存在する、しかし「自由な意志」は存在しない、と。それを否定し反抗する知識人は、ついに魔術師の意志に従わされて行くのだが、脚色者としての僕は、その知識人を語り手の「父」として、つまり他人事でなく語らせるための工夫をした、とは言える。

そしてそのドラマで「母」を演じたたかべさんが、ほぼ三十年経った一九九九年に、

「これ、芝居にならないかしら」

と持って来たのが、清水多吉さんの『ヴァーグナー家の人々』（中公文庫）だった。

話の核は、かの大ワーグナーの息子、ジークフリート・ワーグナーの妻になったヴィニフレッドが、かのアドルフ・ヒトラーの熱烈な支持者に、さらには心を許し合う親友となったこと……そしてヴィニフレッドの娘、フリーデリントが、ナチスドイツから逃亡して反ナチス運動の協力者になったことだ。これだけで十分刺激的で、一も二もなく承知した。

よく知られているように、大の字がつくワーグナー、リヒャルト・Wは、自分の理想とする楽劇を実現するには、とほうもない費用がかかることを、よく知っていた。彼は、パトロン探しに多くの時間と情熱を費やし、ついにルードヴィッヒ二世に出会うことが出来、バイロイト祝祭劇場は建設された。

リヒャルト・ワーグナーの死後、その遺産、なかんずくバイロイトの運営は妻コジマに、そ

して息子ジークフリートに引き継がれた。コジマは最善を尽くしたと思う。ジークフリートは素晴らしい人格者だったが、父リヒャルトが溢れるほど持っていた自負、自惚れ、辛辣と意地悪、とりわけ傲慢、などなどの天才特有の資質に、みごとに欠けていた。

そこへ、大ワーグナーの熱狂的ファンであり、あらかたの曲を暗譜して口笛で吹くという伍長、アドルフが登場する。

すでに、清水さんの著書を逸脱した説明になっているが、僕は、ヴィニフレッドはやはり、アドルフを愛していたと思う。

僕は、コジマとヴィニフレッド、そしてフリーデリントの、ワーグナー家三代の女性を登場させて、まず九九年木山演劇事務所上演の「ワーグナー家の女」(『テアトロ』一九九九年十二月号)を作った。

このバージョンは、作って行く過程で、ナチスとの関係に力点が大きくかかり、女三代の物語というには、バランスを失した出来上がりになった。

この芝居には、舞台に俳優の姿では登場しない二人の〈主役〉がいて、アドルフ・ヒトラーと、リヒャルト・ワーグナーである。現実に相会うことのなかった二人は、この芝居でも対立するわけではない。対立し合うのは、ヴィニフレッドとフリーデリントである。――とすれば、この二人を軸にして描き直したほうが、より明確になるのではないか、と、当時から考えてはいた。

拙作「オッペケペ」について、雪崩のような明治の転向現象に触れたが、ドイツにおける、国民のナチに対する傾斜の速度は、まことに凄まじい。一九三三年の国会選挙では、九二・二パーセントがナチ党に投票。三六年、ついにドイツ軍が国境を越えてラインラントに進駐したときの国民投票の支持率は、九九・八パーセント。――つまり、やがて抹殺の対象になった人びともまた、ナチを支持していた。

なぜなんだろう。なぜ、こんなことが。答えを得られないままに、今も関心を持ち続けないわけにはいかない。

僕の幼少年時代、ナチスドイツは友邦である。東京の下町の宿屋という環境は、多少独特に偏向していた、とは言える。ムソリーニのイタリアがエチオピアを侵略したとき、小さな宿屋の帳場の雰囲気は、断然エチオピア贔屓だった。

戦争が終わると、戦争中に「鬼畜米英」と叫んだ大人たちが民主主義を唱えはじめ、それに対する反感・違和感・不信感は、多くの人が指摘する通りだ。僕も例外ではない。が、どっと流れ込む〈民主的〉情報や知識や、その他もろもろにまきこまれて、目の回る思いもしていた。その中の重要な要素に〈音楽〉もあった。

GHQの主だったマッカーサー将軍が帰国するとき、土下座して見送ったお婆さんがいる、と新聞は伝えた。

僕が、すこし大人になったような気がしたのは、

――あのお婆さんは自分だ。

と理解するようになってからだ、という気がする。なぜ、そんな認識あるいは実感が、ふい

に自分を訪れたのか、よくわからない。

つまり、それらのことに、拙作「ワーグナー家の女」は関わりが深い。

改稿の機会は、奈良演劇鑑賞会の事務局長だった磯貝淑子さんが、京都労演と木山潔プロデューサーを動かして作ってくれた。それが「新・ワーグナー家の女」（「テアトロ」二〇〇四年六月号）である。

設定を、半ば廃墟のビルの一室で行なわれる「非ナチ化委員会のための予備審問」に限った。コロスの他は、母（ヴィニフレッド・ワーグナー）と娘（フリーデリント・ワーグナー）の二人のみ。（祖母（コジマ・ワーグナー）を基本的にカットしたので、企画当初から参加の川口敦子さんには申し訳なかった。ごめんなさい）

「新・ワーグナー家の女」では、ほとんどのシーンが母と娘の対決で、それをなるべく生々しく描きたかった。フリーデリント・Wの著書『炎の遺産』が役に立った。清水多吉著『ヴァーグナー家の人々』は企画の出発点だが、むろん、僕の戯曲はその脚色ではない。

ヴィニフレッドが非ナチ化委員会に召還され、結局罪をほぼ問われなかったのは史実である。が、そのための「予備審問」は、僕のフィクションだ。

委員たちの了承の下に、娘は母に対して、ナチス党との、そしてヒトラーとの関係を質問者として追求する。母は、大ワーグナーとルードヴィッヒ二世との関係のように、バイロイトはパトロンとしてヒトラーを必要としたと語るが、次第にさまざまな問題（そこには指揮者フルトヴェングラーとトスカニーニの〈対話〉も含まれる）があらわになり、最終的にはユダヤ人問題にしぼられる。
　ワーグナー家の伝統と称してユダヤ人を差別する母に、娘は言う。

娘　（我慢して）でもね、ママ……違う人と暮らすのが、人と暮らすことなのよ……食物も習慣も、匂いも、恥も……

母　（無視して）「お前たちの上にのしかかっている呪いから、永遠に解き放たれる道はただ一つ……さまよえるユダヤ人の解放とは、滅亡することとだ！」

娘　ヒトラーの言葉ね。

母　リヒャルト・ワーグナーよ。

（委員たち、動揺する）

（中略）

娘　ママ……人間がいなくては、音楽もないのよ。

母　（断固として）間違っている。……お前も、私もいなくなっても、音楽は残る。ドイツがなくなっても、大ワーグナーの芸術は……

（あの、耳慣れた音楽が聞こえる。「ワルキューレの騎行」）

娘　人間の絶滅した廃墟の上に鳴り響くのね、お祖父さまの音楽が。

　もう一つ、コロスの一人（進駐軍のＧＩ）が、極めて偏向した意見を言う。

コロスの一人　なぜ、パトロンが必要なのですか？……楽器が揃わなくても、人間の声があり、手が拍子を打てば……音楽を愛する人間が集まれば、そこがオペラハウスではないのですか？

（同前41　「新・ワーグナー家」のことなど、二〇〇九年十二月）

《ミュージカル篇》

「ピーターパン」

大劇場の仕事が多かったわけではない。東宝演劇部とは日劇ミュージックホールを除くと一度しか仕事をしていない。今思えば滑稽な行き違いや錯覚・誤解などがあったと思うが、そのときはそれを積極的にただそうという気持ちがなく、立動舎制作や結城座の仕事にむしろ血道を上げていた。生活はまだラジオドラマや、テレビでは海外ミステリーの翻案（「土曜ワイド劇場」とか）脚本の仕事などに、主に頼っていたと思う。

新宿コマ劇場が例外で、年に一度ぐらいの割りで、いわゆる「歌手芝居」の仕事をした。社員作家だった谷口守男さんの台本の演出や、彼との共作が多かったが、なにより当時の新宿コマの現場には、いっしょにモノを作る仲間たち、という気配があり、それは僕にとって仕事を測る尺度だった。

大西信行さんは僕の敬愛する同業者で、麻布中学演劇部の先輩だが、一時放送局におられたりしたためだろう、芝居の世界は君のほうが先輩だ、と、いつも立ててくださる。その大西さんが、コマの仕事をなさったとき、新聞広告などで作家の名前が小さいと怒られた。

むろん大西さんに理がある。が、コマは出演者は別として、他のスタッフにくらべて作家演出家の名を小さくしたわけではない。みな同じ大きさ（小ささ）で、それは多年「歌手芝居」を軸にして生き抜いて来た劇場の、一つの見識かもしれない、と当時の僕は思った。

大西さんには「君の日生劇場（デュマ原作『三銃士』など）の仕事はいいが、コマのはよくない」と叱られたが、コマの仕事は良くも悪くもいつも大勢との共同作業で、僕はそのころそれが楽しかった。仕事の上がりが不安定でも、言葉は不適切かもしれないが、それが大衆的であることの一つの側面であるようにも思われていた。ただ〈コマ的〉だったにすぎなかったのかもしれない。

いずれにせよ、そんなこととけっして無関係ではなく、ブロードウェイ・ミュージカル「ピーター・パン」の話が来た。

一九八〇年に、ニューヨークのブロードウェイをコマの制作者北村三郎さん下村順久さんたちと歩いていると、ひょいと顔を覗き込むように前に立ちふさがった小柄な日本人がいて、振付の坂上道之輔さんだった。まったくの偶然である。旅は道連れ、のノリで、そのまま彼も同道して「ピーター・パン」上演中の劇場に向かった。

これがいけなかった、と言っても、全然坂上さんのせいではないのだが、向こうのスタッフは、日本のプロデューサーたちが振付師まで連れてやって来た、現在上演中の「ピーター・パン」の舞台をそっくりコピーするつもりにちがいない、と言いだした。

ちょっと説明がいる。ミュージカル「ピーター・パン」リブレット（台本）には、台本作者の記載がない。つまりサー・ジェイムズ・バリーの戯曲「ピーター・パン」（このノヴェライゼイションが物語「ピーター・パンとウェンディ」だ）を、基本的にそのまま、かのジェローム・ロビンスが企画演出した、という形。実際には当時のスーパースター、メアリー・マーティンが、ご主人の制作で娘も出演させるなどして作ったもので、J・ロビンスはニースかどこかにいて稽古に来なかった、という話もあるが、真偽のほどは不明。

ともかく五〇年代のM・マーティンによる上演のあと、すくなくともブロードウェイの舞台にはかからなかった。それを、七〇年代になってサンディ・ダンカン主演でリバイバルして、これが当たって日本にまで聞こえた、という次第らしい。

何といってもフライイングが話題だった。M・マーティン版からフライイングはイギリスの俳優出身のピーター・フォイ氏の担当で、仲良くなってから彼に聞いたところでは「オレは最初から同じことをやっている。M・マーティンは優雅で、S・ダンカンは活発だった（と、アクションの真似をやってみせて）それが今の客には受けるってことだろうな」とのこと。

そこで、S・ダンカン版の演出者はじめスタッフには自負がある。日本人たちはわれわれの努力の結晶を、黙って盗むつもりか（と言ったかどうか）、とにかくわれわれに対してもしかるべき額を支払うべきだ、もし盗むつもりがないなら、何故振付師を同道したか、などなどの声があったらしい。

ホテルの一室で、コマの制作陣と僕だけの会議が開かれた。意見は分かれた。公演の安定的な成功のためには、現在のアメリカ・スタッフの要求をのみ、彼らのリードで制作したほうがいい、これが一つ。

もう一つは、要求を蹴って、あくまでM・マーティン版とわれわれは契約する。現在のバージョン特有の演出は採用しない。むしろ注意深く避ける。いわばわれわれはわれわれのバージョンを作る。僕がこっちに賛成だったこと、いうまでもない。

運命の一夜だった、と今思うのは、けっしてオーバーではない。もし前の案で決定していたら、その後の展開はどうなっていたことか。しかし後の案を不安に思う向きがあったのも当然で、つまり僕の演出に十分な信頼がなかったのだろう。

さて、ミュージカル演出者としての僕は、これが出発だったに違いない。初日の夜は果てしなく議論が続いた。音楽監督の内藤法美さん（彼も麻布の先輩だ）が、

「うんと揉めたときのほうが、成功するよ」

と言って先に帰って行ったのが、もう明け方だった。

P・フォイ氏には、全くあたらしいフライイングを二箇所作ってもらった（大揉めだったが）。

（同前20　「ピーター・パン」のこと①、二〇〇八年三月）

ミュージカル「ピーター・パン」日本初演はブロードウェイ・ミュージカルと宣伝にうたいながら、当時ブロードウェイで上演中のバージョンとは、積極的に異なる日本バージョンを作ることになった。そこでいろいろ作戦を立てた。

劇場には、子どもなんて、四十分以上はぜったいに我慢しない、という意見があった。よし、ならそのジンクスを破ってやろう、と考えた。原戯曲でも、ぬいぐるみの犬ナナが序幕でのコメディ・リリーフになるし、あとでは鰐などが登場する。これを拡大解釈して、チンパンジー君たちに活躍してもらい、幼い子どもたちの興味をつなぐようにした。――それでも、序幕のあいだ小さい子たちが親を「ねえ、いつ飛ぶの？　いつ飛ぶの？」と責めたてる声があったことは事実だ。

できるだけ短くしろ、極端にはフライイングだけでいい、という声もあった。これは、当時そういう上演の例があったらしい。サンディ・ダンカンが来日したとき、榊原郁恵さんと会いに行ったが、そのときサンディは僕たちに、

「どこと、どこを上演するの？」

と聞いた。彼女の目に郁恵さんがとても幼く見えたことと関係あるかもしれない。

ともあれ、新宿コマ劇場内部に対しても広報関係にも僕は、

「子どもたちに、フルコースのディナーを提供したいんだ」

と、繰り返した。子どもたちはお菓子しか喜ばない、とする先入観に対する挑戦でもあった。だって、郁恵さんがフライイングをやるシーンだけ見せて観客をどんどん回転させようという

なら、それじゃまるで――まあ、あとは言わないでも済んだ。総体的に、劇場スタッフの理解は大きかった。郁恵さんのマネージャーの青年もはじめは、

「これは、郁恵のミュージカルなんだから、郁恵の考えで作っていいはずでしょう」

と、言って来たが、よく話すとまことに分かりのいい好青年で、以後、いっさいの苦情がなく、ここで一つ、成功に向かってポイントがとれた、と思う。郁恵さん自身が、素晴らしい人だった。当時はヒット曲もなく、やや逆風を受けていた感があって、共演者の交渉にも、それは反映した。ウェンディ役の交渉で、あるプロダクションにプロデューサーと同行すると、担当氏が苦笑まじりに、

「うちの××は、そういうのに出るナニじゃないんですよ」

と、当時人気の大物監督の○先生や△さんに目をかけられているんだ、と得意げに述べ立てた。その○さんも△さんも僕の旧知だったけれど。

まあ見事に期待されないで始まった仕事だった。

リブレットは三幕構成だ。序幕ロンドンのダーリング家から二幕のネバーランドに舞台転換するのは、時間がかかる。そういう転換上の必要から幕間がとられている。それを僕は二幕にした。内容の必要を優先して、ウェンディたちがネバーランドへ来て最初の日の終わりで幕間をとった。ついでに、夜の動物たちの咆哮でカーテンを下ろしたかったが、高い金でオーケストラ雇ってるんだ、とすごまれ、音楽監督の内藤法美さんが、いいよ、ぼく幕おろす音楽書くから、といってくれたので、妥協した。

実のところ、初演の初日には、転換に時間がかかり、激怒した劇場トップは、明日から三幕構成に戻せ、命令だ、という。大道具の棟梁は、明日は絶対に短い時間でやって見せる、と言う。僕はそれを信じた。会社は信ぜず、電車が動くのが聞こえてもまだ議論が続いた。

ピーター・パンが「成長したがらない少年」であることについても、教育上問題があるんじゃないか、と指摘された。僕もこの芝居には毒がある、と思っている。それが今日まで生命を持ちつづけた理由の一つだと思う。

僕の理解では、ピーターはおそらく成長しないのではなく、これ以上は大人になる道に踏み込むしかないという、そのギリギリで、いつも立ち止まり、帰ってくるのだ。そこにウェンディとの思春前期的愛情がからむ。訳者の早川保清さん、音楽の内藤法美さんの協力を得て、演出者のイメージにそったバージョンを作ることができたと思う。

向こうの上演では伝統的に、ウェンディ役者が、ラストシーンで、その娘ジェインを演じ、母親になったウェンディ（ウェンディ・グロウアップという役）は、大人の役者が演じる。それでは、ウェンディ役者のしどころがないだけでなく、この芝居の主題が浮かび上がらないし、誤解じゃないか、と僕は考えて、ウェンディは最後までウェンディにした（このやりかたを踏襲する例もその後あると聞いた）。

フライイング設計のP・フォイ氏は「おれたちの国（英国）の芝居に君たちが身を入れてくれるのは嬉しいけれど、おれたちにしてみれば子どものときから、毎年クリスマスに見せられる極めて退屈な芝居の一つなんだ」と、言っていたが、その彼とフライイングを増やす件について、激論になった。

僕はどうしても、海賊船の場をクライマックスにしたかった。舞台装置の妹尾河童さんも、コマ劇場の構造を利用して巨大なメリー・ロジャー号の舳先を客席に向かって突き出し、それがコマ特有の中盆・芯盆の上下によって、ゆっくり動くかなり豪快なシーンについては賛成だった。（実を言うと、ネバーランドのシーンについて僕は廃墟っぽい匂いを、と提案したのだが、却下された。それは河童さんが正論だったのだとは思う「そういうのは、いつか君の焼跡のピーター・パンをやるとき、やれば？」と彼は言ったのだ）

そこではピーター・パンが空を飛んで飛来し、ウェンディの手をひいて飛び去り、また帰ってくるフライイングが必要だ。その相談をしていると、フォイ氏は突然立ち上がって原戯曲の説明を縷々、アクション入りで解説しはじめた。

もちろん原戯曲でもブロードウェイ版でも、「博多小女郎波枕」ふうな海賊船のスペクタクル的シーンなどはない。場面は船の甲板だけで、それなりに面白い景だが、僕は大幅にカットして「フックのワルツ」は舞台に海賊船が飾られるまでの間の花道芝居にした。――まあ、詳細はともかく、コマ劇場でいつも自分の主張をゴリ押しにしたりはしなかった私が、そのぶん、といっては語弊があるが、ミュージカル「ピーター・パン」では、強情を貫いた。

フォイ氏は、原戯曲の設定について熱弁をふるったのち、僕が「そんなことはわかってる、日本には何種類もこの戯曲の翻訳がある」と返答すると、ふいに、

「お前はおれが嫌いなんだ」と言いだした。

「そんなことはないよ」と言うと、

「いや、おれは日本語はわからないけど、わかるんだ」

とりつく島もない、と感じられた。

が、そのあと、豹変して、わずかな金額でこの箇所ともう一つのフライイング増加を、了承してくれた。――もう一つというのは、ネバーランドから空を飛んでロンドンのダーリング家に帰ったウェンディ姉弟と、くっついてきた迷子たち（この「乳母車からずっこけちまった」迷子たちが、僕には焼跡の浮浪児に見えてしかたがない）が心の広いダーリング夫妻の温かい胸に抱きとられる感動的な光景を、煙突の上からじっと見つめている孤独なピーター・パン、という場面を、僕は作りたかったのだ。むろん彼はウェンディの「ピーター、そこにいるのね？」という呼び声をきくと、ふわりと飛び去って行く。

それにしても、フォイ氏のタイプには、善人が多いものだ。

（同前21　「ピーター・パン」のこと②、そのほか、二〇〇八年四月）

「ピーター・パン」は大の字が確実につく成功だった。めったにあることじゃないから、多少書いておいてもいいだろう。どんな劇場でも、幕内（関係者等）の人間なら、舞台をのぞけるいわば秘密の場所が、あったものだ（近年は諸法規の関係で、様相が異なる）が、新宿コマという大きな劇場で、それがなくなってしまった。

三階の一番奥の子役部屋の近くに、われわれ演出スタッフが斜め上から舞台を見下ろせる小部屋があった。美空ひばりさんのお母さんしか使えない、と伝説の館内電話があったりした。せいぜい三、四人が限度のその小部屋が、ドアを開けると「関係者」のお尻しか見えない超満員。悪役で知られた俳優（おおむね、こういう人は好人物）が、子どもを何人か連れて制作部にやって来た。オレが言やぁなんとかなるさ、と胸を叩いて来たらしく、引っ込みがつかない様子だ。が、無理なものは無理で、ついにちょっと凄んでから、あきらめて帰った。

劇場側の反応はと言うと、すぐさま上がった声が、来年の郁恵さんの演目を探そう、孫悟空じゃどうだ？　など。なぜ再演の可能性を考えないか、不思議だった。ヒットは主演タレントの故と考えるのが、当時の健全な反応というものだったろう。プロデューサーのSさんは誠実な人柄で、私は好きだったが、やや物事を悲観的に見る傾向があり、きっと来年は駄目だろう、とか、ディズニー映画の再上映があるまでの命ですよね、とか言っていた。結果は榊原郁恵さんと私（たち）のコンビで七年、あとはさまざまな形で、今も続いている。

何年目だったか、皇室の最高にやんごとないかたまで見えた。終演後舞台にお出でになり、出演者たちと会われるという段取りで、私には遠慮するように、と劇場の管理職から通達があった。むろん不満などはない。フライイングの操作をしていたデーヴィッドと、彼の狭い控室でボソボソ片言の会話などしていたが、妃殿下と宮様が見えた、と裏で抑えた興奮のざわめきが上がり、根が野次馬だから、通路まで見に行った。すると、コマの社長の伊藤邦雄さん（当時梅田コマが本社）と、目が合ってしまった。

せんせ、何してはんねん、早うこっち来なはれ、と伊藤社長はしきりに手で招く。私に遠慮を命じた管理職の顔をチラと窺うと、知らん顔だ。大勢の前で、社長のお声がかりに反対するわけに行かなかったのだろう。そこでそのまま社長の手招きに応じて、私は列について行き、それでも遠慮して舞台に居並ぶ出演者たちの端の、子役たちの後ろに立った。

私たちの世代には、かつてミッチー・ブームを起こした皇太子妃正田美智子さんの美貌は、結構衝撃的だった。その彼女がお嬢さんとともに、私たちの前にいる。彼女は子役たちに話しかけていた目をすこし上げて、私を見た。「こどもたちの練習は、たいへんでしょう?」

ええ、でもみんな、いい子たちですから、と私は答えた。まあ、それだけだ。彼女にかつての輝くような美貌はなかった。マスコミによる皇室関係の報道に私はまるで興味がないが、疲れた表情をしている、と思った。

私たちにとって、天皇家に対する感想は一様ではない。より年長の劇作家、たとえば宮本研さんは、天皇のために死んで行った友人たちのために、彼を許さない、と言い切っていた。私個人には、天皇制を成立させ、利用し維持して来た構造と、それを許容して来たこの国の民、つまり私たちについて、強い関心があるばかりだ。

「ピーター・パン」観劇は、お嬢さんの強い要望だったと聞いた。その若い彼女の顔色も悪かった。多くの年が経って、さきごろ、めでたく結婚との報を聞いたとき、なにやらほっとした覚えがあるから、気になっていたのだろう。

さて、この世界で五年を越えてアイドルをつづけることは、相当な根性の持ち主でなければ、と、いつも思うが、ことに榊原郁恵さんは、すごい頑張り屋で、まじめな人柄だった。あるとき広報関係者に、彼女の失敗談を聞いてくれ、と言われたので伝えると、郁恵さんはまじめに首を傾げた。

「私、面白いような失敗談とか、ないんです。さきに、どうしても失敗したくないって考えて、いっしょけんめい準備しちゃうんですね」

世間では陽気で底抜けに明るいキャラと思われている彼女には、そんな面がある。初演の前に、お父上が亡くなられた。父親っ子だったらしい郁恵さんが、ダーリング家の窓から爽やかに飛び込んでくる最初のフライイングの前に、張物のかげで、一人じっと祈っている姿を、よく見かけた。

彼女にはそんな孤独っぽい側面がある。いわばそれがピーター・パンの隠し味になった。作品の主題を聞かれるとよく私は、ピーター・パンは「自由」の象徴だと答えていた。むろん、その飛翔も。――言うまでもなく、自由と孤独は盾の両面である。それをJ・M・バリーは知悉していたと思う。

郁恵さん所属のホリプロというところは、進取の気象に富んでいて、例えば地方で映画のロケのさい地元のやくざに話を通す習慣を断固拒否するなど、私の知るかぎり頭脳の回転では最高級の堀威夫さんのもと、かずかず斯界に功績があるはずだ。「ピーター・パン」では、再演からはスタッフのプラン料は不要だろう、と言いだした。初演時にもう払ってあるじゃないか、と。法的にも習慣上も疑問をはさみたくなるところだが、それは今の問題ではない。劇場は困惑した。そこで、毎年稽古をし直し、マイナー・チェンジを加えてくれ、と言う。

なにはともあれ、演出者には手を加えるチャンスが増え、また子役はどんどん成長するから、どうせ毎年稽古をあらたにしなければならない（演出助手の朝倉睦男さんは実によくやってくれた）。夏が近づくと新宿コマに通う習慣ができた。では舞台美術などではどうするか。毎年作り変えるわけにはいかない。劇場はプランナーたちに、とにかくせめて舞台稽古に顔を出してくれ、でないと劇場の立場がない、と切願する。事の当否はおいて、年に一度、ふだん忙しい仲間たちと顔を合わせるのは、悪いものじゃなかった。

音楽監督でオーケストラ指揮の内藤法美さんは、七年続いた最後の年、亡くなられた。最後のファミリー向けコンサートの録音には「今年もまた『ピーター・パン』をよろしく」と呼びかける声が入っていた。そのころは私とともにクビになることが決まっていたわけだが、彼は知らずに逝った。

そののち、私は「ピーター・パン」上演を見ていない。海の向こうでは、大ロングランのA・クリスティ「ねずみとり」の初演演出家は一週間でクビになったそうで、しかしなにがしかのギャラはずっと週末に入金され続けた、とか聞いた。むろんこの国にそんなことはない。

思い出は、雲のように湧いてくる。初演のとき、小学校低学年の弟妹のお供で嫌々ながら劇場に来た高学年の男の子が、最後の年に婚約者を連れて現れたりした。――すべての出演者・関係者について、今は、いい思い出だけが残っている。

（同前22　「ピーター・パン」のこと③、またミュージカルのこと。二〇〇八年五月）

「若草物語」

一九八〇年代の半ば、ミュージカル「若草物語」を作った。オールコットの原作を推薦したのは立動舎時代の朝倉摂さんだったと思う。女だけの姉妹四人という設定に、心ときめくものがあった。彼女たちには、父親の影が薄い。母子家庭ふうである。父親は南北戦争に行っているのだ。そのあたりから、もう一つの、別の戦争（太平洋戦争）のさなかにいる四人姉妹が、オールコットの物語を読んで、自分たちと物語の四人とを、混線させて行く——という構造を考えた。

私の四人姉妹は、当然日本にいて、それがどうやら広島であるらしいことを、しだいに明らかにしてゆく方法をとった。彼女たちは最後の場面でふいに広島方言で語り、それは原爆の落ちる直前の時間。劇中で隣家の坊ちゃんローリーに見立てられた少年は、やがて江田島の海軍兵学校から戻り、廃墟から四人姉妹の次女、ジョーと見立てられた少女のノートを発見する。それがこのドラマの内容である。

戦時下の少女たちには「したくてもできない」ことばかりだ。それが歌になり、踊りになる。いわばミュージカル・シーンは基本的にイコール幻想だ。稚拙ながら、自分なりの方法を見出しはじめていたように思うが、その一面、四〇～五〇年代ミュージカルがオペラから引き継いで来たところの、クライマックスに向かう一つの形式、たとえば「ウェストサイド物語」の「tonight」五重唱——ジェット団とシャーク団の少年たちは、それぞれ「今夜こそ」決着をつけてやる、と歌い、同じ言葉がトニーとマリア、またアニタには今宵の愛の期待として歌われる――そのようなサワリの要素には欠けていた。

幸いにスタッフに恵まれて、この作は近年も桐朋演劇科などで上演されている。音楽は越部信義さん。作詩は、当時のプロデューサーから二人の女性作詩家を推薦されたが、その一人が学生時代の芝居仲間、宮原敏光・徳子夫妻の娘だったので、躊躇なく彼女を選んだ。宮原芽映さんは今も随時協力してもらうスタッフの一人だ。

（同前24　ミュージカルのこと③、二〇〇八年七月）

「壁の中の妖精」

この主人公マノーロはスペイン内戦のさなか、若いのに短期間だが共和国側の村長をつとめたことがある。戦場で兵士として戦った彼が内戦の敗北による終結ののち村へ帰ってみると、彼のような立場の、あるいはもっと軽い役職の者も、片っ端から処刑されている。彼はやむなく、もと食器棚だったため内部に狭い空洞のある壁の中に身を縮めて隠れひそむ。

彼は、かつて自分が村長として命を救った人びとが、今自分を逮捕しようと血眼になっているのを、壁の中から目撃する。もはやどんな楽観も許されない。果てしなく落ち込む彼に、妻は何をしてやれるだろうか？

若い娘の多い生徒たちにむかって、セックスについて話すのは難しい。が、そのような絶望的事態に陥った夫に対して、まずセックスしかないだろう。ロナルド・フレーザー『壁に隠れて——理髪師マヌエルとスペイン内乱』（長谷川四郎訳、平凡社、一九七三）は小説や文芸作品ではなく、彼と妻、娘に対するインタビューを整理した実話の記録だが、その件についてはまったく触れていない。むろん宗教の問題があるだろう。

三年前に、戯曲「壁の中の妖精」を映画にしたい、という若い韓国の女性が、やって来た。彼女は韓国の「革命党事件」（二十五年後に、中央情報部による捏造と判明した冤罪事件）で隠れひそんだ人物を軸に、壁の中から幼い娘を見守り助ける「妖精」とその家族という僕の戯曲の設定（スペインの実話にはない）にそったシナリオを書き上げていた。そこでも、若い女性らしく（と言っていいのかどうか）セックスの濃度はむしろ希薄だった。

そのときも、僕はセックスの問題にこだわった。やっぱりそれを抜いた奇麗事はウソだろう、と。それからずっと連絡がなかったので、企画はつぶれ、彼女は諦めたのだろう、と思っていた。それが、突然昨年の暮、新しいシナリオを送って来て、彼女、パク・ジュヨンさんは、新しいスタッフとともに、俳優座「颶風のあと」の稽古場に現れた。

みずみずしい、すばらしいシナリオに仕上がっていた。僕の希望はみごとに果たされている。隠れている男の妻の母親が、婿の排泄物を始末するシーンまで含めて、映画だからこそ可能な、写実で美しい表現の方法を、彼女は見つけたのだなと思った。八月には彼女の監督でクランク・インするとのことで、来年を待つ楽しみが増えた。

そこで、話は戻る。拙作ではどうか。一人ミュージカルである。一人の女優が、妻と娘を演じ、その言葉たちを通じて夫（父）の姿が浮かび上がる。一種の語り物をめざしたとも言える。ともかくそういう条件を自分に課した。あるいは、でなければ書けない、という気がした。台詞や動きで表現不可能な領域がある。それをこの場合は歌が表現した。妻フリアーナは歌う。

つらいでしょう　マノーロ／でも　生きていましょう／こうしてふたり　また会えたんだもの／神様が　わたしたちを　会わせてくださった／だから　わたしたちは　いっしょにいましょう／（略）ほら　ここにあなたがいる　わたしの涙が　あなたの頬をつたい／あなたの固いてのひらの下に　わたしの乳房がある／きこえるでしょう　マノーロ　わたしの心臓の鼓動が／（略）だってほら　こんなに　生きているって素晴らしい／生きているって　こんなに　素晴らしい

このいわば主題曲は、二度目には火事から危うく助かって娘と三人抱き合うところに、そして最後には、実に三十年後、大赦によって解放されたときに、それぞれ「生きているって　素晴らしい」と、妻によって歌われる。

上田亨さんの作曲と、演じた春風ひとみさんの演技と歌によって、写実的な芝居の方法では不可能な表現が、可能になった、といえるだろう。

（同前23　ミュージカルのこと②、二〇〇八年六月）

「壁」と「下町」について、これまで書かれた最良の文章は、三一書房『私の下町◎壁の中の妖精』

（一九九五）の林光による「解説」じゃないか、と思うのだが、そこで彼は書いている、作者は「壁」を演じる春風ひとみを見て「彼女なら演れる」と思ったのが「下町」を書くきっかけになったというが――

「私の想像するところでは、春風ひとみがそのように作者を刺激する演技をやって見せた原因のひとつに、『壁の中の妖精』という脚本の中に、すでにどれほどか、やがて書かれるであろう作者の母の物語が書き込まれていたということがあった」

そして光さんは「壁」と「下町」を〈母の物語〉として括り、その背後に、ブレヒトの「肝っ玉おっ母とその子どもたち」の影を見て取る。

正直に言って、まったく意識はしていなかった。「肝っ玉」は岸輝子さん（俳優座）と毛利菊枝さん（くるみ座）を見ているが、思い浮かべるということはなかった。しかし、光さんに指摘されると、なるほどという気がして来る。――それは、せんじつめて言えば、記憶の中の僕の母は、かなりの程度ブレヒトの「肝っ玉おっ母」のようだった、ということになるのかもしれない。

「壁」より「下町」のほうがよほど創作の度合いが少ないかも、と言ったことがある。幼いころの記憶に向き合うだけで、「下町」の主な部分はすらすら書けたような気がする。作中の甲野初が僕の母（鴻巣いち、改名して以知）によく似ていることは、親類縁者の証言をまつまでもない。

「壁の中の妖精」のフリアーナに、僕が母を投影させていることも、否定できない。それも、書いて上演して、しばらく経って気づいたことだ。

実際のところ、この題材を書くと約束したものの、すぐに後悔した。だって、三十年ものあいだ壁（の中の狭い空間など）に身を潜ませた男のことなんて、自分には想像もつかない。憚りながら、わが国の演劇には、おカミに追われる逃亡者を捕らえ突き出すことを是とする伝統はない。いや、実はあるかもしれないし、ひょっとしたら、今まさに出来つつあるのかもしれない。が、たとえば「勧進帳」を見よ、「引窓」を見よ。古くは説教節にも、異類を含めた追われ狩られる者を庇い助けるストーリーが溢れている。僕も結構長く生きているから、多少類似の経験はある。珍しいことではないだろう。

しかし、三十年ですぞ、三十年。世界戦争が反枢軸側の勝利に終わっても、スペインでは枢軸に与したフランコ政権が続き、共和国にくみしたフリアーナの夫は、なお隠れつづけねばならず、終わりは一向に見えない。こんな課題、難しすぎる。投げ出そうか、と思った。

「魔法の《もし》」という言葉がある。自分がもし彼だったら、と想像する。どれだけ彼の《身》になれるか。むろん、他人の身になりきることはできない。できたらそのとき、自分はなくなってしまう道理だ。市川浩さんの『身の構造』は、僕の持っている講談社学術文庫版でも十五年前のものだが、例によって誤解を覚悟で勝手に引かせていただけば、

「――（略）積極的に私が他者を把握するのは、他者と感応的に同一化し、感応において他者の身になることです。他者の身そのものになれない交換不可能性と感応的ないし構造的同調によって、他人の身になる交換可能性とのダイナミックな統一において、われわれは自己と他者

を同時に把握するのです。この把握は程度を許します。われわれは他者を把握する深さに応じて自己をとらえ、自己をとらえる深さに応じて他者を把握するといえるでしょう」

十六年前の僕自身の場合は、もし自分が夫マノーロだったら、と想像することも難しく、遠すぎた。せいぜい頑張ったのが、つぎのマノーロの歌（といっても出演者は一人だからフリアーナの姿で春風さんが歌うわけだが）で、これはたしかに自分なりにブレヒトふうのソングを目指して書いた。

「幼いマノーロの悲しい夢についてのコミック・ソング」
おれが八つのとき　おれの腕白時代／暮らしは苦しく　腹がへっていた／神様や親方はいろいろ言ったけど／おれは知っていた　世の中は不公平なもんだと／上のものが上にいて　下のものが下にいる／それで世の中　できあがってる――ララ　ンパ　ンパ――
おれが十七のとき　おれの青春時代／あたまは貧しく　心も飢えていた／先輩にいわれた　本を読みなさいと／夢を教わった　世の中公平にできるんだと／上のものが下になり下のものが上になる――（以下略）

いわゆる写実的演劇とかストレート・プレイとかの選択肢はあり得ない、と判断した。というより、この題材に興味を持ったときから、考えなかった。

一人の俳優が母と娘を演じる。あとの人物は彼女たちの言葉によって語られるだけ、基本的にあたらしい《語りもの》を作るつもりで、と作業方針を定めた。

さいわい好評で、十七年目にあたる二〇一〇年にも地方公演（静岡ほか）の予定があり、その意味ではまだ終わっていない。春風ひとみさんが上演が重なるほどになお着実に変わり、進化していることに、演出者としては目をみはるばかりである。

また、六月には韓国のソン・ジンチェック、キム・ソンニョ（金星女）夫妻（劇団美醜）による韓国バージョン（シナリオとは別）が東京で上演されるはずだ。

（同前34 「壁の中の妖精」のこと、など、二〇〇九年五月）

「身につまされる」「（人の）身になる」ことに触れた。それが芝居の基礎の重要な部分であることは、もちろん、いわゆる同化的演劇にかぎったことではない。

「わからないと面白くない」一般的事情とともに「わからないけど面白い」こともあるのが、芸術・芸能の取り柄というか、いいところだ、と思っている。

人間が人間を隅から隅まですっかり理解することはあり得ないだろう。わからないから、人間は面白いし、飽きない。そこで、細部まで「わかりやすさ」をひたすら追求する（ことをもっぱら旨とする）芸術・芸能が、時にはうさんくさくて、煙たい。――そんなことを、学校で新入生たちに話していると、毎年反応が異なるのが、面白い。

そんなことを言っていながら、自分の仕事の現場では、とうてい理解も感覚も及びにくいところの、たとえば戦国や幕末、明治初年などの事件や人間たちに、及ばずながら、どこか感性の共有できる手掛かりはないか、とジタバタする。

スペイン戦争というやつも、難物の一つだ。「壁の中の妖精」の場合、権力の追求を逃れて、壁の中に隠れて実に三十年という、想像を絶する主人公を、妻と娘の目を通して描く、ぞれも歌の力を頼りに、一人ミュージカルという方法で、なんとか作った、とは、すでに書いた。

それが近年、韓国の演出家ソン・ジンチェクさんと、その夫人であるパンソリの名歌手にして女優のキム・ソンニョさんの手で、韓国で舞台化されている。脚色は若いぺ・サムシクさん。スペイン内戦は韓国の動乱に置き換えられている。

主題の一つである「ワルシャワ労働歌」を、演出者はそのまま使う意向だったようだが、ぺ・サムシクさんの強い主張でロシア民謡「ステンカ・ラージン」に変えたと、脚色者本人から聞いた。なるほどと思う効果があがっていた。

ソウルで見たとき、複数の人に質問された。

「これ、日本でもやるんですか?」

ええ、もうやってます、と、答えた。すると、

「ふうん、わかるかなあ。韓国の人間じゃないと、わからないと思うがなあ」

なに言ってるんだ、と実はそのとき思った。

こっちが本家ですよ、ほら、パンフにも小さいけれど僕の名前が載ってるじゃないですか——とは、胸の中だけでしか言わなかった（僕のたどたどしい韓国語じゃ無理だったしね）。

実は、今ごろになって、その質問者たちに理由があることがわかって来たのである。

この六月に「第一回日韓演劇フェスティバル」が「あうるすぽっと」（東池袋）で開かれ、韓

国の劇団美醜（ミチュウ）が来日して「壁の中の妖精」を上演する。キム・ソンニョさんは、かつて僕の「幕末某年ちぎれ雲」（木山事務所公演、二〇〇二。改題「港町ちぎれ雲」二〇〇四）でヒロインを演じた経験がある。

同時に、韓国作家のものを日本人の手で上演する企画があって、僕は高名なイ・ガンペクさんの「七山里」の演出を担当する。

すると、わかって来た。動乱（朝鮮戦争）の傷がいかに大きく、深いか。戯曲は、動乱で孤児になった〈アカの子どもたち〉を助けて自分は餓死した《おっかさん》（オモニ）と、その子どもたちを中心に展開するが、演出者としての僕は、戯曲の示す凄絶な現実の前に、立ちすくまざるを得ない。

で、思った。そうなんだ、この人たちには、だからスペイン内戦の、隣人が憎しみ合うような酷薄な現実をも理解し、感覚することができるんだ。

日本人にわかるかなあ、と複数の方が僕に疑問を呈したのは、ペ・サムシクさんの台本を含めた舞台の成果が、韓国の物語としてみごとに成立しているためばかりでは、おそらく、なかったのだろう。

劇団美醜の舞台は、多くの観客の胸にすっと入って来て、確実に心に届いたのだろう。つまり、観客たちは、わが〈身につまされ〉、ソンニョさんの軽妙かつ的確に、鋭く表現する人間群像それぞれの〈身になる〉ことが、どれだけか可能だったのだろう。

（同前36〈わからない〉ことについて、など、二〇〇九年七月）

「ステンカラージン」は、周知のロシア民謡である。しかし動乱後の韓国において、ロシアといえばアカである。すなわち、その歌を歌うことは長いことタブーであり、それを聞かれることは非常な恐怖だった、と、ペ・サムシクさんの脚色台本は伝える。

われわれの「壁」では、ラストに春風ひとみさんが〈娘の体をやわらかく叩きながら〉「ボージャン・ノーキュー・イカジー・オオーイ――」（「暴虐の雲、光を覆い」の幼児語化かつ訛った形）と、子守歌のように歌うが、韓国バージョンのキム・ソンニョさんは、今や自由化された「ステンカラージン」を朗々と歌いあげる。

韓国バージョンの演出家ソン・ジンチェクさんは、初日の終演後、これは政治の劇ではない、愛のドラマだ、と観客に語った。韓国での上演が、また難しくなる時代を予感しているのではないか、という気がした。

（同前37「夢、ハムレットの」のこと、など、二〇〇九年八月）

ミュージカル論

タモリさんがテレビで、ミュージカルは嫌いだ、と言っていた。「だって恋人たちが死ぬとき、歌ってハモったりするだろ、人間、死ぬときハモるか?」

人びとは爆笑していたし、もっともな見解ではあるが、私の今の感覚を率直に表現するなら、

〈だからこそ、ハモる〉のだ。むしろ、ハモるべきなのだ。

わが国の芝居には、刀をわが腹に突き立てたら、それからの言葉は真実とみなされる習慣があり、典型的には「忠臣蔵・六段目」で、早野勘平が刀を腹に突き立てて笛の合い方が入り、以下「いかなればこそ勘平は」のアリアが展開するが、それはまさしく一見不合理でも、おそらく美しい不合理であり、さらに芝居が芝居であるために必要な不合理でさえある、と私は思うのだが、大袈裟にはミュージカルの存在理由もまた、そこに関わっているのではないか。

つまり、恋人たちは死に瀕して真情を歌うとき、ハモることがむしろ自然であり、ハモらねばならない。それがミュージカルだ、と私が思うとき、じつは、それが芝居じゃないか、と思う心と、それほど隔たっているわけではない。——むろん、音楽に極めて強いタモリさんのこと、そのあたりのことは先刻ご承知だろうと思う。

拙作「真田風雲録」には十一曲も歌が(全曲の譜面がハヤカワ演劇文庫『福田善之1・真田風雲録』に収載)あるのに「歌入り芝居」であってミュージカルとは言えない、と今も説明するのだが、私にとって定義はどうでもいい。ただ歌が抜き差しならずその芝居の構造にいわば骨絡みのとき、曲数の問題ではなくミュージカルと呼んでいい、と心得ている。

J・ルナールの戯曲「にんじん」の、山川啓介脚本・山本直純音楽による舞台化の演出を私は担当したが、そのとき制作の松竹はミュージカルと呼ばず音楽劇とした。ミュージカルと名付けると当たらない、というジンクスがあったのだそうだ。

初演のにんじん役は大竹しのぶさん。彼女の希有の才能を認める宇野重吉さんが、「にんじん」

をやることについて怒った、と聞いた。ルナールの名作短編戯曲を〈ミュージカルなど〉にするような、そんな企画に出演することについて、不満と不安を感じられたのだと言う。まことに宇野さんらしいが、と同時に、当時のミュージカルに対する世の評価、あるいは期待度の低さが、わかる。

当時の大竹しのぶさんのマネージャーは優秀な人だったが、外国での仕事から「にんじん」の舞台稽古に帰って来て、激怒。いろいろ改訂を要望した上、鋭く私に問い詰めた。

「このにんじんは、ときに大人みたいだったり、子どもに見えたり。いったい何歳で、何年生なんですか？」

私には、でも子どもってそういうもんじゃないですか、というほかの言葉が見つからず、口をモゴモゴさせていると、松竹の制作部に後にＴＰＴで有名になった門井絵璃さんがいて、彼女の放った一言に、私は救われた。

「にんじんは、少年の魂です」

これ、ミュージカルというものの、結構重要な本質的部分にふれていたのじゃなかろうか？

（同前22　「ピーター・パン」のこと③、またミュージカルのこと、二〇〇八年五月）

オペラの通俗化大衆化がオペレッタで、それが商業資本の手でさらにフハイ堕落したものがミュージカルである、うんぬんという、今日も結構通用している「歴史的」理解に僕は全然くみしない、とは前にも触れたと思う。

歌い、踊り、物真似を演ずる、それは人間のプリミティヴな本能に根ざしている。むしろオペラなどよりこっちがずっと本家である、人間の自然な原点的なありようだ、とさえ言うことができる、と授業ではまずブチ上げる。年寄りだからじっさいには、ブツブツぐじゅぐじゅと愚痴な繰り言さながらに語る。生徒はおおむねキョトンとしている。

かのリヒャルト・ワーグナーの著作『オペラとドラマ』によれば、彼は音楽の側から、音楽だけでは不可能な表現を欲した。ベートーヴェンにも同じ欲求と衝動があり、だから第九交響曲はシラーの詩による「合唱付き」になった、とワーグナーは言う。彼によれば、詩は男性、音楽は女性。彼女に注ぎこまれる精液によって受胎して生まれるのが彼の理想のドラマ（楽劇）ということになる。

ワーグナーの場合は、自分自身を詩人としてソフォクレースやシェイクスピアと肩を並べる存在だと信じていたようだから、まあいい、というか、じつは結構人を傷つけながら、総じて幸せな生涯を送ったようだが、当然ながら、そういう巨人ばかりがこの道に志すわけではない。

まるで比較にならない例で恐縮だが、自分に別役実さんや唐十郎さんのような言葉（詩）の才能があったら、と願望したことがある。僕に言わせれば、別役さんも唐さんも、ミュージカルを書く必要がない。しかし非力な僕は、音楽の力を借りないと、と考えたのが、自分をミュージカルに向かわせた理由の一つではあった、と思う。

千田是也先生はあるとき、ちかごろは芝居でやれるところをみな歌で逃げやがる、と、歯を剥きだすようにして言われた。その場で反論できなかったのが悔しい。逃げてるんじゃない攻めてるんです、と言いたかった。

（同前23　ミュージカルのこと②、二〇〇八年六月）

一九八〇年代後半から九〇年にかけて、ドゥルーズたちのリゾーム（根茎・地下茎）という考え方が流行っていて（と思う）、ミュージカルはいわば舞台芸術・芸能のリゾーム――〈歌・踊り・芝居〉を還元して〈こえ・からだ（動き）・物真似〉の共通の、ときには見えにくく深く絡まりあった羊歯状の地下茎のごときものに関わるものではないか、などと、当時のミュージカル科の同僚に宛てて文章を書いたこともある。

その種のまとまったものの一つに、拙著『劇（ドラマ）の向こうの空』（読売新聞社）に入れた竹田青嗣さんとの対談「ミュージカル、その原点」（初出一九九四年『テアトロ』）がある。『陽水の快楽』で出発した評論家であり思想家・哲学者だと竹田さんのことを僕は思っているが、彼は言う。

本居宣長の和歌論で「一番大きな要点は、歌とは曲折（曲節）なりと」曲折とは「ふし、ひょうし、あるいは、こぶし」要するに歌とは「心が強く動くときに、アーという声が〈あァ〉とか〈あァァ〉とかなることなんだと」

へーえ、と思う向きがあるのではないか。和歌と言えば、まず字で読むもので、歌うもんじゃないだろう。すくなくともそれが本旨ではないだろう。実は、僕もそう思った。本居宣長と言えば、国学で、神道だろう。しかし、なにごとも先入観はいけませんな。宣長さんはおいて、竹田さんの「解釈」を僕の抄録で紹介する。

「〈あァァ〉と声を出してるうちに、今まで自分が気づかなかったような何かが、自分のなかで動いているのち出会ってひゃっとする（略）それは自分がよく知ってたものではない。今まで気付かなかったけれども、歌うことによって自分のなかで育っていたある感情に気付く。（略）誰でも人間は生きているなかで、喜怒哀楽をもっているわけだけれど、なにかある場面のなかで、その中の自分の生の核になっているようなものにふっと触れる、そういうものが歌じゃないだろうかという考え方が、宣長の中にあるんですね」

こいつは、芝居の台詞でも同じじゃないか、と僕は思っていたが、それ以上に深く考えることはなかった。

僕の年代のものは、知識に大きな空白の部分がある。戦争が終わったとき中学二年。それまでの教科書に墨を塗って授業を受けた。日本史東洋史などは、ことに危険で、だから僕の歴史知識は小学生レベルと、あとNHK学校放送の台本を書くための一夜漬けなどだけだ。当然、まんべんなく、とはいかない。本居宣長などは、まさにその欠落部分だ。

『新潮日本古典集成・本居宣長集』と小学館『新編 日本古典文学全集・近世随想集』を買った。かなり衝撃の発見（ミュージカル的に）があった。

（同前24　ミュージカルのこと③、二〇〇八年七月）

本居宣長に『紫文要領』という、熱烈な『源氏物語』賛美の著作がある。その一節を『新潮日本古典集成・本居宣長集、日野龍夫校注』から、僕の抄録で紹介。

源氏の君はじめ登場人物は、みな女童（おんなわらわ）のようで、男らしくきりっとせず、頼りなく、しどけなく愚かだ。それのどこがいいのか、と問われて、宣長は答える。

「人の実情、真実の心というものは、女童のように未練で愚かなものだ。男らしくきっとして賢いのは、うわべを繕って飾っているだけさ。――武士が戦場で死ぬとき、まことの心のうちをありのままに言えば、故郷の父母も恋しいだろう、妻にももう一度会いたいだろう、命もすこしは惜しいだろう――唐（もろこし）の書（ふみ）は、その実の情を隠し誤魔化して、君のため国のために命を棄てる、などということばかり書いている」

また初期の歌論『排蘆小船（あしわけおぶね）』の一部を、小学館『新編日本古典文学全集・近世随想集』鈴木淳校注・訳を参考に抄録すると、

「すべて男らしく正しくきりっとしたことは、みな世間の風に倣い、また書物に感化され、人の付き合い世の交わりなどから、おのずと、または心をコントロールして拵えた〈つけ物〉である。――愛するわが子を失ったら、親はどれほど悲しいだろう。その悲しみは父も母も変わることはあるまい。鬼神のような荒男（あらおとこ）でも悲しいに違いない。それを抑えて取り乱さないのは立派でも、本当の情ではない」

そして彼は言う。「されば人の情（こころ）の有体（ありてい）は、すべてはかなくしどけなく愚かなるものなりと知るべし。歌は情を述ぶるものなれば、又情に随うて、しどけなく拙く、はかなかるべき理（ことわり）なり」

ふうんっ、と、僕は感じ入ってしまった。男の意地や強情我慢は、わが国においてそれほど

遠い昔からの習いではないのか。「教科書墨塗り」事件などが祟って、自分に基礎的知識が欠落しているだけのことかもしれないのだが、やはりショックを受けた、と言っていい。本居宣長という人は大の儒学ぎらいで、海の向こうから渡来した学問がすべての弊害の源だと言いかねない。すると、僕の少年時代の感性は、基本的に儒学系の影響下に培われた、ということになるのだろうか？

ミュージカルについてなにかを学校などで話すとき、僕は原則的に歴史的順序を問題にしないが、それにしてもかの「ウェストサイド物語」を例にとって、それ以前と以後、という語り方をすることがある。

本居宣長は「歌は実情である」と言うが、あるがままの実の情を偽り隠そうとする心の働きもまた実情、とするなら、わかり易いとは言えないし、精緻な理論家からは遠いだろう。そこは措くとして、〈W（ウェストサイド）以前〉を「実の情(まこと)を、まっすぐに歌う」と、おおざっぱに捉えることは可能かもしれない。彼の『石上私淑言(いそのかみのささめごと)』に「うたふ」は一説に「うったふる」で「心のうちに思ふことを告げ訴ふる意なり」とある。メッセージ性との関わりは後に述べる。

笑いたいときに笑い、泣きたいときに泣く、むろんいつの世にもそのままそのように真実生きることは不可能だが、そのいわば自由への憧れをどれほどかストレートに〈W以前〉のミュージカルは歌うことができたのではないか。と、僕は概括も総括も嫌いだが、しかしいちおう言っておくとして、では〈W以後〉いや〈W〉は？

ロバート・ワイズ監督の映画『ウェストサイド物語』と、舞台との重要な違いは「レッツ・

クール」のシーンの位置だ。舞台版では、これからシャーク団との対決に臨むジェット団メンバーの異様な興奮を、クールになれ、と年長の少年が諭すのだが、映画では、それが決闘シーンのあとになっていて、仲間の現実の死にはじめて遭遇した彼らの、恐怖と絶望の戦慄と、その状況から抜け出ようとする必死の分別、それらがいわば彼らにとっての世界の〈軋み〉として感覚されているように思え、少数意見とは承知ながら、僕は映画版のほうがいいと思っている。というより「W物語」が時代の分水嶺ではなかったかとの僕の見解は、映画の感動を基礎にしている。

もはや「笑いたいときに――」の発想が、それだけでは強いインパクトを持ちえない、という認識が〈W以後〉のミュージカルを導いてきたのではないか、と当時月刊誌だった『学燈』（丸善）に、ちょうど十年前（一九九八）に書いた。その文章の括りには、なんと一八世紀のボーマルシェ描く「フィガロ」の名台詞、辰野隆先生訳「泣くが嫌さに笑い候」が〈軋み〉の先駆的表現かもしれない、と与太を飛ばしている。

さて、宣長さんに戻る。歌には何の効用があるか。『古今集』序などなどに、政道の助けとなると書かれてあるではないか、との問いに答える形で――

それらはみな勅撰集じゃないか、すべて朝廷に奉るものは世の政（まつりごと）に役立つことを申すのが決まりだからだ、と、彼は切って捨てる（『石上私淑言』）。また、歌を樹木にたとえて言う。山の木は人に役立とうと思って生えているわけではない。人がそれを伐って材木とし、あるいは家を作り、また道具を作る。山にあるときは、松はただ松、檜は檜、天地の恵みを受けて成長し、年月久しく生い繁りながら立っているまでのことだ。「歌の本体、政治を助くるためにもあらず、身を修めるためにもあらず、ただ心に思ふ事をいふより外（ほか）なし」（『排蘆小船』）

彼にはとうていついて行けないところもあるが、多少尻馬に乗って言っておこうか。僕の歌（芝居）に、広義のメッセージはある。否定する必要もない。ただし、メッセージにはつねにアンチ・メッセージがあり得る。その権利あるいは自由を、ほかならぬその芝居のなかで、あくまで守る。それが僕の、いつの間にか身についた構えというか、態度あるいは偏向、なんでもいいけれど、そういう歌をうたいたい。——だから、自分の芝居でしどけなく愚かに取り乱すのは、ああ、無理なんだな、やっぱり。

（同前25　男が泣くこと、ひいてはミュージカルのことなど、二〇〇八年八月）

《映画篇》

『真田風雲録』

羽仁進監督『充たされた生活』。石川達三原作のその映画は、新劇団を背景にしていて、当時恵比寿近くだった劇団四季の稽古場で多くが撮影された。僕は劇団の演出部の青年の役。四季の研究生たちに「福田さんて、何者？　役者なの？」と詰問されたりしていた。

脚本が当時まだ岩波映画在籍の清水邦夫さん。羽仁さんの演出法で、しょっちゅう台本が変わるので、そのたびに「号外」（変更部分の抜き刷り）を持って現場に来ていた。

ある日、撮影が早く終わって、現場のうす汚いなりのままの僕等が瀟洒なバーに呼ばれたことがある。当然、落ちつかない。やがて背の高い青年紳士が姿を見せ「この人が天下を取るときには、映画も芝居もだいぶやりやすくなるよ」と、監督が紹介した。僕はすぐに逃げ出したが、その紳士はそののち宰相となった。——こんにち、状況は改善されたのかな。肯定説がより多いだろうことは理解できるが、僕はきっと少数派だ。

この映画の主演は有馬稲子さん。この撮了直後に中村錦之助（のち萬屋錦之介）さんと結婚した。若いスタッフには泣きだすのもいたから、彼女は敬慕されていたのだ。

さて、その有馬さんが「真田風雲録」（都市センター、一九六二）の舞台を、錦之助さんを連れて見に来た。終演後、どこでもいいと言うから、渋谷の「とん平」に案内した。今はとうにないが、懐かしい店だ。

酔った錦之助さんは、オレはチャンバラ役者だから、と繰り返し、僕は反論した。一つ、あなたは最近、難しい映画にも出てるじゃないか、つぎに、僕はチャンバラ映画が好きだ。——最後は、この芝居の再演があるときは、オレが殺陣をつけにくる、と彼は何度も約束して、別れた。

しばらく後、東映のプロデューサー小川貴也さんから電話がかかって来た。この人が錦之助さんのすぐ上の兄さんで、以前歌舞伎役者だったときの名は獅童、助六の花魁で並んでいたとき、鬘を主役に向かってぶん投げて役者をやめたという人物だった。今の獅童さんのお父さんだ。

たしかに錦之助さんは、「風雲録」を映画にしたい、とも言っていた。が、当時映画はまだ諸芸能の王で、新劇の芝居が映画化なんて、想像もつかない。打ち合わせに銀座の本社に来てください、というので出かけると、ま、ちょっと行きましょう、とプロデューサー諸氏は僕を連れてバーに直行、二時間くらいは仕事の話が出なかった。びっくりした。

一九五〇年代からラジオやテレビの仕事は経験があったが、おおむね打ち合わせはコーヒー一杯、ひどいのは酷暑のさなかに急ぎの原稿を書かせて、喉が渇いたからジュースを飲みたい、と言ったら、これ書き上げたら飲ませてやる、だって。その人を素敵だと皆が言っていたが、なんだか屈辱感の記憶が消えない。これは余談。

京都の撮影所に行くと、時間がゆっくり過ぎるようだった。映画の黄金期はすでに過ぎようとしていて、その最後の日々をわずかに覗き見たことになる。——が、「風雲録」の映画化は、すんなり行くどころではなかった。

（同前10　「遠くまで」と「真田風雲録」前後、二〇〇七年五月）

「真田風雲録」映画化の話は、順調には進行しなかった。当初監督に予定されたSさんは愉快な人物で、京都に打ち合わせに行くと、お茶屋の二階で、

「ボク、もう絵出来とる」

立ち上がって演じてくださる。錦之助さんの猿飛佐助が、忍者姿で座敷の襖の、いや監督のつもりではそれは城の壁か塀か、ともかく暗い陰からじわりと姿を見せる。一転して、青空の下、十勇士が騎馬で颯爽と山の稜線を行く、メインタイトル！

――むろん、シナリオはまだ打ち合わせも始まっていない。

お名前を失念したが、撮影所のご自分のオフィスで、半紙にいろいろ映画の題名を書いては壁に貼って眺める、それだけがお仕事というわけでは勿論ないだろうが、まあ不思議な方もいて不自然ではないのが、当時の撮影所というもののようだった。その方が、錦ちゃんの今度の映画はこれや、と見せて下さった半紙には墨痕淋漓（ぼっこんりんり）と「朝やけ大坂城」。

三一書房の畠山滋さんが、映画になるのなら、と戯曲集の出版を準備していたので電話した。映画の題、変わるかも、どうかな？――ううむ、どうかなあ、と畠山さんが悲しそうな声を出した。うち（三一書房）のイメージじゃないなあ。そりゃそうだよね。

ずっと後になっても畠山さんは繰り返し言っていた。映画化の話がなかったら、戯曲の本なんか出す勇気はなかった、と。すると、映画化が潰れていたら、別役実さんの初期の作品群（三一書房から出ていた）も危なかったのか。ともかく、そのころ小説家の戯曲をのぞいては、戯曲が本にならない時代だったことは確かだ。

映画は一時延期と決定され、この世界では延期は中止と同義語だそうで、準備中のすべてはバラされ始めた。

（同前11　同時代の空気――音楽の面から、二〇〇七年五月）

「遠くまで行くんだ」（一九六二）の題名は、吉本隆明氏の詩句から採った。学生運動が多くの派閥に細分化されたとき、この言葉を派の名称として名乗ったグループがあったが、それは今関係がない。この頃から学生たちとは、大学祭などに呼ばれて話をするなどの交流があった。多少あとの時期のことで、余談に聞こえるかもしれないが、僕はいわゆる内ゲバを認めない。時代遅れでも何でもいい、嫌なものは嫌で、許せないものは許せない。吉本隆明氏によれば、対立して血を流し合う双方が、たがいに相手方を、奴らは権力と結びついている、こうこういうたしかな証拠がある、と言い立てる。

もちろん吉本氏はそれを認めない。（埴谷雄高氏との対談、『文芸』、一九七五）

埴谷雄高氏にはずっと早く、一九五〇年代にこんな文章がある。病臥中の氏に「一学生」がある人を指して「アメ帝のスパイ」と言った（アメ帝とはアメリカ帝国主義の略。米帝とも）。何故と聞き返すと「即座に、仲間がみなそう言っているからと答えたのを聞いて、ふーむと呻いたすぐその後に私は不意と愕然とした。この学生はあまりに単純であるけれども、しかもなお、恐らくは、二〇世紀の本質に私達は今直面しているのだというほどの戦慄を胸奥の芯に覚えながら（以下略）」（岩波『現代思想』月報、一九五七）

味方を批判することは敵を利する、されば味方の中の敵である、すなわち敵だ、敵と結んでいる、敵の間者密偵か、とエスカレートして行くパターンについてすでに触れた。会社内派閥の権力争いなどにも見られるありふれた光景だが「自身の検証によるのでなく、吾は他によりかかり、他はさらに隣りあった他によりかかるといった連鎖」（埴谷氏、前掲文）はおそろしいことだ。

「真田風雲録」は稚拙ながらその批評を含んでいる。で、映画化されるとなると、ソレ、体制側を喜ばせる作品だから映画資本が飛びついたのだ、などとしたり顔の声が聞こえてくる。が、東映京都撮影所は、当時新入社員として四番目の助監督についた菅孝行さんの敏感な神経にも、正統左翼党派の匂いなどは嗅げず、共同脚本の小野龍之助・神波史男両兄の回想でも、要するに嫌われたのは「左翼」的なものすべてであって、新だろうが旧だろうが関係はなかった。僕の居心地はと言えば、スター中村錦之助さんの友人、ご学友といった感じで、親切にしてもらえたけれど、ひょいと後ろを振り向いてみると、どこにも笑顔はなく、撮影が一度延期になりまた再開されるという過程のなかで、挿入歌の歌詞「東行こうか西行こか、どっち向いても敵ばかり」が、次第に実感を持ってくる、という心的状態だった。東撮（東京撮影所）の助監督だった神波さんは「京都はよそものが嫌いだからなあ」と笑っていたが。

そのころ京都へ行けば錦之助さんの家を常宿にしていた僕の記憶を点検すると、いったん延期と発表された「風雲録」が、加藤泰監督によって撮影再開となったのは、やはり錦之助さんの頑張りのせいだった。彼は要するに男の約束を守ったのだ、と今にしてやはり思う。そののち、未組織の大部屋とか下座（したざ）などと呼ばれる人たちの俳優組合結成に協力したり、名匠伊藤大輔監督の面倒を最後まで見たりと、そういう彼の性格が、とりわけ会社に好まれなかったのは当然だ。

さて、その頃加藤泰さんは映画の仕事がなく、まあ干されていた状態の彼を引っ張りだしたのは錦之助さんだ。泰さんのわれわれの脚本に対する注文は一つ、雨のシーンを作ってください、だった。

僕は撮影現場に、当時貸本屋にしかなかった白土三平『忍者武芸帳』を持ち込んだ。泰さんは友人の画家の力を借りつつ全シーン絵コンテを作っていたので、参考になる、と喜んでくれた。本はスタッフ・ルームで引っ張り凧、あっというまに行方不明で、下北沢の本屋に返せなかった。

また、忍者たちがいっせいに刀の鯉口を切っては閉じ、鍔(つば)鳴りの音をリズミカルに立てて敵を威嚇するシーンを脚本に書いた。「ウェストサイド物語」のジェット団たちの指スナップのパロディである。——が、舞台でも振付担当だった関谷幸雄さんが悲鳴をあげた。

「忍者隊の人たち、三時間しかないんだぜ、持ち時間が」

なるほど彼らは朝から五本に掛け持ち出演、ダレ組からカレ組へと、ひたすら走りまわる予定がびっしり黒板に書き込んであった。時代劇ミュージカル・シーンの夢など、あっさり弾かれてしまった。

撮了の近いある日、東京へ帰る僕はスタジオに挨拶に行った。泰さんはいつものようにパイプを手にしたまま、

「これが終わると、また、ずっと暇ですわ」

と言った。が、その後松竹等で、結構売れっ子監督になられたことは、知る人も多いだろう。

ずっと後に、とっくに東映をやめていた菅さんと、たまたま京都に来ていた僕は、泰さんを

電話で呼び出したことがある。まるで下戸の監督は、僕たちを歓待しようと、先斗町（ぽんとちょう）のバーに連れて行ってくださった。が、なにやら様子が変だ。短くはない歳月の間に、経営者も従業員も変わっていたのである。監督は狼狽し、ひどく困ったようだった。僕たちは一所懸命、いいんですよ僕ら飲まなくたって、と泰さんをなだめた。

錦之助さんの思い出は、きりがない。彼はクールで、ユーモアを好んだ。僕の下手な冗談、今で言う「おやじギャグ」に、一番最初にけたたましく笑うのは彼だった。

親しい監督に、ずけずけと「ね、こんだ〈寄り寄りナメナメ、ちょいと引いてポン〉なんざ、やですよっ」と言ったりする。——AB二人の出演者がいるとして、Aのアップ、Bのアップ、ついでBの肩など嘗めたAのショット、AなめのB、それからちょっと引いて二人のショット、そしてポン、とシーンなどを変える。つまりカット割りの安易なルーティンのことだが、よく出来ている。発明したのは、口の悪い錦之助さん自身じゃないか、と僕は思っている。

（同前14　観世榮夫さん（続き）・錦之助さん（先代）より、二〇〇七年九月）

『日本の悪霊』

佐藤慶さんが演技賞をとったその対象の映画『日本の悪霊』が、五月三十日の深夜、かなり夜明けも近いころに、日本映画専門のチャンネルで放映された。黒木和雄監督が逝かれて、黒木作品も沢山流れた。が、この『悪霊』だけは、なかなかお目に掛かれなかった。僕の見落としという可能性がなくはないが。

僕は、脚本を書いているのに、試写や座館（映画館）で、見た記憶がない。かなりの部分をラッシュで見てはいたが、ともかく新鮮な気持ちで、今回の放映を録画して、見た。

岡林信康さんの歌が、本人の歌唱で頻繁に、ストーリーをぶった切るように登場する。中心となるヤクザの組は、高橋辰夫さんが組長で、早稲田小劇場のメンバーが組員。警察署長は観世榮夫さん、得体のしれない昔の《リーダー》は土方巽さん。まあ、ニューシネマである。

原作の高橋和巳さんには、企画の最初の時期に、監督たちとご自宅に訪問してお目にかかった。主役の《ヤクザ》と《刑事》を瓜二つの人間にして、慶さんの二役でやる、という計画を説明すると、同席した出版社の編集者氏は、激怒されて、泣かんばかりだった。

原作を傷つけるふざけた趣向だ、と判断されたのだと思う。編集者というものは、ありがたいものだな、とそのとき思った。彼の小説『日本の悪霊』を愛する気持ちは、十二分につたわった。そのおかげか、高橋さんご夫婦は、にこにこと了承された、という記憶がある。

北関東のある町へやって来たヤクザの助っ人と転任の刑事が、入れ替わる。入れ替わった二人がそっくりだから、誰にもわからない。観客もわからなくなる。慶さんが今演じているのは、どっちなんだ？――と混乱する。だが、それがまあ、狙いだったのですな。

今録画で脚本を書いた当人が見ても、混乱する。つまり、狙いは成功したというべきだろう。その代わり、というか、当然にして、か、評判はよろしくなく、興行収入も悪かった。黒木監督の研究者たちは、どうもこの作を持て余すらしい。その点、加藤泰監督における『真田風雲録』と、似ている。

このころずっと、一人二役に凝っていた。マーク・トウェインが僕は好きだが、かの『王子と乞食』も、どっちがどっちだかわからなくなる。その〈わからなくなる〉のは、外見に止まらず内面に食い入って、彼らを変えはじめる。この手の源流的名作というべきだろう。

ともかく、脚本家として反省するなら、ところどころ勘弁できるような台詞があったりするものだが、ま、力みすぎた失敗作だなあ。最終部分は監督に一任してしまったが、納得の行く終わり方にはなっていない。

そこで、佐藤慶さんだ。主役で二役だから、出ずっぱりである。その表情すべてが、僕にとって親しいものだった、ということが出来る。

慶さんとは親しくしていた。飲み友達でもあって、よく新宿のゴールデン街を梯子道中した。はじめて出会ったのは大河ドラマ『太閤記』で、彼が明智光秀。演出者吉田直哉さんの趣味で、素人の僕も役者で出ていた。その後ずっと『太閤記』同窓会は、吉田さんが世を去るまで続いた。

映画では篠田正浩さんの『異聞猿飛佐助』、また連続ドラマ『あほんだれ一代』など、僕が脚本を書いた仕事の多くに、慶さんは重要な役で出演していた。僕が要望したわけではない。いつか、そうなっていた。そして、映画『真田風雲録』の大野修理。いつも慶さんは、そこにいるのが少し迷惑そうな顔をしていた。

いつも慶さんは、慶さんだった。そんな俳優さんばかりが世にいるわけではない。むしろ、映像や舞台の中でしか輝かない俳優さんもいる。それはそれで素晴らしいことだ、と僕は思っている。

休憩時間に話していると、彼あるいは彼女は、何ということもない身近な他人で、ただの友人・知人だ。それが、一度カメラの向こうや、舞台という空間に身を移すと、別人のごとき匂いや色、魅力を発する。その変身の輝きに魅了される。が、撮影や上演が終わって、こちら側に帰ってくると、ただの人である。

その俳優さんと役の関係を、いったん日常と切断したことによって繋がる——古い言葉で恐縮だが《非連続の連続》と、どれほどかいい表すことが出来るとするなら、佐藤慶さんの場合は、ずっと繋がっている。カメラのどっち側の慶さんも、同じように見える。酷似している。《連続の非連続》といった趣がある。そんなふうに僕には見える。


『日本の悪霊』の録画を見ながら、これを〈わかりやすく〉作りなおすとしたら、どうするかなあ、と考えた。

物語の展開に直接不必要な要素を仕分けして削除して、主題の解明に不可欠な〈部分〉のみを〈全体〉に従属させて——と、かつて英国はサッチャー女史が国政に振るった大鉈のごときものを連想した。

ああ、やっぱり駄目だな、俺は。そう思った。脱線や余分があるから、俺なんだ、きっと。自分のふらふらよろめき歩いて来た道も、道だ。

でも、諦めようとは思わない。万事諦観に達したりはしない。近年、古くは《三一致(さんいっち)》（劇中の時間で一日のうちに一つの場所で、一つの行為だけが完結する、という制約）などの古典的ドラマトゥルギーのイメージを――

〈この世が所詮、拡散と滅びにいたるなら、それをせめて虚構の世界で引き留めようとする、はかない陽炎のような先人たちのこころが生んだ枠や枷たち〉

と、心得ることで、励みになることもある、と思うにいたっている。

ほう、若いころは〈やんちゃ〉や〈生意気〉なチンピラで売ったあんたが、やっぱりお歳を召すと、そないなりまっかいな、という声も聞こえるが、そうばっかりでもないんだよね。

慶さんのことを思うと、やはりロケ先の宿で叱責されたことを思い出す。ある映画に俳優として出ていた僕が、監督の言うことを聞かなかった。どうにもそういうふうに体が動かなかった。その晩だ。

〈あのな、おれたちは皆、監督の言うことを聞いてこの映画をつくろうと思って集まってる。あんた、言うことを聞かなかった。それは、俺たち全員を侮辱することなんだぜ〉

僕はこのときの慶さんの言葉に、無条件に賛成なわけではない。だが、それについての《緊張感》抜きの仕事は、あり得ない。反対する自由だけが自由ではない。たとえば、この種の緊張感の上にだけ、《自由》は、一瞬の陽炎のように浮かぶのじゃないか。

慶さんは、郷里の市役所に一時勤めた時代があってからやや遅れて、俳優を志願した。俳優座養成所四期生を経て劇団新人会。当時はパンフレットやポスターなどのデザインも担当したらしい。一度ご自宅を訪れたとき、製図用具などを見せてくれた。わざわざ奥から出して来たのではなく、机の周辺にあった。へへ、つわものどもが夢のあと、なんて言って慶さんは笑った。

（同前48　佐藤慶さんと『日本の悪霊』、またＤ・フランシスのことなど、二〇一〇年八月）

《人物篇》

岡倉士朗

「あれだけは分からねえんだよな、もうひとつ」

と、宇野重吉さんが、あるとき言った。

「どうして士朗さんのことを、お前らが今でも慕うのか、さ」

「夕鶴」ほかで高名な演出家岡倉士朗さんは、僕がこの道に入って最初の師匠だ。以下、この文章では先生と呼ぶ。先生は一九五九年にこの世を去った。宇野さんが僕に右のような言葉を、ぽつりと洩らしたのは、だいぶあと、六〇年代の中頃だったろう。

そのとき、どう答えればよかったのか、今もわからない。

一九五四年。その春に学校を出た僕は、二十二歳。わずかな時期の新聞記者生活ののち、母を東京に残して、何やかやから強引に、後で思えば確実に無謀に、身を引き離すような気分で、大阪に来ていた。

当時関西に民放局は増えていたし、ラジオドラマを書けば（当時テレビはまだ試験放送だ）生活は何とか、と考えたのが、途方もなく甘かった。書いても書いても、モノにならない。生来の不器用なのだ。昭和町の下宿の二階から、露地の向こうの「関東煮」と書いた赤提灯を見下ろしておでん屋のことだと知ったが、ついに入らなかった。夜、用を足すのに階下の老夫婦の枕元を足を忍ばせて通った。

『チェーホフの手帖』に「貴族の作家が生まれながらにして持っているものを、平民の作家は青春を代償にして買うのです」とあったのを護符のように心に抱いて、日々努めたつもりだが、ゴマメの歯ぎしりだ。戦争の末期、深刻に腹がへったけれど、あの頃は日本中が飢えているものと思っていた。今は、まさしく自分自身の責任で自分が飢えている。とうとう関西の友人たちからも、東京へ帰ったほうがいいんじゃないか、と声があがりはじめた。

学生時代のサークルで指導的演出者だった同期の遠藤利男がＮＨＫに就職して大阪（ＢＫ）に来ていた。在阪中、オン・エアされたたった二本のドラマの一本は遠藤の初演出で、ほとんど彼の努力のみによって放送に漕ぎつけたものだ。その遠藤が、ＢＫ放送劇団の稽古を見にこい、と言う。馬場町のＢＫに行ってそっとスタジオをのぞくと、そこに岡倉先生がいた。半白、痩躯。やや老けた鶴のようだ、と思った。

夜の道頓堀を、お伴をして歩いたあるとき、先生は中華饅頭を探していた。ようやく捜し当てて、お土産にと幾つもの包みを包ませ、それを抱えて、じゃ、とニッコリ笑って宿へ帰って行かれた。それだけの話だ。そのとき、僕は切実にその支那マンが欲しかった。卑しさ、かぎりなし。あるいは、その雰囲気が露骨に見えていたのかもしれない。僕は空腹を抱えて下宿代を溜めた部屋に帰った。その夜あたりが僕の大阪暮らしの最後に近かったと思う。

ぶどうの会の「三つの民話劇」関西公演から、僕はお手伝いをはじめ、学生演劇のスタッフとしての経験が、かなりの程度そのまま役立つことを知った。学生時代多少話題になった芝居を書いたりした経歴のために、諸先輩は僕の裏方としての力量不足を宥恕してくれたのかもしれない。この時代も、若い芝居書きは必要だったのだから。

が、その後、先生は僕をガンガン使ってくださった。大阪労音企画のオペラ「きききみみずきん」(木下順二作・岡倉士朗演出)の第二演出助手兼舞台監督助手が、この世界での僕のキャリアの出発だが、五五年五月、大垣肇「望郷の歌」(新派、明治座)、七月、内藤幸政「大仏炎上」(猿之助劇団、歌舞伎座)と先生の助手をつとめ、「大仏」の大阪歌舞伎座公演には先生の体の都合で僕一人が行った。今の猿之助さんが当時団子、わんぱく盛りの高校生で、悪戯しないわけがなかったが、僕は直接の被害者じゃないから、書かない。

仕事をしとげた嬉しさで帰りに京都に寄り、ふらふら三年坂を下りたら、警官につかまって有無を言わさずジープに乗せられた。近くで窃盗があったらしい。ああ、自称フクダヨシユキ、と警官が被疑者たる僕のことを署に報告しているそばで、わらわらと寄って来る子どもたちが、ねえ、あんた、何をしたん?——ちょっといい気になると、ろくなことがない。

「ききみみずきん」東京公演の稽古中だったか、タクシーの中で先生が、突然言う。「そうだなあ、君にやってもらおうかなあ」日比谷公会堂の舞踊公演で、東雲会「東京むかしむかし」という演目。へえ、いつです？　と気軽に返すと、今日これから稽古が一回、明日舞台稽古・本番、その舞台監督をやれ、と。さすがに絶句したが、若さの無鉄砲で、とにかくやり通し——実は大トチもやらかしたのだが、略す。

その年の暮れに、先生の奥さんが亡くなられた。冠婚葬祭は芝居の裏方の得意技としたものだが、劇団が公演中だったりして、僕は二晩寝ずに働いた。その時弔問に訪れる新劇の大立者の人びとの顔を、はじめて目撃した。

何の公演のときだったたか、京都の南座脇の旅館で、照明の穴沢喜美男先生に叱られた。「いいか」と穴沢さんは酔って赤い顔で言う。「士朗さんは決められない人なんだ。だから、お前たちが決めなくちゃいけない」彼は主にそのとき第一助手の竹内敏晴さんに言っていたのだろうが、とにかく「お前たち」と複数で呼びかけられたから、僕も席を外したりはできない。「いいか、芝居は決めなきゃことが進まないんだ、演出家が。そこで俺たちがついて行く。俺たちの仕事が始まる」

なるほど、と勿論一面で僕は理解していた。僕も江戸っ子の早合点である。あらよっ、と一気にことを運ばないと、お祭同様、芝居も成り立たないところがある。

「それを士朗さんは決めない。迷う」と、穴沢さんが続ける。「だから、お前たちが決めろ」

竹内さんはいつものように口のあたりに手を当てて、もぐもぐと、きっと内容は理路整然と正しいことを、あるいは正しすぎることを答えていたのだと思う。僕にはよく聞き取れなかった。

すこし後。先生が熱を入れていた堀田清美さんの「島」初演の楽日の夜、砂防ホールの楽屋。当時映画でも人気だった若手の俳優さんが声高に言う。「かなあねえよ、楽だってのに、駄目出しに来るんだから」

先生のことだった。僕はつい言った。「だって、再演あるかもしれないでしょ?」「え? そうかな、だけど、それにしたってだよ」と、言い募る青年俳優氏の気持ちも、もう僕にはわかっていた。この人たちはプロなんだ、クロトなんだ。今日は取り敢えず「一丁あがり」で、でなきゃ仕事は進まないんだ。

冒頭の宇野さんとの対話に、取り敢えず戻る。宇野さんを僕は好きだったし、いろいろお世話になった。それはまた別に語るとして、宇野さんはそのとき、たしかにこういったと思う。「俺らの見る士朗さんは、まあ、何と言うか……」

ただの愚図、ですか? と僕が言ったのに対して、彼は頷いたのだ。

要するに僕はそのときはかばかしい答えが出来なかったのだが、今はもういない宇野さんにも、穴沢さんにも、こんな言葉が届けられたらな、と思うことがある。

迷っちゃなぜいけないんですか、なかなか決められない愚図じゃなぜいけないんですか。——

―芝居は一色であっていい筈はない、一筆で決まる日本画もあれは、無限に色を塗り重ね、試行錯誤を重ねてゆくことによってしか見えてこない世界もあるでしょう。岡倉先生の仕方によってしか切り開かれない未来も、あったんじゃないでしょうか？

（同前1　岡倉士朗さんのこと①、二〇〇六年七月）

その頃、というのは一九五六、七年前後のことだが、芝居の世界を歩き始めたばかりのチンピラの僕の周囲では「百パーセント切り捨て」と「非連続の連続」が、流行っていた、と思う。岡倉先生は、劇団民芸の演出家であり、同時にぶどうの会の指導者の一人だった。双方の劇団がともに公演態勢に入ってしまうと、当然ながら演出部に暇はなく、そこでどちらの所属でもない僕が、歌舞伎その他新劇以外の先生の仕事の助手をつとめる機会に多く恵まれていたわけだ。ぶどうの会は東大農学部の向かいのＹＭＣＡ二階にあり、僕も稽古見学を許されていたが、民芸はおそれおおくてそうも行かない。食堂で親父さんと無駄話をしながら先生の体が空くのを待った。――余談だが、食堂の皆川さんは六〇年代のいわゆる「安保」騒動の後、新宿御苑脇の酒場ユニコンによく顔を出していた。ユニコンは川村毅さん「オトコとおとこ」の酒場イカロスのモデルだろう。彼の息子が今ベテラン音響マンの皆川貴夫さんだ。

で、流行っていた、というのは主としてぶどうの会周辺でのことだ。「百パーセント切り捨て」とは、感情を、あるいは情緒を、であって、感情を演ずるな、といういわば常識の発展した標語あるいは惹句だったたろう。いや、そういう一切の理屈をだ、という見解もなくはなかったたかも、と今は思う。

「非連続の連続」は、べつに難解なことではなく、この現実といったん切れることによって、あるいはそれによってのみ、はじめて繫がることができる、という程の意味だ。

この頃の岡倉先生には「専門家意識は全くない」「死ぬまで演劇を楽しんで行く素人専門家なのかもしれない」「病気を治すのは（医者ではなく）病人自身なのだ」（あおくさい弁「立教」三号、五六年）などの発言もちらほらする（先生の思いをご自身の文章から探ることも可能だろうが、僕は僕の触れえた限りで、強い衝撃と影響を受けた言葉について触れたい）。

木下順二さんの「風浪」に、芝居書きとしての僕は一番影響を受けたと思うが、「山脈（やまなみ）」は好きな作品ではなかった。この稿のために読みなおして、感動した。今ごろ理解できる段階に達したのかもしれない。恋愛劇としてまことによく出来ている。主人公のとし子と、夫の親友山田とは、芝居の始まる以前の時点から、すでに愛し合っている。ホンにはそう書いてある。どう考えても、ほかに読み取りようがない。しかし、先生は言う。

「ちがう。恋は、ここ（信州の山村）で、今始まったんだ」

僕はこれをぶどうの会上演で山田を演じた久米明さんから聞いたのだが、久米さんは呆然としたと言う。そんな、馬鹿な、だって本には。——先生はそのあと、ぶすっと不機嫌に黙りこんでしまったのに違いない。その顔が目に浮かぶような気がする。

補助線という考え方がある。さまざまな演出家たちが、演技者に対する指導あるいは刺激の技法として、それぞれの仕方で用いる。高名なK氏の場合、たとえば「好きです」という台詞を若い演技者がうまく表現できないとき、その台詞の前に、口の中で、状況が順接（肯定的）する内容なら「とても、すごく、死にたいくらい」など、台詞に書かれていない言葉を呟かせる、とのこと。逆接（否定的）なら「嫌です、ぞっとする、大嫌い」などなど。声に出してもいい。それはあとで消す。その他、人により、さまざま。

「秘密の補助線」と、岡倉先生の方法を僕は勝手に名づけた。その補助線は秘密だ、演技者の胸中にのみあればいい。相手役はもとより、演出者にも明かす必要がない。そのとき、胸の中に何を思ってその台詞を言ったか、極言すれば、墓場まで持って行く秘密でいい。

かくて「山脈」の山田とし子は、今、ここで生まれた言葉によって愛を語る。この視点から読むと、見えてくるものもある。なにしろ戦時中の不倫の恋だ。死んでは生まれ、また死に、また生まれる。一瞬の中に永遠が浮かぶ。今、ここで。その生成の瞬間にわれわれは立ち会う。「非連続の連続」だ。

母親がいなくて子どもたちが寂しくなるから、できるだけ遊びに来てくれたまえ、と先生に言われて、よく練馬のお宅にうかがった。先生には僕がお嬢さんや坊ちゃんと一番年齢の近い弟子だったのかもしれない。時には泊まりがけで本直しのお手伝いもした。

木下順二作「おもん藤太」（菊五郎劇団）では団伊玖磨さんが外遊で不在のため、僕が中田喜直さんを推し、採用されて結果もよく、面目をほどこした。中田さんから靴下を頂戴した。

それにしてもそのころ、歌舞伎では「書き物」と呼ばれる新作が多かった。志賀直哉・円地文子脚色「赤西蠣太」、芥川龍之介・円地文子「奉教人の死」(ともに菊五郎劇団)、平田都「壬申の乱」(吉右衛門劇団)など、ほとんど大阪公演もあり、みな月末から翌月の初めにかけての集中した労働で、にわかに生活は楽になり、あとの時間を芝居書きにあてることが出来た。

舞台稽古に劇場へ行くと、菊五郎劇団の頭取の内山さんに「ああよかった、あんたが来てくれて。あんた、仕事早いから」と言われたことがある。つまり、前回書いた穴沢喜美男さんの「士朗さんは決まらない人だから、お前たちが決めろ」を、たぶん僕は軽薄にどの程度か実行して事をはこび、先生は、実は、どれほどか眉をひそめていられたのだろう、と、今はわかる。

時間の余裕が出来て、とりあえず、よく知っていること、また知り得ることを書こう、と——高校を中退せざるを得なくなったとき救われて以来、ご恩を受けっぱなしの河合家の、すでに四四年に死去されていた河合栄治郎教授の事件に、取り組み始めた。これが「長い墓標の列」(『新日本文学』一九五七、『新劇』一九五八——改稿の過程では全面的に竹内敏晴さんのお世話になった)になる。

改稿は、先生の気に入らなかった。これなら前の稿をボクがカットして演出しようか、とまで言われたらしいが、結局一番の愛弟子だった竹内さんに一任された。ぶどうの会内部でも意見の対立が険しく、のちの分裂にいたる気配は、すでにかなり濃厚だったと思うが、略す。ともかく演出竹内敏晴、作福田善之、さらに照明立木定彦の、それぞれデビュー作となり得たのは、幸運のおかげというよりほかはない。

そしてオペラ「夕鶴」の舞監時代が来る。舞台装置等を一新した新「ペラ鶴」(と言っていた)の、旅公演から舞台監督になってしまったのだ。二十五歳だった。――次の月に二十五歳になるという秋に、僕はぶどうの会の研究生だった久松孝子（夕子）と結婚した。本郷白十字の二階で、紅茶とケーキの会費二百円。人前で結婚届に署名する形式としては早いほうだったろう。中島健蔵先生が「どう考えても教場で（僕に）会った覚えはない」と参会の人々を笑わせたたぶんそのあと、岡倉先生がスピーチに立たれた姿が写真に残っているが、内容をまったく覚えていない。記念の寄せ書きのノートに先生が書いてくださった言葉は、こうだ。

「非連続の連続、おめでとう」

先生は一九五九年に、すなわち六〇年の前年にこの世を去られた。満五十歳。芝居書きとしての僕の仕事は、六〇年代から始まったといっていい。先生がいたら、僕の作品のいくつかは、書かれなかったか、形を変えたものになったろう。先生は何より軽薄が嫌いだった。――正直、いなくてよかった、と内心ほっとするような気持ちのこともあった。

でも、それでも、先生にはなお生きていてほしかった。先生よりずっと年長になってしまった今になって、強くそう思う、と言うことができる。

（同前2　岡倉士朗さんのこと②　非連続の連続、二〇〇六年八月）

木下順二

その人は、天井まで届くような書棚と書棚のあいだから、丈高い身体を斜にして抜け出て来て、僕の鼻先に立った。廊下（本郷ＹＭＣＡの）からドアを開けるとすぐ、押し合うような書棚の列の横腹に対面する。そのいわば書物の森の奥深い空間に、その人の塒（ねぐら）はあるようだった。早く言えば、書庫に住んでいた。

僕は、二十歳の学生だった。住居はあるようなないようなもので、高校以来お世話になった大森の、故河合栄治郎教授のお宅に、何度も舞い戻って居候をしていたのだが、このあと玄関脇の三畳の書庫の、本を詰め込んだ箱の上に洗い張りの板を敷き、その二尺幅の上に寝泊まりした。本は埃が多いから肺病になるぞと忠告されたが、まあ、半世紀経って、今のところ大丈夫だ。その人——木下順二さんも、ご健在だ。その頃はなお三十代だったことになる。若々しく、すこし青っぽく、文字通りの青年だった。

あるとき、向かいの「南米珈琲店」に中年の貫禄ある紳士たちが数人集まって、中年らしく（多少無遠慮に）談笑していた。その中に木下先生がいた。同窓生らしい。当然ながら「おれ、お前」の今ふうにはタメ口で話し、笑いあっている。店の隅っこで見ている僕に、それがなにか不自然な光景に感じられたほど、先生だけが若かった。大人の中に小僧っ子が一人まじって平然としているようにも——または会社の幹部に囲まれた青年映画スターのようにも、見えなくはなかった。気恥ずかしいような、同時に誇らしくもある気分だった。

いつのまにか「先生」と書いている。僕はずっとそう呼んで来たし、面と向かってでないときは、師匠、おっ師匠さん、とか、今も言う。——ただし、先生は、弟子なんていない、と思いたいことが、かなりの頻度また強度であるもののようで、その気持ちはこっちに伝わらないでもなく、僕には師匠よばわりを控えた時期があった。ある時期からは、僕のようなものが木下順二の弟子と称することを、愉快に思わない人たちが存在することを、むろん僕は知っていたし、その人たちの数は少ないとは言えず、もっぱら先生の周りを囲っているように見える時期もあった。

いつだったか、国電の駅近くの、大学の先生たちがよく姿を見せるという居酒屋にお供をしたとき、なぜかそんな話題になり、珍しく強い調子で言われたことがある。いいじゃないか、なんでいけないいんだ、弟子と言っちゃ。

「え、いいんですか、言って。構わないんですか」

と、問い返した僕の声は間違いなく弾んでいたと思う。

「いいさ」

と先生ははっきり言い、宵の口だったが、あたりがぱあーっと明るくなったような気がした。そんな記憶が鮮やかにある。

むろん、その後、僕が弟子を名乗るに値する仕事を多少ともすることが出来たなどとは、とても言えない（ただ、駄目な弟子だっていたっていいだろう、と居直る年齢になってしまっただけだ）。

〈セゾーノ〉は、木下先生を中心に集まったグループの名である。そもそもの動機はよく知らない。岡倉士朗先生亡きあとの「ぶどうの会」の文芸演出部的な側面を、多少バックアップできれば、というような気持ちが先生にはあったのかもしれない。とすれば出発は五九年（それ以前だとすると、僕はオペラ「夕鶴」などで忙しく事情を知らない）。こういうとき、電話をすればたちどころに正解を答えてくれた人間が二人（定村忠士・椎名輝雄）いて、しかし二人とも、もうこの世にいない。

それ以前、僕には、先生にいつも会いたい気持ちがあった。お宅を訪ねては先生のお母上に「ごめんなさい、お約束をまた忘れて出かけてしまったのね、順二は。ほんとにしょうがない」と慰めていただいたり、何曜日かの「面会日」に南米珈琲店で順番を待っていると、僕の番が来ると同時に、先生の次のスケジュールの時刻になってしまったり、それでもメゲずに付きまとっていた時期が――季節が、あった。で、ほかにもそういうシツコイのがいて、先生を根負けさせていたのかもしれない。そのあたりにも、結成の動機の一つが隠れていたかもしれない。

で、セゾーノの話。最年長は、劇作家宮本研と牧原純（特攻隊出身、当時、文化放送制作）。続いてぶどうの会の演出家竹内敏晴。スタニスラフスキー研究の泰斗にして「常陸坊海尊」（秋元松代）などで知られた演出家、高山図南雄。このグループに一番熱心だった椎名輝雄（ぶどうの会養成所の教師として、劇団解散後も彼らのために戯曲「柩の中の彼（演劇集団変身上演）」他を書いた）そして明治大学教授だった木下先生の助手菅井幸雄（のち明大文学部長）は、会合にはあまり顔を見せなかった。この辺がいわば年長組。

あとは僕の同期生で、定村忠士（当時読書新聞、のち「グラバーの息子」他の劇作家）を筆頭に、大学で同じサークルの指導的演出者だった遠藤利男（NHK）、サークルは違うが学生時代に戯曲「彼等は働きつづける」を発表していた田原成行（TBS）。宮本・椎名と、それに定村と田原もぶどうの会養成所（麿赤児・福原圭一らが出ている）の面倒を見ていた。また僕の中学高校で同級の和泉二郎は、東京工大・銭高組そして早大演劇科を経て、このころぶどうの会演出部に属していた（のち演劇集団変身。筑紫哲也のテレビ番組を構成）。つまり、われわれが最年少組である。

セゾーノの名の由来は、当時ロジェ・ヴァイヤン（戯曲に「フォスター大佐の服罪」）の評論から「季節」という言葉が多少流行っていた。恋の季節はもとより「フットボールの季節」のように、それに没頭し、やがて抜け出るだろうその、どれほどか非日常の時間・異空間を、ヴァイヤン氏はドラマ論として語っていたのだと思う。

先生にも興味の持てる発想だったようだが、こうした場合、けっして自分の考え方や感性で他をひきずろうとはしない人で、そのへん徹底している。僕を含めた若い者たちががやがやと、「いいじゃない、季節」「季節の会って、どっかにあるよ、もう」「英語でシーズン、フランス語でセゾンか」「エスペラントじゃ、どうなの?」と、エスペランティストの高山さんに振ったのは、年長の牧原さんか、いつも進行係の定村か。

「セゾーノさ」と、高山図南雄さんが重々しく答える（「あ、いいかも」と、多数）。

濃い髭の剃り跡をもっそりと撫でていた宮本研さんが、雰囲気をじっくり見ていて——僕は不謹慎にもときおり〈研じい〉などと呼んでいたが——「いいじゃないか」と、断を下した。より過激な名称（楔や杭を意味するパイルなど）を主張していた椎名さんも、頷いた。だいたい、いつもそんな傾向だった（そんな気がする）。

月に一度集まって、さて何をしたのか。そのうち『読書新聞』編集部の定村忠士が、「セゾーノ」名でメンバー回り持ちで劇評を書く、という話を持ち込んで、共通の仕事も出来たし、ぽつぽつ世間に知られるようにもなった。「セゾーノA」からはじまって、各人適当にアルファベットを選んだが、本人の頭文字などと関係はない。僕も書いたはずだが、アルファベットは忘れた。匿名評には違いないから、文章の癖などはできるだけ隠すようにした。従って誰が何を書いたかも明白ではない。ただし木下先生だけは、そのあまりにも特長ある文体から、即、筆者が露見してしまうのは、いたしかたなかった。

一九六〇年の早春、「総資本対総労働の決戦」と騒がれた三井三池炭鉱の争議に、僕は軽薄にも出かけて行った。何か役立つことなど出来るわけもないが、ちょっと見学だけ、などという寝ぼけた立場の許されようはずもなく、オルグさん、という名前のいわば応援団の資格で、夜は炭住と呼ばれる家に泊まって議論に加わる、というふりで実は傍聴に徹し、夜明けに叩き起こされて薄暗いなかを、おばちゃんたちと一緒に自転車で密集隊形を作って当時当面の問題だった三川鉱ホッパーに急ぐ。おばちゃんたちと来たら、当時まだ二十代の私の自転車の後輪に、前輪をどんどん突っかけてくる。必死で漕がないとそれ自体迫力ある密集隊形を壊してしまうことになる。まるで映画の一シーンみたいだった。

昼には、また炭住で、慰問に来たどこかの合唱グループに、強引に飛び入りで司会をつとめて子どもたちにかなり受けて、やっと少しは面目をほどこしたような気分になれたのだが、全過程を通じてもっとも印象深かったのは、おばちゃんたちの熾烈なエネルギーだった。

と、それを僕は興奮して、セゾーノの集まりで報告した。池袋の飲み屋の二階だったと思う。

三池は簡単にゃ負けないぜ、あの女性たちの男勝りの迫力ときたら、今後何年も、もしかすると半永久的につづくゲリラ戦的抵抗を予想させるなあ、などなど。

そのとき、椎名輝雄さんが言う。「エネルギー革命の問題は、どうなんだ?」

「えっ」と、僕はうろたえるしかなかった、と思う。

石炭は石油に王座を譲るしかない。その状況にひたすら目をつぶって闘争が展開できるわけがない、そこを、そのおばちゃんたちはどうとらえて、あるいは感じて、なおかつエネルギッシュな迫力を発揮し得ているのか、それが聞きたいんだよ。そう椎名さんは言っていた。そして僕の混乱を見て、相当に二枚目の顔をゆるませ、にやりと笑った。

ああ、情けない。僕は抜群に間抜けな、おっちょこちょいの若い衆だったのだ。昔の自分に向き合うとはつまりこういうことで——まことに、楽しくない。

雑魚のトトまじり、という言葉がある。むろん僕が雑魚である。学生時代にそれを感じる場合がなかったわけではない。しかしこの後、僕は劇団青年芸術劇場（青芸）への参加などを通じて、ひしひしと痛感して行くことになる。

やがて『読書新聞』のセゾーノ評は、別役実「象」（自由舞台、鈴木忠志演出）を激賛、その刺激で当時まずまず注目されていた劇団青芸が上演（俳優座劇場、演出観世榮夫）。何年かのち別役さんに「あなたたちのお蔭で、逃げ出すつもりだった芝居の世界に、また引き戻されたんですよ」と冗談まじりに言われたのが、まことに嬉しく、われわれの日本演劇に対するほとんど唯一の貢献かな、と得意になったが、また大分年月が経って、別役さんにこの話題を持ち出したら、きれいに忘れておられた。

でも、椎名さんが二〇〇二年の夏に死んだとき、僕は別役さんに電話をかけた。あのときの『読書新聞』の評を書いた人が死んだんです。別役さんにとっては顔の記憶もないようだったが、しかし都心を遠く離れた団地の、小さな集会所での寂しい葬儀に、木下順二と別役実の、不釣り合いに大きく見える花が並んだ。

セゾーノの他のメンバーについては、折りに触れてまた書く。木下先生については、まだ書けない。公私ともに、という言葉で言うなら、僕は「私」のほうでもお世話になりすぎている(この連載を彼から始めなかったのは、この世界に僕が自覚的に入ったそのころ、長い外国旅行に出ていられたからだ)。

今も、先生はじゅうぶんに若い。近年の正月、千駄木のお宅——思えば、このお宅が出来上がったとき、僕は、わあ、戦後は終わったという気がしますねえ、などと口走って、先生に露骨に嫌な顔をされたものだが、それも何十年も前だ——を、久しぶりに訪れると、玄関の扉をふいに開けたのがご本人で、その瞬間、この人、おれよりよほど若いんじゃないか、と思った。

で、今年の正月だ。先生はまた突然言う。

「ああ、生涯、僕には弟子なんていないよ」

僕が憤然としたこと、言うまでもない。

(同前3　木下順二さんとセゾーノ、二〇〇六年九月)

さて、今になって――師匠木下順二の死後になって、あらためて思うのだが、木下さんの存在はすごく大きかった。彼はその全存在で、演劇のいわゆるリアリズム派と、かならずしも然らざる派との、小さくはない裂け目を、かろうじて繋いでいた感がある。――その「すごさ」について、僕の語りうることなど、ほんのわずかだ。

（同前12　「オッペケペ」のせりふ①、二〇〇七年七月）

観世榮夫

ほぼ半世紀の昔、榮夫さんを僕が劇団青芸に誘った。その前から、木下順二・岡倉士朗両師匠の関係で知っていた。しかし六〇年の安保騒動のなかで、彼がどこかで述べていたように「福田や僕のようなはねっかえりもの同志が」自然にくっついた、というのが正解だろう。

創立公演の「記録No.1」以来「遠くまで行くんだ」「長い墓標の列」「袴垂れはどこだ」「三日月の影」新人会「オッペケペ」霧の会「思い出しちゃいけない」自由劇場「魔女傳説」など、六〇年代の僕の作品のほとんどを演出した。

彼は僕の四歳上だったが、その差を感じることはなかった。今になって驚くが、彼の演出に不満を覚えた記憶が、まるでない。自分を棚に挙げていうほかはないが、やはり希有なことだった、と言わざるを得ない。

いつも一緒に稽古場にいて、勝手なことを言っていた。榮夫さんが僕を、一緒に演出しているような気持ちにさせてくれていたのだろう。僕は劇作よりも演出修業をさきに始めた人間だから、おのずと自分で演出する機会が増えて、近年はあまり共同作業をしていなかったが、振り返って見ると、二度以上組んだ演出者は、自分自身のほかには、観世榮夫さんだけだ。彼が僕にとってほとんど唯一の演出家だったことになる。

彼がどんな演出家だったか、僕にはよくわからない。ただ、能の世界に育った彼だから、その技法の類を用いるべきだという声には、頑として頷かなかった。四作目の「袴垂れはどこだ」のとき「そろそろいいんじゃないの」と僕が無責任に呟くと、あっさり頷いて「幕間狂言」の場などに伝統芸能の気配が漂った。

「オッペケペ」が、七九年に立動舎制作で上演されたとき、初演からお芳を演じていた渡辺美佐子さんが、役についていろいろ考え、思い悩んで演出の榮夫さんに相談した。経験を積めばそれなりに悩みも増えるのは、俳優さんに限ったことではない。榮夫さんは答えた。

「ごちゃごちゃひねくり回さず、福田のテキストをきちんとお客に届けろ、それだけ考えりゃいい」

それでいっぺんに気持ちが晴れたわ、と美佐子さんは笑っていた。むろん、考えるのはいいことだ。大概のことは、そこから始まる。が、このとき榮夫さんがこう言ってくれたことは、僕のこれまでの様々の経験のなかで、もっとも深く心に刻まれている。

榮夫さんは演出しながら、青芸の稽古場の古ぼけたアップライト・ピアノの上の狭いスペースに横になって、ときにはそのまま眠りこんでしまう。僕の息子は幼いころ、カンゼさん、と言っては、長椅子の背の上に寝ころがって見せていた。

劇団青芸は五年で解散した。半分真剣に「劇団五年説」を唱えたりしていたのが、その通りになった。――新潟で大地震があり、すぐには行く劇団などないので、青芸が「袴垂れ」を持って行った。主役の一人「じいさま」を演じていた米倉斉加年さんは、そのときもう退団して民芸に行くことを決めていたと思う。

宇野重吉さんが彼を誘った。彼は、はじめて触れる大人の芝居、大人たちと噛む演技、演出、戯曲等に、心を奪われたのだと思う。恋に似ている。理屈ではどうにもならない。

劇団青芸は、民芸の俳優養成所（水品研）の生徒たちが民芸を選ばず自前の集団を作ったという結成の事情があり、理想もあった。「ただならない」下手さ（小沢栄太郎さんの評言）で作りだした舞台の幾つかに、それゆえ動かされて近づいた人々もいる。米倉さんの行動は、いわば否定して飛び出した親元に戻るようなもので、議論を呼んだ。が、恋は思案の外だ。

新潟の宿屋で、榮夫さんはぽつりと言った。

「なあ、米（ヨネ）さん、いっしょにやろうよ」

榮夫さんがそんなふうに感情をあらわにするのは、ほんとうに珍しいことだった。米倉さんはなにも答えなかった。

（同前13 「オッペケペ」のせりふ②と観世榮夫さん、二〇〇七年八月）

「観世榮夫さんは、生涯やりたいことをやって、自分でも満足した一生だったんじゃないか、という意見について、どう思います?」

と、新聞記者のAさんが言った。

僕は即座に首を振った。そう思わない、全然思わない。

榮夫さんは、最後の企画として、①「オッペケペ」(一九六三、新人会)②別役実「象」(一九六五、青芸)③「魔女傳説」(一九六九、自由劇場)を挙げていたよし。どれも一九六〇年代にわれわれが取り組んだ仕事だ。

「オッペケペ」と「魔女傳説」には共通の登場人物がある。行徳伝三郎と奥中欽治で、僕のつもりでは幸徳伝次郎(秋水)と奥宮健之を部分的にモデルにしている。ともに大逆事件で刑死(一九一一年)した。——実は、榮夫さんが最後に「魔女傳説」を挙げていたことに、もっとも胸を衝かれた。

時代の中に自分の座標を求めようとする意識が、彼にどの程度あったのか、知らない。一九四五年の敗戦時に青年と呼ばれるべき年齢に達していた彼には、当然、価値の逆転するような体験があったに違いないが、その点、より幼かった僕(中学二年だった)には、十分に理解できるとは言えない。

コペルニクス的転回とよく言われる。踏みしめる大地は動かず大空が動くとのみ信じていたら、動いているのは自分だったのか、という発見。驚愕。「ソロモンの洞窟」という読み物の一つの挿話についても、ちょっと書く。

前人未踏の奥地で未開の蛮族に囲まれた探検者が、あわやというとき空を指して、見ろ、あの太陽を消して見せよう、と、実はその日その時刻皆既日蝕が起きることを知っていて、言った。やがてその通り、みるみるうちに太陽は欠け、空は暗く、蛮族たちは恐れおののいてひれ伏した。べつに教訓のある話ではないが、彼らはおそらく、そのとき、初めて太陽を見た——見つめたのだ、と思う。

太陽を直接に何の比喩だというつもりもない。人により時代によって、天皇だったり、けっしてあやまつことのない理論や組織だったりもするだろう。太陽だって欠ける、それを見てしまった。自分を蛮族にたとえるのは気が進まないが、一九六〇年、僕はもう二十代の終りに近かった。

拠るべきもののなしにも、生きなければならない。が、真実なんらの拠るべきもののなしに生きるのは、そう、かなり難しく、しみじみ草臥(くたび)れることだった、何から何まで自前で考えなければならないのだから。それは、僕だけの実感ではなかっただろう。そんなころ、青芸と榮夫さんに出会っていた。

榮夫さんは孤独な冒険家に見えていた。彼が仕事の上の仲間と言えるものを持ったのは、ほとんど、このころだけだったような気もする。僕の錯覚かもしれない。が、彼があの時代にもう一度向き合おうと決意していたことは、そして、道の途中で倒れ、思いを残して去ったことは、確かだ。むろん、僕は責任をつよく感じている。

榮夫さんのことを、だんだん思い出してくる。彼にホンについて注文を出された覚えがない。

が、「記録No.1」のとき、挿入歌の歌詞から「幸福」という言葉を切れ、と言う。なぜ？　と聞くと「おれ、幸福って言葉、きらいだからさ」とりあえず、すぐにカットしたが、そういう彼を十分理解したとは言えない。——そんなことを含めて、また「魔女傳説」に向かい合ってみたい。

（同前14　観世榮夫さん（続き）・錦之助さん（先代）、二〇〇七年九月）

土居甫

土居甫（はじめ）さんは、文学座に入るつもりで四国から上京した。彼の故郷の津島町岩松に、敗戦の年から二年ほど文豪獅子文六氏が、混血のお嬢さんといた。文学座の創立者の一人岩田豊雄氏である。岩松の実力者で興行師、劇場も所有者していた土居さんの父上とはむろん知己で、土居少年はまず岩田家の書生となった。

ところが、文学座では、演技研究生（養成所）の募集がかならずしも規則的ではなかった時代があるようで、土居さんはそのハザマの時期の一つに遭遇したらしい。つぎの募集を待つ余裕がなく、おりから東宝芸能学校が出発するところで、とりあえず、その演劇科第一期生に入った。

幸か不幸か、身体がよく動いたので、ダンスのレッスンで目をつけられて、先生の助手にされて——というのが、僕の土居さん本人から聞いた当時の事情。——彼の自伝『山の向こうはなんだろう』（アクセス・パブリッシング）の記述は多少ちがうが、彼の性格で、人に迷惑をかけないよう気を使うから、そのぶん、正確さは保証できない。

　僕との出会いは、新宿コマ劇場での石川さゆり短期公演「今竹取物語」（作・演出が僕）で、作曲の三木たかしさんが、

「彼は、芝居がわかる人だから」

と、熱烈に推薦した。なにせ当時全盛のピンクレディの振付師、稽古の時間もとれないだろうし、と敬遠しかけたが、押し切られた。三木さんは「津軽海峡冬景色」のヒット中だ。

　稽古場に早く行くと、土居さんが音楽テープを前に譜面を睨んで、考え込んでいる。朝から来ていて、ずっとこうだ、と劇場のスタッフが言う。振付中にも考え込む。あまりピンクレディの鬼才らしくない。

　ネタはかぐや姫だから、ラストに巨大なＵＦＯが降りて来てヒロインを連れ去る。人びとは恐れおののき右往左往するところだが、短期公演だから群衆がいない。小人数でそれを表現しなくてはならない。考えあぐねている土居さんに、僕はつい口を出した。「だんまり」の蛇籠（じゃかご）の手なんかどうです？

　混乱した人びとがスローモーションで、前の人の腰に縋って動く歌舞伎の所作事の振りを、たどたどしく伝えた。キャストにダンシング・チーム出身者が含まれていたことも幸いした。土居さんはいっぺんに晴れやかな顔になって、ありがとう、と言った。こうした場合、なかなかあんな爽やかな笑顔になれるのではない。――むろん「蛇籠」をそのまま取り入れるのでは

なく、しかしまたたく間に振付は完成した。それから、永い友達になった。

糸あやつり人形の結城座で、説教節に触発された夢の論理で物語を紡いで行く、かなり難解な仕事を僕は続けていたが、これにも土居さんは参加した。難しくて（時空が多重・多層的で）わからない、ということは、彼の拒否の理由にならなかった。わからないから、おもしろい、と言っていた。僕の作・演出の能力が応えきれないことのほうが多かった、と思う。

共通の発想で、油絵で行こう、というのがあった。試行錯誤を承知の覚悟で、毎日色を塗り重ねて行く。今日線を引いても、明日は変えるかもしれない。それを怒る俳優やスタッフも多いのは当然で、秒単位で事を決するテレビの現場などでは、そうは行かないことが多かったろう。言い換えれば、油絵を描くような仕事が可能な場を、彼も僕もさがしていた、ということもできる。

テレビの現場は、僕も多少知らないではなく、しかし知ったような口をきくと、土居さんはちょっと悲しそうな目になった。とてもそんなものじゃないよ、と言われたような気がして、口を噤んだ。

僕などの想像もつかないような華麗で激烈で残酷な夢のような仕事場で、しかし彼が出会うことのできた希少の人びとのうちの二人が、ピンクレディだったのだ、と今は思う。

土居さんの振付が、基本的に踊り手（表現者）の内面と自発性に基づくことを志向していた、と言えば奇異に感じられる向きもあるだろう。振付と言えば、外から形を押しつけるもの、それが常識的理解というものだろう。舞台の演出がしばしばそう誤解されるように。

土居さんが一番好きだったのはボブ・フォッシーだ。彼について、こんなことを聞いたことがある（土居さんからではない）。彼の振付は、ときに踊り手がぐにゃぐにゃと身体を動かすように見えるが、それはそのように形を作るのではない。われわれの肉体はいつも外からの強い圧力にさらされている。押しつぶされそうになる。それを内部からの力で必死に押し返そうと抵抗する。それがあのような形になってあらわれる。彼は「レジスト・アンド・レジスト」といつも叫んでいる、と。

踊りに詳しくない僕には、真偽のほどは保証できない。が、かつて親しく聞いた土方巽さんの言葉にも通じるところがあるような気がする。土方さんはクラシック・バレエの有望な新進の踊り手だった。彼によれば、バレエは人間の解放・拡張・伸展の芸術で、それは東北の厳しい寒さや吹きすさむ風に耐えながら、土にしがみつくように生きている人たちの心に届かない、とあるとき感じたのが、彼の舞踏への転回のきっかけだったと言う。B・フォッシーを好きな土居さんは、軽演劇から暗黒舞踏までつらぬいて理解する心を持っていた、と思う。

僕は、観世榮夫さんの永い友人なのに、能・狂言のことをまるで知らない。いつでも彼に聞けばいい、と思っていたからだ。土居甫さんを知ってからは、踊りのことは土居さんに聞けば、あるいは、任せればいい、と思い込んで来た。今、どうしていいかわからない。すぐれた振付師は大勢いると思う。でも、彼あるいは彼女は、どんなに優秀でも、土居甫ではない。

「恋でいっぱいの森」は、シェイクスピアのロマンティック・コメディと呼ばれる作品群

（小田島雄志訳）から、若者たちの場面を中心に、ミュージカル志望の学生用に僕が構成した二〇年ほど前の台本だが、二〇〇七年二月に桐朋演劇科、六月には劇団東演が上演したが、これが土居甫さんの最後の振付になった。

もう共同振付の渡辺美津子さんに万事まかせていたのだが、どうしても自分で直したいところがある、と言って、下北沢の稽古場にやって来た。僕の手帳だと五月八日。彼がこだわったのは「夏の夜の夢」の、原作では三幕の最終部分、夜の闇に迷わされた恋人たちと妖精の重唱のシーンだった。

歌は歌っているが、互いに他が見えない点では、まさに「だんまり」の景だ。そこで土居さんが最後につけたのは、ライサンダーとディミートリアスが、たがいの鼻が触れるほど近寄りながら、しかしすれ違って行くなどのコミックな動きで、僕はボブ・ホープとビング・クロスビーの「珍道中」シリーズの気配を感じた。病床で、どうしても伝えたいと考えていたのが、これだったらしい。

十月の歌舞伎座で、師匠木下順二の「赤い陣羽織」の演出を担当している。基本的に岡倉士朗先生の演出を踏襲しているが、一つだけある取っ組み合いのシーンを、殺陣師の三津之助さんに頼んで「だんまり」のパロディにした。むろん「蛇籠」も入っている。

土居さんのお通夜に「花束は三百、しかし来る人は二百」と予想したというテレビ関係の方たちを僕は理解できるが、現実には劇団や演劇学校関係者を含めて六百人を越す人びとが集まった。「芝居のほうでは、時間がややゆっくり流れていますから」と、僕は尊敬するテレビ関係者に言った。

僕は花束を出さなかった。「赤い陣羽織」の「だんまり」パロディが、お互いだけにわかる小さな花束のつもりだった。

（同前17　土居甫さんのこと、ひいては演出のこともちょっと）

広渡常敏

広渡さんについて、まず印象的だったのは、坂田純子さんから聞いた話だ。たぶん一九五八年、オペラ「夕鶴」の旅で、深夜の列車の中。その時の裏方には劇団三期会（のち東京演劇アンサンブル）のメンバーが参加していて、坂田さん（愛称が「小スミ」）は、子役の係だった。

夜更けの三等車で、みな寝静まっている。僕と小スミさんは寝つけないままぽつぽつと話をしていた。彼女の劇団のヒット作「明日を紡ぐ娘たち」（一九五七）を僕は見ていて、感銘を受けていた。

彼女によれば、その公演のあるとき、終演後観客との懇談会の席上、一部から強い口調の批判があったのだそうな。出演の女優たちが綺麗すぎる、実際の紡績女工はあんなものじゃない、うんぬん。

そのとき、タリさん（広渡さんの通称）は、真っ赤になって、すこし吃りながら、こう言ったという。

「じょ、女優が綺麗で、なぜいけない！」

ふうん、と僕は感動した。

僕じしん、たとえば芝居の乞食は、ぷーんと匂いがしそうに汚くとも、それでも美しくなくちゃいけない、とかねがね思っていた。僕はそれから、タリさんと三期会について、いろいろ小スミさんに訊いた。僕がよほど羨ましがっているように見えたのだと思う。彼女はすこし気の毒そうに言った。

「あのね、ウチは役者じゃないと入れないのよ」

その三期会の諸兄姉とは、六〇年安保前後のデモの中でよく出会った。統一と団結と秩序が叫ばれるなか、しばしば蛇行デモに走り、あわよくば周囲も巻き込もうとしたのは、劇団青芸と三期会（の一部）だけだったような気がする。今演出家でもある志賀沢子さんはまだ俳優座養成所の生徒だった。そののち坂田純子さんは名優（と僕は信じている）伊藤克さんの奥さんになった。

日本演出者協会編『戦後新劇・演出家の仕事②』（れんが書房新社、二〇〇七）の編集には、ふじたあさやさん等とともに僕も参加、広渡さんの文章からは、九四年の「リアリズムってなんだろう?」を載せさせてもらった。当時の合同公演（俳優座・青年座ほか）「風浪」のおりに書かれたもので「東京演劇アンサンブル四〇年の歩みをふりかえるという意味も」と、広渡さんは言うが、「（俳優を《超課題》実現へと、目的意識で管理・統制する）社会主義リアリズムからの剥離、脱出」という語句を含んだこの文章の重要性は、はかりしれず大きい、と僕は思う。

僕の関心からの、ごく一部についての抜き書きしか今は余裕がないが、彼は《素顔》について言う。

「俳優が玄人として熟達すればするほど《素顔》が出てくる（略）俳優としてのキャリアが増え、専門家すればするほど、素人（しろうと）の心を大切にしよう。芝居の原初の動機を考えよう。役者である前に人間であるという、俳優の本心のアイデンティティー（生き方）に立ち返ろう」

これが一口に言ってアマチュアリズムだ、と彼は言う。むろん彼はその言葉を肯定的に用い、技術主義を痛罵する。

「じぶんと、変化を通して発見するもう一人のじぶん。この未知との遭遇の、予感と期待が、ぼくらを芝居にかりたてる。じぶんともう一人のじぶんとの距離――それが《存在》の意味にちがいない（略）」

まことに勝手な略記が誤解を生む可能性についてはは承知だが、またここに立ち戻らねば、というカンも働くので、今はご諒恕を願うほかはない。ぜひ『戦後新劇』を参照していただきたい。この書物の発刊が遅れているうちに、タリさんは逝ってしまった。

（同前33「幻燈辻馬車」のこと、など、二〇〇九年四月）

竹内敏晴

竹内敏晴さんが亡くなられて、おのずと自分の出発点を思い返している。

竹内さんはお酒を飲まないから、思い出はいつも喫茶店だ。はじめて会ったのも、大阪の喫茶店だ。いろいろと途方に暮れていた僕に、ぶどうの会の「三つの民話劇」関西公演スタッフにつくよう、指示してくれた。一九五四年の遅い秋だったと思う。が、当時すでに、竹内さんはとても忙しい人だった。だから、ぶどうの会の演出部たちを紹介してくれたきり、あと、舞台の現場で竹ちゃん（みんなそう言っていた）に指導を受けた覚えがない。今思うと、これが竹内流だったのだ、たぶん。

岡倉士郎先生の歌舞伎新作などの演出に、二人で交代につくような時期があったが、そのごく初めの頃「サムソンとデリラ」の翻案で、内藤幸政作「大仏炎上」の大阪歌舞伎座（前の）上演で、都合で岡倉先生も、竹内さんも行けない。君ひとりで行け、という話になって、行った。最後が猿之助（のち猿翁）さんが怪力をふるって大伽藍を崩壊させる（屋台崩し）のクライマックス・シーン。

大道具が次々と、小さなものは早く壊れ、大きな柱はゆっくりと傾く。壁は崩れ、瓦は飛び散る。煙と火の粉――当時は〈吹き火矢（ぼや）〉と言って、火の粉をリアルに散らす仕掛けがあったが、このあとじき東宝劇場（東京宝塚劇場）でその火が紗幕について大火になったとして、使えなくなった――の中を、人びとが阿鼻叫喚地獄よろしく逃げまどう。

東京の歌舞伎座で初演したものだが、主演クラスの他はみな違う。稽古は少ない。その上この修羅場の音楽は洋楽である。

「私ら、洋楽のキッカケとれないから、あんた頼む」

そのころの狂言方は、皆さんそうだった。

僕、二十四歳、大劇場経験はこの初演のほかに新派の大垣肇作「望郷の歌」だけ。心細いったら、ない。

頼るところは竹内先輩しかない。相談に行くと、ノートに群衆処理の動きを図示して、親切に教えてくれた。

僕が、短くはない年月、演出家でございと仮にも店を張って来られたのは、この時の経験によるところ、大きい。なかなか入り立ての新人が、こんな経験を出来るものではない（もうひとつは、学生演劇の旅公演のような「何もないところで芝居を成り立たせる」経験かな）。

今思うに、竹内さんの机上の指示が的確だったのだ。彼は内面的心理的な緻密な描写を得意とした演出家として知られていたと思うが、こんないわば荒事もこなせたわけである。昔の人は、みなそうだったのかもしれない。

僕自身が、もういい歳だから、演出の現場で、ある場面の人物の位置とか動きとかをつけろ、と言われたら、とりあえずやる。一応は、やることができる、あるいは、できてしまう……ところがある。

待ちの福田、と、かりにもみずから志すからには、演技者の自発性抜きに結果を指示することは、好ましくない。ないが——にもかかわらず、どっちつかずの結果に落ち込むことが、多々ある。おお、人生。

竹内さんに指導を受けたのは、拙作「長い墓標の列」の初稿から、ぶどうの会上演稿への過程で、だ。

竹ちゃんは忙しいから、毎夜のように、新宿の喫茶店「風月堂」で待った。コーヒー一杯で何時間もいるのに、当時の経営者は大目に見てくれたようだ。

一口に言えば、竹内さんは僕の、ドラマティックでない芝居から、ドラマたりうる要素を見つけ出して、それをどれほどかドラマに育て上げよう、と努力されたのだと思う。

竹ちゃんは、本姓高橋で、旧制第一高等学校では、寮委員長をつとめたと言う。戦時中だから、大変なことだ。戦後も、駒場寮の食事部委員などは、権力があったようだ。

そのころ、寮に手塚治虫さんもいたそうだ。僕が彼の「バンパイヤ」テレビ化でお目にかかったとき、竹内敏晴の名を出したら、手塚さんは首を傾げたのだが、高橋と言えばすぐ分かったのだろう。

竹内姓になったのは、詩人竹内てるよさんの養子になったからである。竹内てるよさんは当時、というのは五〇年代後半、大月近くの猿橋に住んでおられた。

その近くに古い旅館があって、竹ちゃんはそこに僕を放り込んでくれた。僕はまだ生活も住居も不安定だったから、大いに助かり、そこで集中的に改稿を進めることができたのだが、そこへも竹ちゃんは、顔を出すことはなかった。

竹ちゃんは、ほんとうに忙しかったのだ。「制輪子物語」や「御料車物語」の作者で国鉄大井にいた鈴木元一さんは、僕と親しかったのだが、竹ちゃんのことを、

「一生駆け足、って人がいるものさ、彼は、あれだなあ」

と、言っていた。

「長い墓標の列」の改稿が、岡倉先生に厳しく批判されたことは前に書いた。先生の一番の愛弟子だった竹内さんが、この問題に関しては結局譲らず、ぶどうの会公演に持ち込むことができたのは、本当に嬉しかった。間違いなく、竹ちゃんは僕の恩人である。

が、結局僕は何を彼から学び、また何が出来なかったのだろう？――その手掛かりとなる記憶は、いくつかある。

その一。いわゆる六〇年安保騒動のあと、観世榮夫や林光、そして劇団青芸など、僕らの仕事は、広義で新左翼と呼ばれる文脈に理解されていたと思う。そんな頃、なにかで竹ちゃんに協力を求めに行った。

そのとき彼は、特有のボソボソとした口調で、

「僕等、農民的体質というのかね……片々たる泡沫的現象には、乗らないんだ」と、言った。

竹内さんは僕らを理解してくれる、となんとなく思いこんでいたので、多少意外であり、悲しかったが、なるほど、とも思った。今も、不快には思っていない。

そののち、彼は当然のように、ぶどうの会の研究生や養成所の生徒たちの中心となって、演劇集団「変身」の結成にいたる。当然のように、と書いたのは、知識・経験などすべてを含めた彼の実力が、自然にそこに結果したのだろう、と僕が思っていたからだ。

が、〈その一〉の記憶との関わりから言うと、その変化を、十分理解できたとは言えない。「変身」は、小劇場運動のハシリとされている。「変身」のメンバーには古くからの親友さえいた。僕の作品との直接の関わりはなかったが、僕もときおり稽古場に出入りしていた。

竹内さんには一度も出会わなかった。

その二。竹内さんの「真田風雲録」劇評。雑誌『新劇』。

竹内さんは博識である。状況に敏感で、つねにアンテナを張っている。そして文章がうまい。暢達だ。〈ドラマというより状況のモンタージュ〉と表題されたこの文章のもっとも優れた点は、当時なお「貸本屋」時代という青春期にあったジャンル《劇画》との関連を指摘してくれたことだろう。

白土三平さんと僕は同年で「袴垂れはどこだ」ではパンフに絵を描いてくれ、本のカバーにも使った。岡村春彦さんの努力の賜物だが、僕は勝手に、会ったこともない彼を友人だと思いこんでいる。

僕が「ドラマが嫌い」（『文学』一九八五年、評論集『劇の向こうの空』読売新聞社、所収）などという文章を書いたことと、直接関係があるわけではないが、簡単にいえば、「竹ちゃんが〈ドラマでない〉と思うところに、僕の芝居はあるのだな、きっと」

という覚悟をつけることができた、とは言える。

（同前40　竹内敏晴さん、あるいは「一生駆け足」の人のこと、二〇〇九年十一月）

井上ひさし

人前で泣いた覚えが、ほとんどない。一度は母のときだ。臨終から葬儀を通じて、涙を流さなかった。骨にして、骨箱に入れて一人息子の僕が持って、バスに乗り込む。

そのとき、不意を打たれた。骨箱があんなに軽いとは思わなかった。こんなになっちまった、と涙が噴き出た。

こんどは、「真田風雲録」リーディング初日の「アフタートーク」のときだ。井上さんの話を始めたのが、いけなかった。

いつも演出協力をつとめて下さる福原圭一さんの、息子さんのスナック「ふく」（新宿御苑）という、二十数人で一杯の店だ。この極小規模の試演が僕は好きで、「風雲録」はここで二度目だった。

自分の都合で、今回は演出というほどのこともせず、福原さんと俳優座の斉藤淳さんにまかせきりだった。観客気分で、客席にいられたせいも、あったかもしれない。

なぜ井上さんは、この芝居をあんなに褒めて下さったのかな、と自分の台詞を聞きながら考えていた。このところ、あちこちで上演の機会があった作だが、いつも歌が少ないのは不満だった。このリーディングは俳優座の若手諸君の自信を反映して、歌が多かった。

そうだ、まことに良くできた「歌入り芝居」だ、と井上さんは書いて下さったのだ（『表裏源内蛙合戦』あとがき）。

井上さんは金ボタンの学生服だった。後から聞くと営業上の作戦だったのだそうだが、その種の知恵が僕にはない。ＮＨＫラジオ「学校放送」の台本作家グループで、知り合った。廈という字は読めなかった。

もちろんこれも後からの話だが、井上さんは、僕のラジオドラマに興味を持っていて下さったようだ。

「ラジオ文芸部って、言いましたっけ？　あの部屋に、台本盗みに行きましたよ」

最近『音屋の青春　ミクサーが語るラジオドラマ黄金時代』（沖野暸ほか著、暮しの手帖社編集）という本が出たけれど、その中でも話題になっている「日本の微笑」（第二作品集『オッペケペ・袴垂れは何処だ』所収、三一書房）は、発表当時不評で、矢代静一さんに〈日本という国を女として擬人化するような精神が、嫌いだ〉と叱られた。

それを、何十年も経って、井上さんに褒められた。「あれは前衛でしたよ」って。

井上さんに会うとき、僕は悄気(しょげ)てる時のほうが多かったような気がする。

「また『風雲録』みたいなの書いたらいいじゃないですかね」と、言って下さった。

〈今、自分に面白いと思うことしか書けなくて、それが、人には面白くないって、ことですかね〉などと、へどもど答えると、それ以上は、特に何も仰らなかった。

劇作家協会が出来るときは、

「口喧しい大久保彦左衛門みたいな人がいるほうが、組織は健康なんですよ」

と何度か仰っていたが、自分が盥（たらい）に乗って似合うとも思えなかったし、今は、いや、やっぱり僕は邪魔だったんだろうな、と思う。

井上さんの芝居を、僕はいつも褒めた。大変なものだ、と思い、今も感心している。——実は、その輝かしい作品群の中の、いうなれば芝居書きの《不安》〈のようなもの〉について、考えてみたかった。

僕は、自分と井上さんの間にだけ、分かっていることがあるような気が、いつも、していた。そういう気持ちを、彼は皆に与えていたのかもしれない。それを確かめる機会は、なくなってしまった。

「僕はある時期まで、福田さんって、何不自由なく育った人だと、思いこんでいた」

と、言われたこともある。

「まあ、福田さんは、前にいい本書いたんだから、いいじゃないですか」

と、劇場の廊下で言われたのが、最後になった。

「風雲録」アフタートークで、話が井上さんに及ぶと、突然自分が泣くとは、つゆ思わなかった。後ろを向いて誤魔化そうとしたが、声が泣いてしまっている。隠しようがない。

〈井上さんという《突っかい棒》がいなくなって、これから俺は、苛められるのかな〉と、漠然と思った。

（同前47　やはり、井上ひさしさんのこと、二〇一〇年七月）

吉田直哉、緒形拳

吉田直哉さんは、NHKの大河ドラマ「太閤記」（一九六五）で、素人の僕を役者に使った。その前年の「赤穂浪士」が札束番組と批難を受けたこともあり、ドキュメンタリー畑の吉田さんが、主なところに大胆に新人を起用した。予算もきびしかったようだ。桶狭間の合戦シーンで、馬が七頭しか出ていなかったなんて、信じられるだろうか？

偉い人怖い人がいなくて、本当に和やかで楽しい仕事場だった。パイプをくわえた吉田さんはいつもにこにこと、人をおだてたり冷やかしたり、また自分を反省したりしながら仕事を進め、アシスタント・ディレクターもパイプをくわえて、皆がのびのびと働いていた。このときのスタッフ・キャストで作る「太閤記」同窓会が、飽きもせず続いている。何といっても中心は吉田直哉さんなので、彼が去った今後はどうなるか、わからない。

まるで後を追うように、緒形拳さんが逝った。

当時新国劇の新人だった彼が主役の秀吉、僕の役はその軍師となる竹中半兵衛。はじめはびっくりした。対座していると、彼の《気》の圧力が風圧となって――気だから気圧と言うべきかもしれないが――僕にぶわーっと押し寄せ、のけぞりそうになった。秀吉が半兵衛に仕官を熱烈に勧める場面だ。

追悼の声は、彼の演技がいつも「本気」だったと言う。おそらく「本気」や「本意気」は、あの《気》にとって必要条件だった。が、すべてではない。あのとき僕に吹きつけた風圧は、たしかに次元の異なる何かだった。

僕には役者の経験は少ないので、類例をあげることができない。演出者として稽古場で、その種の圧力を感じることはあるが、稀だし、例はあげない。ガタやん（彼の通称）自身、そののちコントロールの必要を感じて、制御の術を身につけたのだろう、と思う。

豪快というには遠く、むしろ細心だった。しかし書は最初から闊達だった。秀吉と半兵衛が、互いに字を書いて見せあうシーンがあったのには、困った。僕の悪筆は、到底天才軍師のものではない。結局、小道具さんに書いてもらった。

彼は、結城座にも出た。木下順二「おんにょろ盛衰記」（演出：福田善之、一九七四）主役の熊太郎は、村を悩ます大難儀が実は自分の存在自体なのだと知って、両手でわが首を絞め、が、死ねない。目を剥き、咆哮しながら、客席へ飛び込んで行く。ガタやんの天性の明るさが、はじめて可能にした幕切れだった。

他の芝居や、一九七六年の大河ドラマ「風と雲と虹と」の記憶など、略す。つい先日、「帽子」というテレビドラマを見てくれ、と例の闊達な筆書きの葉書が来た。珍しいことだと思いながら、とにかく見た。

注文も稀になった帽子作りを、もうそろそろ止めよう、と落ち込んでいる老いた帽子屋の主人公に、昔の恋人（田中裕子さん）が言う。二十人でも三十人でも、貴方の帽子が欲しいと思うお客さんがいるなら、作りつづけなさいよ。

むろんガタやんは、大勢に同じ葉書を書いたのだろう。僕の近況も知るはずがない。そうは思いながらも、彼の思いは画面から伝わり、やはり、身につまされないわけにはいかなかった。

（同前29　70〜80年代のこと、また、消えた友のこと、など、二〇〇八年十二月）

《ドラマ論、演劇論篇》

ドラマ嫌い

ドラマというものが、ときおり、好きになれない。人間の幸福よりは、より不幸につながっているような気がする――することがある。

僕には「ドラマが嫌い」という文章（『文学』一九八五年八月。評論集『劇の向こうの空』読売新聞社）もある。ドラマドラマしてギトギトしているようなドラマが、たしかに好きではない。体質の問題かもしれない。

ドラマと言えば、対立・葛藤、危機そして発見と急転。だいたいそのように書物には書いてある（結末の〈カタルシス〉うんぬんについては、いずれ述べる。始めた芝居をどう終えるかは、かなりの大問題なのだから）。では、それらの要素を、広義の現実あるいは世界のどこからつかみだすか。

むろん、意見や感情の対立あるいは齟齬を、すなわちドラマと呼ぶのは電気紙芝居のもたらした粗雑だが、それが生きた人間によるナマの、今、ここで起きることどもであり、もし、それが〈命懸け〉だとするなら――すなわち人間の生活・生命がそこに、せつなくも、とか、あやうく、とか、または、はかなくも、とか懸かっているとすると、そう、すこし匂いはじめる。なにがって、ドラマが、かなあ。

命という具体的個別的にして実感的なものと、まあ神様でも運命でも歴史でも天体の運行でもいいが、なにがしかわれわれ（の意志・感情等々）を超えた〈超越的〉なものの、その影なり予感なりが、どれだけか抜き差しならない有様で触れ合ってくると、やがて表現は劇の匂いを立ちのぼらせはじめるかもしれない。と、今の僕は、おおざっぱに心得ているが、そのころは――この文章が漂っているなお若い時代は、五里霧中だった。

在世当時、岡倉士朗先生は僕に、厳しい表情で言われたことがある。

「木下（順二）さんはね、芝居を作る凄い技術をいっぱい持ってる人なんだ。で、なおかつ、それをぜんぶ振り捨てて書こうとされてる――」

木下先生の新作が久しく待たれている時期だったと思う。たぶんそのとき、僕が何かの本直し等について、軽薄な技術的提案をしたのだったかもしれない。なんだかわからないままに、これはこたえた。手も足も出ない感じだった。

今思うに、木下先生はその頃、なぜ芝居作りの〈凄い技術〉（それについて疑う余地はない。たとえば「審判」を詳細に見よ）を振り捨てたのか？——おそらく、芝居作りの技術のたぐいは、すなわちどの程度か、われわれに骨がらみにまといついている〈制度〉あるいは〈体制〉とでもいうべきものの、一つの様態であるのではないか、と感じられていたのではなかったか。——理解はすなわち誤解であること、僕においては常にいちじるしいけれども。

幼いころ、映画を見ていて、同行の大人の袖を引っ張り、

「ね、どっちがいいほう？　悪いほう？」

と聞いて、うるさがられた記憶がおありの方は、ことに僕と近い年齢層には、多いのではないか、と思う。

しかし、そののち戦争が終わって——〈どっちがいい、悪い〉の基準は、まず、あっさりひっくり返った。「鬼畜米英」が自由と民主とチョコレートを持ってやって来た。

文化人類学者ルース・ベネディクトは『菊と刀』（一九四六）で、われわれのことを不思議がっている。——自分たち（西欧人）はこの世界を（人生を）善の力と悪の力とが闘争する舞台だと心得ている。「われわれの物語の主人公が立派な人間とされるのは、善の側に加担し、反対者である悪人を相手に戦うからにほかならない」（長谷川松治訳、講談社学術文庫）しかるに日本人は、そうは考えない——

なるほど、ドラマトゥルギーの基礎（西欧正統的な）は、ここにありしよな、と、おそらく周

知の事柄に、また改めて感じ入る僕もお粗末だが、何せ、早トチで遅合点の男なのだ。

そう、日本人はあまりそのようには——世界や人生を、善と悪が戦う舞台だとは——考えないだろう。僕も考えない。八百万の神が住む里が僕は好きだ。竈の神は電気炊飯器には宿らないかもしれないが、山の神ならデンと鎮座している。

われわれとDNAが共通するというアメリカ先住民のフィールド・ワークで知られるベネディクト女史も、「神は一つ」の論理や信念で世界中を押しまくる危険について指摘している。

（同前6　そして芝居を書きはじめた②、二〇〇六年十二月）

終戦の次か次の年に、従兄弟が古本の漱石全集を何冊か持っていた。「評論・雑篇」とか小説以外のものばかりだったのは、つまりそれが売れ残っていたのだろう。ともかくそこで彼の「素人と黒人（くろうと）」（初出『東京朝日新聞』、大正三年）に出会った。（黒人は独特の漱石用語、普通には玄人）

大正二年（一九一三）の十一月末に、漱石を尾上菊五郎（六代目）が訪れた。三週間後には、中村吉右衛門（初代）が。——これを今日の斯界関係者が聞けば、へえ、漱石ってそんなに偉い人か、と感心するかもしれない。つまり、六代目菊五郎も初代吉右衛門も、今日の目からは神様だ。が、これは彼らが青年俳優だった頃の話である。

全集という名の撰集もあるから注意が必要だが、注意さえ怠らなければ容易に見つかるから、詳細は原文を見てほしい。漱石はかの六代目に、君は素人になれるか、と聞いた。
「今の世は素人が書をかき、画を描く時代だと云った。素人が小説を作る時代だと云った。何故と云えば芸が是等を遣るのではない、人間が遣るのだからと云った」

漱石は、俗に言うクロウト、僕などの理解ではいわゆる粋筋の女性について検討（日本橋は芳町の小学校を出た僕の首肯しかねる部分もあるが）して言う。「ここに挙げて評価した黒人の特色を、絵画の黒人にも、俳優の黒人にも、乃至は文芸の黒人（もし文芸に黒人があるとすれば——漱石自身の注釈）にも、応用したい。そうして彼等に向って、単に黒人であるという事は、余り威張れたものでないという気の毒な事実を告げたい。素人でも尊敬すべきだという真理を首肯わせたい」

彼は続ける。「腕は芸術のすべてではない。寧ろ芸術界に低級な位置を占めるのが腕であると教えたい。否、多くの場合に黒人はこの腕のお蔭で、芸術を破壊する、堕落させる、向上の邪魔をされている、と主張したい。黒人はこれ等の特色さえ発揮すればそれで十分だと思うなら、人間は権謀術数さえ練習すればそれで沢山だと考えると同じである。誰が権謀術数だけで人間になれるとおもうか。人間は権謀術数よりもう少し高いものである」

いかにも過激で、納得行かない向きも多かろうと思うが、繰り返すが、可能なら原文に直接あたる労を惜しまないでいただけると嬉しい。漱石のこの文章について、僕が人前で話したのは、おそらく一九六一年、国民文化会議のたぶん「文化の民族性と国際性」分科会の報告でだったと思う。

僕は彼が「今の世は素人が××を遣る時代だ」と言ったその××部分（注、原文に伏せ字があるという意味ではない）には、おそらく「政治」という言葉も含意されていた、と考え、そのほうが自然ではないか、と報告した。「現代日本の開化」（明治四四年、講演）で「涙を呑んで上滑りに滑って行かなければならない」の名句を放った漱石の三年後の文章で、彼は二年後（大正五）この世を去った。

「素人と黒人」にはこんな言葉もある。

「自己には真面目に表現の要求があるという事が、芸術の本体を構成する第一の資格である」

また「昔から大きな芸術家は守成者であるよりも多く創業者である。創業者である以上、其（その）人は黒人でなくって素人でなければならない。人の立てた門を潜（くぐ）るのでなくって、自分が新しく門を立てる以上、純然たる素人でなければならない」

僕はいつもこれらの言葉に励まされ、あるいは脅かされて、半世紀が過ぎた。いつか自分のミュージカル観の基礎ともなっている。

同じ文章で「良寛上人は嫌いなもののうちに詩人の詩と書家の書を平生から数えていた」と漱石は云う。すると〈劇作家の劇〉も、嫌われることになるか。また云う「ある芸術の門を潜る刹那（せつな）に、此（この）危険は既に其芸術家の頭に落ちかかっている。虚心に門を潜ってさえそうである」

どうすりゃいいんだ、と言いたくなるところだ。彼の主義というより趣味は「素人離れしたそうして黒人染みないものが一番好い」だったようだが。

（同前26　夏目漱石のこと、「素人と黒人」ほか、二〇〇八年九月）

「ま」と「あいだ」

稽古場で、いつも「今、ここで、なにが起きて、生まれるか」に、こだわる。学校の試演会などでも同じだ。

自分には、確乎として一貫した自分というものがある、と信じる向きも多いだろう。アイデンティティ（自己同一性）に対する信頼というやつか。昨日の自分は今日の、おそらく明日の自分とも一貫性があるはずである、いや、あらねばならぬ、ありたい、という理想主義。どうやら、僕はそうは考えない。厳密には、そのあたりから、ものの作り手としての出発があったのかもしれない。でも、その「理想主義」者たちの気持ちはわかる、なんていったら叱られるだろうが、でも、わかる。

で、その「確乎たる自分」が、他者に、当然自分の思うままにならない他人に、つまりは「世界」に出会う。——平たく言えば、それがドラマだ、という感覚、あるいは見解があるかもしれない。僕は、あまりそう考えない。

拙作「飀風のあと」パンフに、こんなことを書いた。自分はいまだに揺れ、迷っている。登場人物たちも同じで「見えない未来、落下の恐怖、そんな不安と脅えと、ときには、当てにならないかすかな憧れをも、生きる」

まず自分が確かにあって、それが輪郭のはっきりした他人（世界）に出会う、というものでは、おそらくないだろう。自分と他者との《あいだ》にこそ、自分が——自分とはその《あいだ》のことで、ほかにはどこにもあり得ないだろう、と（僕の要約の不正確は、勘弁）木村敏（びん）さんは言う。

「自己とは要するにわれわれと世界との《あいだ》に働いている、世界との関わりの原理にほかならない」（『あいだ』ちくま学芸文庫）

木村敏さんは精神病理学者で、ちくま学芸文庫に『自己・あいだ・時間』『分裂病と他者』中公新書に『時間と自己』がある。彼は言う「私は、精神病理学とは〈ま〉の病理学であり〈あいだ〉の病理学であるといいきってもよいのではないか、とすら考えている」（『自分ということ』）

彼の本には、芝居の現場の実感から、共感するところ多い。「人間」という言葉は本来「人と人との間柄」を意味するものだった、とは和辻哲郎さんが言われたらしい。それも木村さんの著書から知った。

「間」という字を「あいだ」と読む場合は、主に空間的な、「ま」と読めば時間的なことをさす場合が多いらしい。芝居の「ま」となると、伝統演劇との距離がしばしば話題になる。

結城座の故竹本素京さんについて書いたとき、かつてゲストの女優さんたちから、お母さんの三味線は毎日ちがうからキッカケがとれない、と苦情があったことについて、

「当たり前だろ、芝居の間はいつも違うんだ」

と、素京さんが一蹴したことに触れた。

西洋音楽で育った彼女たちにとって「間」はとりあえず休止符だろう。それにしてもメトロ

ノームで測れるのか。どこまで計量可能か。この場合、西欧的とは、すべてを計量可能と考える思考パターンひいては近代合理主義的情熱と、かりに考えるとするなら――まあ、深入りはやめておこう。音楽学校と縁が長かったせいで、近代芸術教育産業については、やや感情的に傾くオソレがある。むろん、このときの女優さんたちについて、僕は今も好意を持ちつづけている。

さて、キッカケがとれない、タイミングが合わない、ではどうすれば?――演出者が決めるべきなのか?

この場合両者に挟まれた演出者（僕）は、音楽に関しては下手の横好きというべきで、邦楽にも洋楽にも詳しいとは言えない。いわば素人だ。――一足飛びに、現在学校の生徒たちとの稽古場に、話を移して見る。

Aが台詞を言う。Bが答えて次を言う。そこには、どんなに短いにしても「間」が存在せざるを得ない。ちなみに、パリで実際に芝居を見たときは、結構間延びした舞台も多かった。生徒たちは、おおむね捕球もいい加減に球を投げ返すことが多い。キャッチボールの重要を教師は説く。稽古させる。それはいい。が、必要なのは、想像力によるキャッチボールだ。それをどう計量して、教師あるいは演出担当の生徒が、間が早いとか遅いとか指摘するのか、することが出来るのか。

木村敏さんは言う「世界との出会いの場所が〈あいだ〉だ」と。また「サーカスの空中ブランコ」に例えて言う「間髪を入れない」一瞬の呼吸であり、それは冒険である。

C・S・ルイス『ナルニア国ものがたり』（瀬田貞二訳、岩波書店）を木村さんはお好きなようで、また『自分ということ』から要約引用すれば、

「この通過地点――というよりむしろそれぞれの世界への出発点――は〈世界と世界のあいだの森〈と呼ばれ〉どこの世界にも属していないけど、いちどこの場所を見つけたら、ここから、どの世界にでも行けるってところ〉」いわばキー・ステーション、それが《あいだ》だ。この森が《ま》だ。

また「〈間〉は現在において未来に向かう自己の動きそのものであって、そこには未知のものを待ち構える緊張が張り詰めている」（『あいだ』）

未来はいつも見知らぬ他者だ。その森に踏み込む冒険に心ときめく「今」を「ここで」つくりだせるか。それが課題だ。

（同前27〈ま〉と〈あいだ〉と、その冒険について、二〇〇八年十月）

『ナルニア』と言えば、渡辺えりさんと話したことを思いだす。押し入れの奥に別の世界がある、という幻想を、彼女がどう育てて来たのか知らない。僕の場合は、生まれた家がささやかながら宿屋（「私の下町――母の写真」一九九五）で、正面からは三階建てに見えた。関東大震災のあと慌ただしく建てたもので、実際は木造二階建てである。三階は、斜めの屋根の下に蒲団部屋とその付けたりのような二畳の小部屋があるほかは、物干しと呼ばれる屋上。これは客商売だから、かなり広かった。

蒲団部屋には天井までぎっしりと蒲団がつめこまれ、そのすべてが使われるのは「ご遺族さん」と称する靖国神社大祭に上京する団体客のときばかりだったが、女中さんたちがみな嫌う彼らを、母は異様なほど大事にした。ともあれ、一年の多くの日々を、その昔ふうにずっしりと重い蒲団たちは静かに眠っている。

幼い僕は、その隙間に体をねじ込むようにして潜りこみ、息苦しい暗黒空間からやがてやっと抜け出た狭い間隙でわずかに息をつき、また次の闇へと、身をもがくようにして這い込む。あれはなにやら性的な興奮を伴う冒険だった。

言うまでもなく、そのさきに氷に閉ざされたナルニア国のあるはずはなく、それでも二畳の小部屋を僕は孤独を求めて（小さくても宿屋は賑やかなものだ）いっとき塒（ねぐら）にしたのだが、そのとき夜の夢には、思えば古典的かつ伝統的な妖怪が押し寄せた。ふとんの上に一つ目小僧の類が駆け回るので、たまらず飛び起きて物干し（屋上）にかけ出ると、嬉しや母や姉の後ろ姿がある。すがりつくと、二人の顔が、目も鼻も口もない〈のっぺらぼう〉である――

〈のっぺらぼう〉パターンの夢はよく見た。小学校のころ、むろん戦時中のある夜の夢では、勇敢にもその〈のっぺらぼう〉に、僕は大切にしていたナイフで斬りつけた。すると、相手は頼りない紙のようで、ふわふわと手応えがない――「長い墓標の列」（ぶどうの会、一九五八）などに、多少反映がある。

話を戻して『ナルニア国』シリーズ①『ライオンと魔女』では、古い洋服箪笥の奥に、ナルニア国はあった。⑥『魔術師のおい（甥）』では、シャーロック・ホームズがベーカー街にいた頃のロンドンで「棟つづきの住宅」の「屋根裏の納戸の小さな戸」を開けると、暗いトンネルのような細い空間。そこをたどると隣近所の屋根裏に続いている。つまり一種の長屋だが、そのトンネルがそのまま別の世界へ通じるわけではない。

いきさつは略して、主人公の少年と少女は《世界たちのあいだの林》に来る。（「森」と言ったほうがいいと思っていたのだが、ともかく静かなことがここの特徴だから、武田信玄も言ってることだし「林」がやはり適訳か）ここには数メートルおきに小さな池があって、飛び込むと別の世界に行ける（ことがある）。

おそらく池ごとに存在するパラレル・ワールドの一つでは、太陽が老いて今や燃え尽きようとしている。その「チャーンの都」から少年は恐ろしい魔女を、S・ホームズの時代のロンドンに連れて来てしまって、てんやわんやの騒ぎがナルニア国の誕生につながる。

話は、その《世界たちのあいだの林》を、〈ま〉あるいは〈あいだ〉と見立てる木村敏さんの魅力的な発想について、だった。それは未知の世界へのキー・ステーションだ、と。

言葉と言葉の、あるいは行動たちの〈あいだ〉と〈ま〉は、未来を選び、作りだして行く冒険の時空にちがいない。そこに興奮やときめきを覚えない鈍感または未熟な感性には、とりあえず恋のドラマは不向きだろう、と、言ってしまったりする粗忽に僕は陥りがちだが、現場的問題はそれでは片づかない。

〈ま〉が、深淵だとする。飛び越す、あるいは飛び込む、または後ずさりして座り込む、ときには泣きだす。いろいろあり得るだろう。とりあえず大雑把に二つのタイプが指摘できるだろう。

まず「祭りの前（アンテ・フェストゥム）」タイプの気質は、一般的にオリジナルを求め、超・非現実的なものに対する親和性、〈遠さへの志向〉を持つ。未来先取的・先読み先走り傾向とも言える。

対して「祭りのあと・あとの祭り（ポスト・フェストゥム）」型は、周囲と同調、自己主張を控え、秩序と役割を愛し、几帳面で、現実的なものへの親和性、そして〈近さへの志向〉（『自己・あいだ・時間』）

前者は未来志向的で、後者は過去執着傾向が強い。それなら未来型・過去型でいいじゃないかって？　そうではない、と木村さんは言う。

なぜなら、われわれは時間を過去・現在・未来の単純な一本の直線のようには考えない。「今の自分がいままでの自分や今からの自分に関して、自分自身とどのようにかかわり、自分自身をどのように見いだしているか――ひとりひとりにおいて異なったありかたとして捉えようとしている」と。（『時間と自己』）

芝居の話をされているようで、人ごととは思えない。

「ふつうに〈未来〉といわれているものに関しても」二つの気質・傾向は、大きな相違を示す。「今までの自己を基礎においた自己実現の場としての将来的な未来として捉えるか、今までの自己に対しては否定的にはたらいて、新しい自己の生成を促す未知なる未来として捉えるかは、そのつどの自己が自己自身をどう理解しているかによって、根本的に違ってくる」（前掲書）演技論みたいでしょう。

木村さんは精神病理学者だから「祭りの前」気質に統合失調症（分裂病）親和性を、「あとの祭り」型に、鬱病・メランコリー親和性を見る。がこれは「正常と異常、健康と病気の区別とは何の関わりもなく、人間存在一般の基本構造に属する」

それって、若い時期は一般に「祭りの前」的で、成熟期以降は「あとの祭り」的になるってことじゃない？――と速断するのも危険だ。臨床的にも、メランコリー親和型には若くても「どこかに経験の年輪のようなものを感じさせる一種の重さと堅固さ」分裂病親和型には「年輪のはっきりしない若木のような軽さと脆さ」が印象される（『分裂病と他者』ちくま学芸文庫）とのことで、生徒たちについても思い当たることはある。

医師にとって、この両タイプそれぞれを深く理解するのはなかなか困難で、対し方・療法も、まるで違わなくてはならないようだ。患者との相性とかのレベルの問題ではない。詳しくは木村さんの著書を直接に。――僕は著者と面識はないが、文庫本のなかから、俳優教育も演出も同じことでしょう、という声が聞こえて来るような気がする。

まこと、人はさまざまだ、とワケ知り顔に片づけるより、〈ひとりひとりにおいて異なったあり方〉を覚悟の前提としたい。七十人もの生徒を前にすると、この〈ひとりひとり〉を、なんて無理だよ、とボヤきたくなるが、それでも、演出は独裁だよ、とか、いい独裁ならいいじゃないか、とは、僕は思わない。

統計的に、若者には、また芸術志望者には「未来に賭ける」タイプが多いからといって、漸増傾向にある「秩序愛好」青年たちを無視できるか。ましてや、両者は一人の精神と肉体の中に、動的に混在している。そのいい例が、僕だ。

六〇〜七〇年代は「自己否定」の時代でもあった。僕は自分を壊したかったのだと思う。典型的な「アンテ・フェストゥム」様態である。

七六年に、大河ドラマ「風と雲と虹と」の脚本を引き受けたのは、分別ありげに見えたかもしれないが、その最終回、東の平将門が死に、西の藤原純友は兵を返す。そのとき麾下の海賊の一人（清水紘治さんが演じた）は純友を難詰して言う。「おれは、都が燃え上がるのを見たかったんだよっ」この台詞が、一番書きたかった。

（同前28「ま」と「あいだ」付けたり、ほか、二〇〇八年十一月）

口立て

「口立て」の技法について、多少触れたい。

大雑把に、二つの流れがあると思う。

一つは、作家中心の、あるいは、作家に収斂する道。作家は、紙に字を書くかわりに、俳優に口でどれほどか台詞を伝え、おそらく俳優との相互の刺激の中で、稽古場で芝居を作りあげて行く。つかこうへいさんがこの方法だと理解しているが、僕は彼の稽古場を知らない。想像するだけだ。

突飛に思われるかもしれないが、夏目漱石『夢十夜』の「第六話」を、連想した。そこで仏師は木材を彫って仏像の形に作るのではない、木の中にすでに埋まっている仏を、鑿（のみ）と槌（つち）で彫り起こすのである。仏師は運慶で、彫っているのは護国寺の仁王だ。

夢の中で「見物人」だった「自分」は、なにやら彫刻の意味を会得したような気がして、早速家の裏に積んである薪に、鑿と金槌で挑むが、徒労である。

つかさんは運慶だろう。つぎつぎと俳優たちの中にひそむ仁王や仏を彫り出し得たのだろう、と、思う。

『夢十夜』第六夜の「自分」は「明治の木にとうてい仁王は埋まっていない」と悟るが、自分が運慶でないからだ、とはゆめ思わないようだ。そこに、漱石の誇りを見ることもできるかもしれない。

僕は中学の頃からこの話に影響された。映画の中の宮本武蔵（片岡千恵蔵）が仏像を彫るシーンが重なっていたのかもしれない。近年は円空仏をたくさん見る機会があった。円空にはどの木っ端にも仏が見えたのかも知れない。

比較にもならないが、ことのついでに言えば、僕は漱石の夢のなかの「見物人」である。が、ついに自分の中に運慶も武蔵も、むろん円空も見いだすことはなかった。それが出発点かもしれない。

「口立て」の、もう一つの流れは、俳優たちが主役、ということができるだろう。こちらがむしろ伝統的である。

僕の知る例は、「旅芝居」と呼ばれる主として九州の〈大衆演劇〉である。一九七〇年頃までは健在だったが、今はそのへんの事情がどうなっているか、知らない。

台本は、役者〈俳優〉たちの体の中にある。親の代、あるいはそれ以前からこの職業、あるいは世界の中に育ち、さまざまな劇的境遇（シチュエーション）と、台詞群が刻印されている。そういう役者が複数いないと、芝居は立ち上がらない。

僕はこっちに強く惹かれていた。作家に始まって作家に収斂する表現に飽き足らず、と言えば格好いいようだが、自信がなかったから、と言っても、この場合同義である。——いろいろジタバタしてみたものの、うまく行かなかった。

ここでは、日常の言語と舞台の言語とは違うことが、前提である。即興のエチュードを積み重ねて芝居を作る、という方法とは、距離がある。もっとも、日常がそのまま詩になる場合がないとは言えない。ジロドゥ「オンディーヌ」には、ふいに豚飼いや皿洗いの娘が詩句を語りだす戦慄の瞬間がある。すると騎士ハンスに死が訪れる。

演出者協会の「演劇大学イン京都」で、高校の先生が、今の生徒たちは即興が上手で、ほんま面白いんです、と熱をこめて語られるのに出会ったが、高校生の日常が今の舞台表現に近づいているのかもしれない。おもしろい、と思う。が、それは詩に近づいていることと同義かどうか、僕にはわからない。

先生もわからないかもしれない。詩って何です？　と反問されるかもしれないが、〈日常〉つながりで言うなら、片々たる日常のかけらの中に永遠を見ること——永遠につながる何かを発見して心ときめくこと、と言い換えてもいいだろう。

二つの流れ、と書いたが、大概の場合はその中間だろう。たとえば藤山寛美さんの顔が、僕にはたちどころに浮かぶ。が、歳を取ると、さまざまのことが、しょせん程度の問題に見えてくる危険な傾向を感じる。なればこそ、方向性を意識しなければなるまい。

つかさんの「口立て」を、作家中心の流れに入れたが、実は「口立て」という行為そのもののなかに、俳優重視の前提が含まれている。どう考えても、紙に書かれる文字の支配を制限する方向が、それじたいで冷酷なはずがない。彼の追悼でテレビに稽古風景の映像などが流れ、そこで彼は怒鳴りまくっているが、じっと俳優の中で発酵するのを辛抱づよく待つシーンは、映像にしにくいものだ。——合掌。

（同前49　「口立て」について、また「歴史屋」だった僕、そのほか、二〇一〇年九月）

歴史物語とドラマ

芝居だけで食えないことは、今も変わらない。だからいろんな仕事をする中に、僕の場合〈歴史屋〉がある。

「真田風雲録」を書いたから真田幸村、「しんげき忠臣蔵」の縁で大石良雄と、「日本史探訪」ほかの放送番組に出て何やかや喋り、それが活字になることがあった。自作と関係なくとも、順不同に、白虎隊、桂小五郎、吉田松陰、また石川五右衛門、日吉丸時代の秀吉、竹中半兵衛、山中鹿之介、などなど。そう、生まれた町の氏神さま神田明神の御祭神、平将門も。

この二年ほど、そのほうの仕事にかかりきりだった。三十六年も前に、『草莽無頼なり』という歴史物語を『野生時代』（角川書店）に、長編一挙掲載という名のもとに、第一部だけ、発表。僕の非力でそれきりになって、担当編集者にはひどくご迷惑をかけたが、このたび、その改稿と、第二部、第三部を書いた。大長編になった。

さて、その大長編、主人公は中岡慎太郎。坂本龍馬の陰に今も隠れている彼に興味があった。歴史は天才が一人で作るものじゃない、と僕は信じているから。

彼と久坂玄瑞、高杉晋作の交流を軸に、創作の人物も含めて書いた。もちろん坂本龍馬も、西郷隆盛も、また中村半次郎や川上彦斎ら「人斬り」も。

歴史を語るとき、いつも《後出しジャンケン》の弊に陥る危険がある、と僕は思っている。免れえない、とも言える。

われわれは歴史上の事件について、その結果を、ある程度ではあれ、知っている。だからと言って大きな顔をする資格があるわけではない。《後出し》は、つまりインチキなのだから。

われわれの人生は、時間は、そこに生きるものにとって、常に一寸先は闇である。闇同然である。物語の登場人物たちにとって、例えば元治元年という時間の中で、未来は闇である。と同時に、可能性である。

かなわぬながら、どれだけかは彼等の身になって――と思うが、確実にそれは不可能だ。また、知っているのに知らない素振り、という奴も、厭味だ。

たとえばシェイクスピアの戯曲を、結末を知りながらなお懸命に現在としてその時間を生きる俳優のように――それを理解して時間旅行を同伴する観客のように、などと、考えて見る。きっと、それも多くの場合、理想論にすぎないのだろうか。

歴史について稗史（はいし）小説の類の、要するに《物語》の書き手にとって、可能なのは広義の推理しかないだろう。手掛かりは、まず諸史料と、それを基礎とする想像の力なのだけれども。

陥りがちな危険は、まだある。《ドラマ的な見地》というやつだ。ドラマとは《対立》だと言う。真実の一部ではあると思うが、その意識が、登場人物たちの「意見の対立」を際立てるばかりだと、主役以外が阿呆に見えかねない。そもそも、意見の対立なんて、たいしたことでは――


（同前49　「口立て」について、また「歴史屋」だった僕、そのほか、二〇一〇年九月）

テレビの大河ドラマというやつの脚本を書いたことがある。

一年は五十二週、だから五十二回。これはまあ、陛下が亡くなられでもしないかぎり変わらない、と言われた。彼は亡くならなかったから、五十二回書いた。

毎回、小さなヤマを一つ二つ、そして主人公の意思や行動によって歴史が変わるような大きなヤマを一つ作れ、と言う。しかし、一生の間に五十二回歴史を動かすような人生って……それって、ときには歴史の偽造になりゃしないか？

番組も後半にいたり、主人公が病に倒れ、窮境に陥る。それを救ったのは、民人（民衆）の蜂起である、と僕は史料を理解して、そう書いた。ここで場面を動かすのは民人であって、主人公ではない。スタッフを代表して改訂を要求に来たディレクター氏は、すこぶる優秀な人だった。

彼は明快だった。これまで民衆が歴史を変えたことは、ただの一度もない、と言い切る。変えたのは英雄であり、天才である。それが歴史であり、すなわちドラマトゥルギーである。なるほど、一貫している。

「昔思えばアメリカの、独立したるも蓆旗」などという自由民権時代の俗謡を思いうかべながら、僕は抵抗したが、

「とんでもない、アメリカの独立はちがいますよ」

と一蹴された。

——後日談としていえば、結局、民衆蜂起のシーンは、

〈こりゃ、ベトナムじゃないか〉

と言われながら、実現した。視聴率は低かったと思う。

僕はいささかも彼を非難しているのではない。彼は彼の感覚と信念に忠実だっただけだ。彼のような思想と感性のエリートが、この国の重要な部分に、かず多くいるだろうことを僕は疑わない。おそらく、確実に増加しているだろう。僕は彼の意見に断固として与しないが、彼も「素敵な人」だったのにちがいない。

（同前　最終回　こんにちは、古い生活、二〇一〇年十月）

あとがき――上がりのない双六

この本は、私には珍しい月刊雑誌の連載雑文を二つ収録している。

ＴＢＳ『調査情報』は、役者だと思っていたＥさんが担当編集者として突然現れて依頼された。一回ごとに芝居か映画の話題を写真入りで、という注文だったが、なかなかそうは行かず、迷惑をかけた。

もう少し続けるつもりだったが、不意に中止になったのは、メーデー事件の描写などのせいもあったかどうか。やがて雑誌自体も廃刊になってしまった。

今回、小見出しはほぼ連載当時のままで、文章に手を加えることはしなかった。

Ｅ君のその後の消息はわからない。

後半は『悲劇喜劇』に二〇〇六年七月号から二〇一〇年一〇月号まで、五十回書いたもの。故高田正吾さん、今村麻子さんにお世話になった。

今回、全体の校正を含めて、縮約・編集の作業を評論・劇作家の佐々木治己さんに全面的におまかせした。解説も含めて、同君に深く感謝する。

初めての戯曲集『真田風雲録』以来三一書房さんに長くお世話になっている。

畠山滋さんは私よりも先に旅立たれてしまったが、現社長の小番伊佐夫さん、高秀美さんには感謝の言葉しかない。

さて、これらの文章について、齢九十を越えた今、特に感想はない。

一生、道の途中にいるのだな、おれは…… というくらいである。

生きているうちは続けられる仕事だと思って芝居書きになったつもりだが、なかなかそうはいかないものだ。上がりのない双六、とは、つまりは欠陥商品に違いない。

二〇二四年五月

福田善之

プロフィール

◉ 著 者：福田善之（Fukuda Yoshiyuki）

本名鴻巣泰三。1931年、東京日本橋生まれ。劇作家、演出家。東京大学文学部仏文学科卒。在学中に「富士山麓」（ふじたあさやと共作）を発表。河合栄治郎事件を扱った「長い墓標の列」にて鮮烈なデビューを飾り、「遠くまで行くんだ」、「真田風雲録」、「オッペケペ」等を発表し、最も注目される劇作家となる。「袴垂れはどこだ」は岸田國士戯曲賞受賞作に選ばれるが辞退。テレビ・ラジオドラマの脚本も多く手がけ、1976年のNHK大河ドラマ「風と雲と虹と」の脚本を担当、風変わりな大河ドラマとして長く語り継がれる。歌舞伎などの伝統芸能、大衆演劇の作品も多数ある。ミュージカル作品としては、新宿コマ劇場最大のヒット作として知られる『ピーターパン』の演出を担当した。「私の下町－母の写真」（読売文学賞）、「壁の中の妖精」（紀伊國屋演劇賞）など旺盛な演劇活動を続け、数々の劇作が上演されている。映画『真田風雲録』（監督加藤泰）、『日本の悪霊』（監督黒木和雄）などの脚本も手がけている。

主な著書に、『真田風雲録』（1963）、『オッペケペ／袴垂れはどこだ』（1967）、『魔女傳説』（1969）、『私の下町・壁の中の妖精』（1995）、『漱石の戀・夢、ハムレットの』（1997）、『颶風のあと』（2017）、いずれも三一書房刊。『白樺の林に友が消えた』（冬芽社、1986）、『れすとらん自由亭・希望』（現代企画社、1993）、小説『草莽無頼なり』上下巻（朝日新聞出版、2010）、エッセイ集『劇の向こうの空』（読売新聞社、1995）等がある。

◉ 解 説：佐々木治己（Sasaki Katsumi）

1977年、北海道生まれ。詩人、劇作家。2001年に劇団「60億人のための演劇≪自動焦点」旗揚げ、13作品を上演する傍ら、他劇団へのテキスト提供、土方巽記念アスベスト館にて舞踏作品の演出を行う。2006年の劇団解散後は、劇作家・ドラマトゥルグとして劇団解体社やSPAC、開幕ペンナントレースの公演に参加。2015年、作品集『お前は俺を殺した』（共和国）刊行。Sort/Hvid劇場（コペンハーゲン）等で紹介される。評論「あの空は青いか」（『福田善之の世界』社会評論社）、「The Theater of Flight, or, the Theater of Hijra」等がある。

あの空は青いか？　私と芝居の雑文クロニクル

2024年6月6日　　　第1版 第1刷発行

著　者――　福田善之 © 2024年

発行者――　小番　伊佐夫

装丁組版―　Salt Peanuts

印刷製本―　中央精版印刷

発行所――　株式会社 三一書房

〒101-0051

東京都千代田区神田神保町3－1－6

☎ 03-6268-9714

振替 00190-3-708251

Mail: info@31shobo.com

URL: https://31shobo.com/

ISBN978-4-380-24004-1　C0074　　Printed in Japan

『颶風（ぐふう）のあと――福田善之戯曲集』　福田善之

四六判　ソフトカバー　３３４頁
ISBN978-4-380-17002-7　C0093

福田善之の戯曲は、何につけても即断即決で意見が求められる現代社会で、とても貴重な体験を与えてくれる存在だ。

迷い尽くし、疑いつくし、それじゃ何もできないよ、と言われようとも、そういう迷いの瞬間があるということを体験させてくれるものだからだ。

（解説：佐々木治己 より）

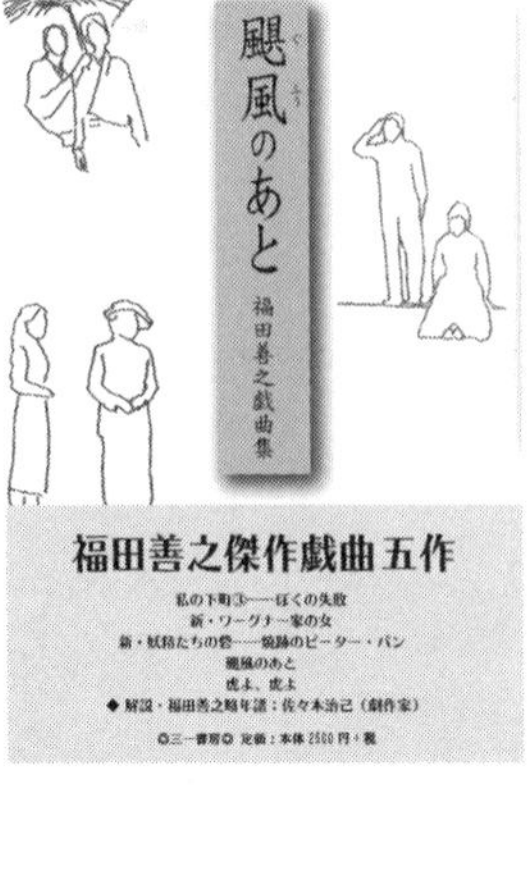